아카데미아 학파

정암고전총서 키케로 전집

아카데미아 학파

키케로

양호영 옮김

아카넷

'정암고전총서'를 펴내며

그리스 · 로마 고전은 서양 지성사의 뿌리이며 지혜의 보고이다. 그러나 이를 한국어로 직접 읽고 검토할 수 있는 원전 번역은 여전히 드물다. 이런 탓에 우리는 서양 사람들의 해석을 수동적으로 수용하는 처지를 완전히 극복하지 못하고 있다. 사상의 수입은 있지만 우리 자신의 사유는 결여된 불균형의 문제를 안고 있는 것이다. 이런 상황은 우리의 삶과 현실을 서양의 문화유산과 연관 지어 사색하고자 할 때 특히 심각한 문제를 야기한다. 우리 자신이 부닥친 문제를 자기 사유 없이 남의 사유를 통해 이해하거나 해결하는 것은 거의 불가능하기 때문이다. 우리의 문제에 대한 인문학적 대안들이 때로는 현실을 적확하게 꼬집지 못하는 공허한 메아리로 들리는 것도 그런 이유 때문일 것이다.

한 공동체에서 살아가는 사람들이 자신들의 생각과 말을 나누며 함께 고민하는 문제와 만날 때 인문학은 진정한 울림이 있는 메아리가 될 수 있다. 이것은 우리가 우리의 현실을 함께 고민하는 문제의식을 공유함으로써 가능하겠지만, 그조차도 함께 사유할 수 있는 텍스트가 없다면 요원한 일일 것이다. 사유를 공유할 텍스트가 없을 때는 앎과 말과 함이 분열될 위험에 노출될 수 있기 때문이다. 이런 점에서 진정한 인문학적 탐색은 삶의 현실이라는 텍스트, 그리고 생각을 나눌 수 있는 문헌 텍스트와 만나는 이중의 노력에 의해 가능할 것이다.

현재 한국의 인문학적 상황은 기묘한 이중성을 보이고 있다. 대학 강단의 인문학은 시들어 가고 있는 반면 대중 사회의 인문학은 뜨거운 열풍이 불어 마치 중흥기를 맞이한 듯하다. 그러나 현재의 대중 인문학은 비판적으로 사유하는 인문학이 되지 못하고 자신의 삶을 합리화하는 도구로 전락하는 경향이 없지 않다. 사유 없는 인문학은 대중의 욕망을 충족시키기 위해 소비되는 상품에 지나지 않는다. '정암고전총서' 기획은 이와 같은 한계상황을 극복할 수 있는 기본적인 토대를 마련하고자 하는 절실한 문제의식에서 시작되었다.

정암학당은 철학과 문학을 아우르는 서양 고전 문헌의 연구와 번역을 목표로 2000년 임의 학술 단체로 출범하였다. 그리고 그 첫 열매로 서양 고전 철학의 시원이라 할 『소크라테스 이전 철학자들의 단편 선집』을 2005년도에 펴냈다. 2008년에는 비영리 공익법인의 자격을 갖는 공적인 학술 단체의 면모를 갖추고 플라톤 원전 번역을 완결할 목표 아래 지금까지 20여 종에 이르는 플라톤 번역서를 내놓고 있다. 이제 '플라톤 전집' 완간을 눈앞에 두고 있는 시점에 정암학당은 지금까지의 시행착오를 밑거름 삼아 그리스 · 로마의 문사철 고전 문헌을 한국어로 옮기는 고전 번역 운동을 본격적으로 펼치려 한다.

정암학당의 번역 작업은 철저한 연구에 기반한 번역이 되도록 하기 위해 처음부터 공동 독회와 토론을 통해 이루어진다. 번역 초고를 여러 번에 걸쳐 교열 · 비평하는 공동 독회 세미나를 수행하여 이를 기초로 옮긴이가 최종 수정하는 방식으로 진행된다. 이같이 공동 독회를 통해 번역서를 출간하는 방식은 서양에서도 유래를 찾기 어려운 번역 시스템이다. 공동 독회를 통한 번역은 매우 더디고 고통스러운 작업이지만, 우리는 이 같은 체계적인 비평의 과정을 거칠 때 믿고 읽을 수 있는 텍스트가 탄생할 수 있다고 확신한다. 이런 번역 시스템 때문에 모든 '정암고전총서'에는 공동 윤독자를 병기하기로 한다. 그러나 윤독자들의 비판을 수용할지 여부는 결국 옮긴이가 결정한다는 점에서 번역의 최종 책임은 어디까지나 옮긴이에게 있다. 따라서 공동 윤독에 의한 비판의 과정을 거치되 옮긴이들의 창조적 연구 역량이 자유롭게 발휘될 수 있도록 노력하였다.

정암학당은 앞으로 세부 전공 연구자들이 각각의 연구팀을 이루어 연구와 번역을 병행함으로써 아리스토텔레스 철학 원전, 키케로 전집, 헬레니즘 선집 등의 번역본을 출간할 계획이다. 그리고 이렇게 출간될 번역본에 대한 대중 강연을 마련하여 시민들과 함께 호흡할 수 있는 장을 열어 나갈 것이다. 공익법인인 정암학당은 전적으로 회원들의 후원으로 유지된다는 점에서 '정암고전총서'는 연구자들의 의지뿐만 아니라 시민들의 소중한 뜻이 모여 세상 밖에 나올 수 있는 셈이다. 이런 점에서 '정암고전총서'가 일종의 고전 번역 운동으로 자리매김되길 기대한다.

'정암고전총서'를 시작하는 이 시점에 두려운 마음이 없지 않으나, 이런 노력이 서양 고전 연구의 디딤돌이 될 것이라는 희망, 그리고 새로운 독자들과 만나 새로운 사유의 향연이 펼쳐질 수 있으리라는 기대감 또한 적지 않다. 어려운 출판 여건에도 '정암고전총서' 출간의 큰 결단을 내린 아카넷 김정호 대표에게 경의와 감사의 뜻을 전한다. 끝으로 정암학당의 기틀을 마련했을 뿐만 아니라 앎과 실천이 일치된 삶의 본을 보여 주신 이정호 선생님께 존경의 마음을 표한다. 그 큰 뜻이 이어질 수 있도록 앞으로도 치열한 연구와 좋은 번역을 내놓는 노력을 다할 것이다.

2018년 11월
정암학당 연구자 일동

'정암고전총서 키케로 전집'을 펴내며

"철학 없이는 우리가 찾는 연설가를 키워낼 수 없다(Sine philosophia non posse effici quem quaerimus eloquentem)."(『연설가』 4.14)

키케로가 생각한 이상적 연설가는 철학적 사유가 뒷받침된 연설가이다. 정암학당 키케로 연구 번역팀의 문제의식 역시 여기서 출발한다. 당파를 지키고 정적을 공격하는 수많은 연설문, 연설문 작성의 방법론을 논하는 수사학적 저술, 개인적 시각에서 당대 로마 사회를 증언하는 사적인 편지 등 로마 공화정 말기를 기록한 가장 풍부한 문헌 자료들을 남긴 키케로를 전체적으로 이해하는 토대는 그의 철학 저술이다.

키케로의 철학 저술은 그의 모든 저술을 이해하는 벼리가 될 뿐만 아니라, 로마 문명이 희랍 철학을 주체적으로 수용하게 되는 계기를 제공했다는 점에서 중요한 철학사적 의의를 지닌다.

기원전 1세기 전후로 본격화된 희랍 철학자들과의 교류를 통해 회의주의 아카데미아 학파, 소요 학파, 스토아 학파, 에피쿠로스 학파, 견유 학파 등의 학설이 로마에 소개되고 정착되었으며, 그 과정에서 키케로는 당시 로마 사회의 지적인 요구와 실천적 관심을 반영한 철학책들을 라티움어로 저술했다. 그의 철학 저술은 희랍 철학이 로마라는 새로운 용광로에서 뒤섞이고 번역되어 재창조되는 과정을 생생하게 보여준다.

키케로의 철학 저술에 담긴 내용은 비단 철학에 국한되지 않는다. 정치가로서 탁월한 그의 역할에 비례하여 로마법에 대한 해박한 지식이, 로마 전통에 대한 자긍심과 희랍 문물을 로마에 소개하려는 열정에 의해 희랍과 로마 문학 작품의 주옥같은 구절들이 그의 저술 곳곳에 박혀 있다. 이에 정암학당 키케로 연구 번역팀은 고대 철학, 법학, 문학, 역사 전공자들이 한자리에 모여 함께 그의 작품을 연구하기 시작하였고, 이는 이미 10년을 훌쩍 넘겼다. 서로 다른 전공 분야의 이해와 어휘를 조율하는 어려움 속에서도 키케로 강독은 해를 거듭하면서 점차 규모와 체계를 갖추게 되었다. 번역어 색인과 인명 색인이 쌓였고, 미술사를 포함한 인접 학문과의 연계와 접점도 확대되었으며, 이제 키케로의 철학 저술을 출발점으로 삼아, 정암고전총서 키케로 전집을 선보인다.

키케로 전집 출간이라는 이 과감한 도전은 2019년 한국연구재단의 연구소 지원사업을 통해 획기적으로 진척되었으며, 2020년 이탈리아 토리노 대학 인문학부와의 협약으로 키케로 저술과 관련된 문헌 자료 지원을 받게 되었다. 이 두 기관은 정암고전총서 키케로 번역 전집을 출간하는 데 큰 도움을 주었다. 그러나 이 도전과 성과는 희랍 로마 고전 번역의 토대가 되도록 정암학당의 터를 닦은 이정호 선생님, 이 토대를 같이 다져주신 원로 선생님들, 20년에 걸친 플라톤 번역의 고된 여정을 마다하지 않은 정암학당 선배 연구원들, 그리고 서양 고대 철학에 대한 애정과 연구자들에 대한 호의로 정암학당을 아껴주신 후원자들, 흔쾌히 학술출판을 맡아준 아카넷 출판사가 없었다면 불가능했을 것이다. 학문 공동체의 면모가 더욱 단단해지는 가운데 우리는 내일 더 큰 파도를 타리라.

2021년 9월

정암고전총서 키케로 전집 번역자 일동

차례

작품 내용 구분

초판 2권 - 루쿨루스

일러두기

- 번역은 Plasberg, O., (1922), *M. Tulli Ciceronis 42 Academicorum Reliquiae Cum Lucullo*, Stuttgart, Teubner의 편집본을 따랐다.
- 다른 편집본을 따른 경우에는 별표(*)를 사용했다. 플라스베르크(Plasberg)의 편집본과는 번호 구분이 다른 경우에는 괄호 번호로 표시했다.
- 전문 용어로 사용되는 단어의 경우, 희랍어는 작은따옴표(' ') 안에 음차하고 희랍어 원어를 이탤릭체로 병기했다. 라틴어는 작은따옴표(' ') 안에 번역어를 제시하고 라틴어 원어를 병기했다.
- 원문에는 있지만 내용상 삽입에 해당된다고 판단한 부분은 소괄호 안에 번역했다.
- 원문에 없지만 내용상 삽입이 필요한 부분은 꺾쇠《 》안에 번역했다.
- 키케로의 서문을 제외한 본문 대화의 어투는 나이와 상관없이 모두 높임말을 사용했다.
- 본문과 주석에 표기된 연도는 기원 전후를 따로 밝히지 않은 경우 모두 기원전이다.
- 주석에서 『아카데미아 학파』가 인용되는 경우, 저작명은 생략하고 구절만 표기(가령. 1.1)했다. 키케로의 다른 저작들이 언급되는 경우 저자는 생략하고 저작명만 표기(가령. 『최고선악론』 5.45)했다. 그 밖의 저작들은 저자와 저작명을 함께 표기(가령. 플라톤 『파이돈』 73c)했다. 인용 빈도가 높은 저작들은 다음과 같이 축약한다.

> 디오게네스 라에르티오스 『유명한 철학자들의 생애』: 디오게네스 『생애』
> 섹스투스 엠피리쿠스 『퓌론주의 철학개요』: 섹스투스 『개요』
> 섹스투스 엠피리쿠스 『학자들에 대한 반박』: 섹스투스 『반박』

아카데미아 학파

재판 1권 - 바로(Varro)

도입부

▮ 1 최근 나의 친구 아티쿠스[1]와 내가 쿠마이에 함께 머무르고 있을 때, 우리는 마르쿠스 바로에게서 소식을 전해 들었다. 그가 전날 저녁 로마로부터 왔고, 여행으로 인해 지치지 않았더라면 우리에게 곧장 오려고 했었다는 것이다. 이 소식을 듣고 우리는 같은 학문 활동과 오랜 우정으로 맺어진 그를 지체 없이 만나야 한다고 여겼다.[2] 그래서 우리는 즉각 그에게로 발걸음을 재촉했고, 그의 별장에서 그리 멀지 않은 곳에 당도했을 때 그가 몸소 우리에게 오고 있는 것을 보았다. 그리고 나는 친구끼리 하는 식으로 그를 얼싸안았고, 시간이 한참 흐른 후 우

리는 그를 그의 별장으로 도로 데려갔다. **2** 여기서 일단 몇 마디 대화가 이어졌는데, 내가 로마에 혹 뭔가 새로운 일이 있는지를 캐물었기 때문이다.[3] 그러자 아티쿠스가 말했다. "제발 캐묻고 들어봐야 괴로울 뿐인 일들일랑 집어치우고, 차라리 그 자신에게 뭔가 새로운 일이 있는지나 물어보십시오. 바로의 무사 여신들(Musae)이 평소보다 오래 침묵하고 있지만, 제 짐작에 이분은 저술을 중단한 것이 아니라 저술들을 숨기고 있을 뿐입니다." 바로가 말했다. "전혀 그렇지 않습니다. 감추고자 하는 것을 저술하는 것은 절제 못하는 자나 하는 짓이라 생각합니다. 저는 대작을 집필 중이며, 게다가 벌써 오래전부터 작업 중입니다. 여기 이분께(바로는 나를 가리켰다) 헌정할 저술에 착수했기 때문인데, 그것은 엄청난 대작인데다 제가 매우 세심하게 다듬고 있습니다."[4]

3 그래서 나도 말했다. "바로 선생님, 저는 벌써 오랫동안 고대하면서도 감히 채근하지 못했습니다. 저는 당신이 그것을 멈추지 않고 아주 정성껏 다루고 있으며, 결코 손에서 내려놓지도 않는다고 우리의 리보[5]에게서 들었기 때문입니다. (리보의 학문적 열망은 당신도 알고 계십니다. 우리끼리는 이런 종류의 일이라면 어떤 것도 숨길 수 없습니다.) 그런데 이전에는 한 번도 당신께 여쭈어볼 생각이 들지 않았던 질문이 하나 생겼습니다. 제가 당신과 함께 배웠던 것들을 기록으로 남기는 일, 즉 소크라테스에서

유래한 저 오랜 철학을 라틴어로 설명하는 일에 착수하고서야 비로소 저는 당신이 많은 저술을 하면서도 왜 이 분야를 **빼먹었**는지 묻습니다. 당신이 이 분야에 정통할 뿐만 아니라, 이 학문과 그 주제 전체가 여타의 학문과 기술을 훨씬 능가하는데도 말입니다."

Ⅱ 4 그러자 바로는 말했다. "당신은 제가 여러 번 숙고했고 많이 고민했던 사안을 묻고 계시군요. 그러니 답변에 주저함 없이 즉각 떠오르는 대로 말하겠습니다. 그 사안에 관해서는, 제가 말했듯이, 오래도록 많이 생각했으니 말입니다. 저는 철학이 희랍어로 가장 세심하게 해명된 것을 보았으므로, 우리나라 사람들 중 철학적 열망에 사로잡히는 누군가가 희랍의 학식에 조예가 깊다면 우리말 저작들보다 희랍어 저작들을 읽으려 하겠지만, 그가 희랍인들의 기술과 훈육에 맞지 않는다면 희랍 교육 없이 이해하지 못할 것들에 전혀 신경 쓰지 않으리라고 판단했습니다. 따라서 저는 못배운자들은 이해 못하고 배운자들은 구태여 읽지 않을 것들을 저술하고 싶지 않았습니다. **5** 그런데 당신도 배워 봐서 아시겠지만 우리들이 아마피니우스나 라비리우스 같을 수는 없습니다.[6] 이들은 단 하나의 기술도 활용하지 않으면서 눈앞의 사안들을 일상어로 논하고, 어떤 것도 정의하지 않고, 어떤 것도 분류하지 않고, 어떤 것도 연역 논변에 의해 논증하지 않고, 결국 수사학과 변증술 따위는 아무것도 아

니라고 생각합니다. 반면 우리 학파 사람들은 변증술도 수사학도 덕이라고 여기므로 변증가 및 심지어 연설가의 규칙들을 법률인 양 준수하고, 새로운 용어들 또한 사용할 수밖에 없습니다. 그 용어들을, 제가 말했듯, 배운자들은 차라리 희랍인들에게서 찾고 싶어 하지만, 못배운자들은 우리로부터도 받아들이지 않으니, 어떤 수고도 헛될 따름입니다.[7] 6 이제 자연학에 관해서, 만일 제가 에피쿠로스에게, 다시 말해, 데모크리토스에게 찬동한다면, 아마피니우스와 똑같이 저술할 수도 있을 겁니다.[8] 일단 작용인을 없애 버렸는데, '작은 물체들(corpuscula)'(아마피니우스는 '원자들(atomoi)'을 이렇게 부른다)의 우연한 충돌에 관해 이야기를 푸는 것이 뭐 대단한 일이겠습니까? 당신도 알고 있는 바 우리의 자연학은, 작용인과 질료로부터 성립되고 작용인은 질료를 빚어서 형태를 부여하므로, 기하학도 활용해야 합니다. 도대체 그 누가 있어 기하학을 어떤 용어들로 진술할 수 있을 것이며, 혹 어떤 이에게 이해시킬 수 있겠습니까?[9] 한편, 삶과 성품들에 관한 부분, 그리고 추구되어야 할 것들과 회피되어야 할 것들에 관한 부분도 에피쿠로스주의자들은 단순하게 다룹니다. 그들은 짐승에게 좋은 것이 사람에게도 좋다고 여기기 때문입니다. 반면 우리 학파 사람들의 세밀함이 어떠하며 얼마나 대단한지는 당신도 알고 있습니다. 7 다시 말해, 당신이 제논을 따른다면, 훌륭함과 분리 불가능한 저 실제로 단일한 좋음이 무엇인지를 누군가 이해하도록 만드는 것이 큰 문제이며, 그 좋음이 어떠한 것인지를 에피쿠로스는 감각을 자극하는 쾌락이 없다면 짐작조차 할 수 없다고 말합니다.[10] 반면, 제가 구아카데미아(Academia vetus)를 따른다면(당신도 알다시피 이 학파를 제가 승인합니다), 이 입장을 제가 얼마나 정교하게 설명해야 할 것이며, 스토아주의자들에 반대해서 얼마나 섬세하게, 심지어 얼마나 모호하게 논의해야 하겠습니까!

그러므로 제가 철학에 몰두하는 것은 진정 제 자신을 위함이고, 최대한 항상적인 삶을 살고 정신의 즐거움을 얻고자 함입니다. 플라톤의 책에서도 그러하듯, 그보다 더 크고 더 훌륭한 선물은 신들이 인간에게 준 적도 없다고 생각합니다.[11] **8** 하지만 저는 학문적 열망이 있는 제 친구들은 희랍으로 보내서, 다시 말해, 희랍인들에게 가라고 권해서, 수로들을 찾아다니느니 차라리 수원에서 길어내도록 합니다. 반면 이제까지 누구도 가르치지 않았고 학문적 열망을 지닌 이들이 딱히 배울 데도 없었던 것들은, 제 힘이 닿는 한(저는 제 작품들을 그다지 크게 자부하지 않습니다), 우리나라 사람들에게 알리고자 했습니다. 왜냐하면 희랍 사람들에게서도 구할 수 없었고, 제 스승 루키우스 아일리우스[12] 사후에는 라틴어 저작들에서도 구할 수 없었던 것들이기 때문입니다. 그럼에도 불구하고 제가 메닙포스[13]를 (번역이 아니라) 본떠서 얼마간의 유쾌함을 섞어놓은 저의 예전 작품들에는 핵심적인 철학이 섞인 부분들도 많았고, 논리적으로 진술된 부분들도 많았습니다. 하지만 그것들은 약간의 재미에 유혹되어 읽게 된다면 거의 배우지 못한 이들이라도 더 쉽게 이해할 수 있음에도 불구하고, 저는 『추도사(追悼辭)들』과 특히 『고대사』의 도입부는 철학적인 방식으로 저술하고자 했습니다. 제가 성공적이었다면 말입니다."[14]

III 9 그러자 내가 말했다. "바로 선생님, 옳은 말씀입니다. 우리가 이 도시에서 마치 손님처럼 떠돌고 방황할 때, 당신의 책들은 우리를 집으로 데려가듯 인도하였으므로, 우리는 마침내 우리가 누구이며 어디에 있는지를 깨달을 수 있었습니다. 당신이 조국의 나이를, 당신이 조국의 연대기를, 당신이 종교법을, 당신이 사제법을, 당신이 평시의 규율을, 당신이 전시의 규율을, 당신이 지역과 구역의 위치를, 당신이 모든 종교적인 것과 세속적인 것의 명칭, 종류, 의무, 기원을 밝혔습니다. 당신은 우리 시인들과 로마 문학과 라틴어 일반에 엄청난 빛을 가져다주었고, 당신 스스로 거의 모든 운율로 다양하고 우아한 시를 지었고, 비록 완전한 학습에는 부족하더라도 충분히 자극을 주는 철학을 많은 주제들에서 시작했습니다. **10** 한편 당신이 대고 있는 변명이 그럴싸하긴 합니다. 학식 있는 자들이라면 희랍 저작들을 읽는 것을 선호할 것이며, 그것들을 모르는 자들이라면 라틴어 저작들조차 읽으려 하지 않을 것이라는 변명 말입니다. 하지만 당신의 변명은 저를 전혀 납득시키지 못합니다. 오히려 희랍 저작을 읽지 못하는 이들은 라틴어 저작을 읽을 것이고, 희랍 저작을 읽을 수 있는 이들은 모국어로 쓰인 것들을 경시하지 않습니다. 희랍 학문에 정통한 이들이 로마 시인들은 읽으면서 로마 철학을 읽지 않을 이유가 있겠습니까? 엔니우스나 파쿠비우스나 아키우스처럼 희랍 시인들의 말을 옮기지 않고 그 의미를 표현한 많은 시인들은 즐거움을 주니까 읽는 것 아닙니까? 로마 시인들이 아이스퀼로스와 소포클레스와 에우리피데스를 본으로 삼듯, 로마 철학자들도 플라톤과 아리스토텔레스와 테오프라스토스를 본으로 삼는다면 얼마나 더 큰 즐거움을 주겠습니까?[15] 어쨌건 우리의 연설가가 휘페레이데스나 데모스테네스를 본으로 삼았을 때 찬양받는 것을 저는 봅니다.[16]

11 그런데 바로 선생님, 솔직히 말해서 저는 선거, 관직, 소송, 국가의 관리 및 운영이 여러 의무들을 제게 부과하여 여력이 없던 와중에도 개인적으로 철학 공부를 지속하고 있었으며, 잊지 않으려고 시간이 허락될 때마다 독서를 통해 일깨우곤 했습니다. 하지만 지금 운명의 육중한 타격에 부딪히고 국가의 경영에서도 벗어났으므로, 저는 고통의 치유를 철학에서 찾고 있으며 이것이 여가의 가장 훌륭한 낙이라 판단합니다.[17] 왜냐하면 철학이 이 나이에 가장 적합하거나, 혹은 이것이야말로 제가 했던 뭔가 칭송받을 만한 일들에 부합하거나, 혹은 우리의 시민

들을 학식 있게 만드는 데 이보다 더 유용한 것이 없거나, 혹은 이런 이유가 아니라도 제가 할 수 있는 일이 딱히 보이지 않기 때문입니다. **12** 어쨌든 모든 분야에서 공적이 탁월한 우리 브루투스는 동일 주제를 다룬 희랍 저작들을 완전히 불필요하게 할 정도로 철학을 라틴어로 해내고 있습니다.[18] 그리고 브루투스와 당신은 같은 견해를 따르고 있습니다. 그는 아테네에서 아리스토스의 강의를 한동안 들었고, 당신은 아리스토스의 형인 안티오코스의 강의를 들었으니 말입니다. 이런 이유로 제발 당신께서도 이 학문 분야에 정진하셔야 합니다."

IV 13 그러자 바로가 말했다. "그런 방향으로 숙고하겠습니다. 하지만 당신의 도움이 필요합니다. 그런데 당신에 대해서 들리는 이야기들은 어찌된 일입니까?"

내가 말했다. "어떤 일 말입니까?"

바로가 말했다. "당신이 구아카데미아를 버리고 신아카데미아를 다루고 있다는 것 말입니다."

내가 말했다. "도대체 무슨 말씀이십니까? 우리 친구 안티오코스는 새집에서 옛집으로 이사 가도 되지만, 제가 옛집에서 새집으로 이사하는 것은 곤란하다는 말씀입니까?[19] 분명 최근의 것일수록 더 개선되고 더 다듬어진 것인데 말입니다. 물론 안티오코스의 스승이면서 당신 역시 대단한 인물로 평가하는 필론은 책에서 (저는 그에게서 직접 듣기도 했습니다) 아카데미아가 둘이라는 주장을 부인하고, 그렇게 생각했던 사람들이 틀렸음을 입증하기는 합니다만."

바로가 말했다. "당신의 말씀대로입니다. 하지만 안티오코스가 필론의 견해를 반박하며 쓴 저술들을 당신이 모른다고 여기지 않습니다."[20]

14 내가 말했다. "아니 오히려 그것들, 그리고 제가 떠난 지 벌써 오래된 구아카데미아의 학설 전체도 되도록 상기시켜 주셨으면 합니다." 그리고 나는 즉시 말했다. "괜찮다면 앉으시죠."

바로는 말했다. "어쨌든 앉도록 합시다. 저는 힘이 별로 없으니까요. 하지만 제가 당신이 바라는 대로 하는 게 아티쿠스에게도 좋은지 물어봅시다."

아티쿠스가 말했다. "물론 저도 좋습니다. 오래전에 안티오코스에게서 들었던 것을 떠올리는 동시에 그것이 라틴어로 충분히 적절하게 논의되는지 보는 것 말고 더 바랄 바가 무엇이겠습니까?" 그렇게 말하고 우리 모두는 마주앉았다.

바로의 연설

15 그러자 바로가 이렇게 시작했다.[21] "제가 보기에, 그리고 모든 이에게 알려진 대로, 소크라테스는 그 이전 철학자들 모두

가 골몰했던 것들, 즉 은폐되었으며 자연 자체가 덮은 것들로부터 철학을 불러내어 일상의 삶으로 이끌었던 최초의 인물입니다. 그는 덕과 악덕들, 그리고 좋은 것과 나쁜 것 일반을 탐구한 반면, 천상의 것들은 우리의 인식에서 멀리 떨어져 있거나 설령 인식되었더라도 잘 사는 것과 전혀 관련이 없다고 여겼습니다.[22] **16** 그에게서 배운 사람들이 다양하고 풍부하게 기록했던 거의 모든 대화편에서 드러나는 소크라테스의 논의 방식을 보면, 자신은 무엇도 단언하지 않고, 다른 이들을 논박합니다. 그의 말에 따르면, 그는 자신이 무엇도 알지 못한다는 것만은 알고 있으며, 다른 이들은 모르는 것을 안다고 생각하는 반면 그는 자신이 무엇도 알지 못한다는 것 하나만은 알고 있다는 점에서 다른 이들보다 낫고, 모르는 것을 안다고 여기지 않는 것 하나만이 지혜의 전부라는 이유에서 자신이 모든 이들 가운데 가장 현명하다는 신탁을 아폴론이 내렸다고 여깁니다.[23] 그런데 그는 이것들을 일관되게 말하면서 이 견해를 고수했음에도 불구하고 덕을 찬양하고 사람들로 하여금 덕을 열망하라고 권유하는 데 모든 대화를 할애했습니다. 이는 소크라테스 추종자들의 책, 특히 플라톤의 책에서 알 수 있습니다.[24]

17 반면에 다양한 주제, 복합적 논의, 풍부한 수사를 보여주는 플라톤의 권위에 힘입어, 단일하고 조화로운 철학 체계가 아카데미아와 소요 학파라는 두 개의 명칭 아래 성립되었습

니다.[25] 이 두 학파는 실질적으로 일치하나 이름은 달랐습니다. 플라톤은 누이의 아들인 스페우십포스를 학파의 상속인으로 남기는 한편 칼케돈의 크세노크라테스와 스타기라의 아리스토텔레스라는 탁월한 열망과 학식을 지닌 두 제자도 남겼습니다.[26] 아리스토텔레스를 추종한 자들은 뤼케이온에서 산책하며 토론했으므로 소요 학파로 불렸던 반면, 크세노크라테스의 추종자들은 플라톤이 다른 체력단련장인 아카데미아에 창설한 기관에 모여 대화를 나누곤 했으므로 그 장소의 명칭을 딴 이름을 갖게 되었습니다. 하지만 두 학파 모두가 플라톤 사상의 풍요로움으로 충만했으므로 어떤 분명한 학설 체계, 그것도 꽉 들어찬 체계를 구성했지만, 모든 사안들에 대해 의심하며 어떤 단언도 하지 않는 저 소크라테스적인 논의 방식과는 결별했습니다. 이처럼 소크라테스가 결코 승인하지 않았던 것, 다시 말해, 철학이라는 어떤 학문, 주제들의 배열, 학설의 체계가 만들어졌습니다. **18** 이것은, 제가 말했듯이, 두 이름을 지녔지만 처음에는 하나였습니다. 소요 학파와 저 구아카데미아 간에 어떤 차이도 없었기 때문입니다. 지적인 풍만함이라는 측면에서 적어도 제게는 아리스토텔레스가 뛰어났다고 보이지만, 두 학파의 원천은 같았고, 추구되야 할 것들과 회피되야 할 것들의 구분도 같았습니다. **V** 하지만 제가 뭘 하고 있습니까?" 바로가 말했다. "아니 이것들을 당신들에게 가르치는 제가 제정신입니까? 속담대로

'돼지가 미네르바를 가르치는 것'[27]은 아니더라도, 실로 어느 누가 미네르바를 가르친다는 것은 바보짓입니다."

그러자 아티쿠스가 말했다. "자, 바로 선생님, 계속하십시오. 저는 우리 라틴어와 로마 사람들을 매우 사랑하고, 또한 저것들이 라틴어로 이렇게 말해지는 것을 즐기니 말입니다."

나는 말했다. "철학을 우리 민중들에게 펼쳐 보이리라 진작에 공언했던 저는 어떠하리라 생각하십니까?"

바로가 말했다. "그러면 모두가 괜찮다고 하니 계속해 봅시다. **19** 플라톤에게서 전수된 철학함의 방식은 세 부분으로 이루어집니다. 첫째는 삶, 즉 성품에 관련되고, 둘째는 자연, 즉 은폐된 것들에 관련되며, 셋째는 논의, 즉 무엇이 참이고 무엇이 거짓인지, 연설에서 무엇이 옳고 그른지, 무엇이 정합적이고 무엇이 모순적인지를 판단하는 것과 관련됩니다.

우선 그들은 잘 삶과 관련된 부분을 자연에서 찾았고, 우리는 자연에 복종해야 하며 모든 것의 기준이 되는 저 최고선은 다름 아닌 자연에서만 탐구되어야 한다고 주장했고, 추구되어야 하는 목적, 즉 최고선은 정신과 몸과 삶에서 자연에 따르는 모든 것을 얻은 것으로 규정했습니다.[28] 그런데 그들은 몸과 관련된 것들 중 어떤 좋은 것은 그 전체에, 어떤 좋은 것은 부분들에 두었습니다. 다시 말해, 몸 전체에는 건강, 힘, 아름다움을 두었고, 몸의 부분들에는 온전한 감각 및 신체 각 부분의 탁월함을 (가령 발에는 빠름, 손에는 힘, 목청에는 청아함, 심지어 혀에는 명료한 발음을) 두었습니다. **20** 반면, 정신과 관련해서 좋은 것은 지성이 덕을 파악하게끔 해주는 것인데, 그들은 이를 자연적인 좋음과 성품적인 좋음으로 나누었습니다. 자연적인 좋음에는 빠른 학습 능력과 암기력을 할당했는데, 그것들 모두는 마음과 지성에 고유한 것입니다. 성품적인 좋음은 성격, 즉 한편으로 꾸준한 훈련에 의해, 한편으로 이성에 의해 형성된 습관인데, 훈련과 이성에 철학 자체가 관계합니다. 철학에서, 시작했을 뿐 〈완성되지〉 않으면 '덕을 향한 발전'이라 불리지만, 완성되면 '덕'이라 불립니다. 덕은 자연의 완성이자 그들이 영혼에 둔 모든 것들 중 유일한 최선의 것입니다. **21** 그러므로 이것들은 정신의 좋음들입니다. 한편 그들은 세 번째 종류인 삶과 결부된 좋은 것들은 덕의 발휘에 기여한다고 주장합니다. 왜냐하면 덕은 정신과 몸의 좋음들, 그리고 자연보다는 오히려 행복한 삶과 결부된 것들에서 드러나기 때문입니다. 그들은 인간이 국가와 인류 전체의 한 부분이고, 어떤 인간적 유대에 의해 다른 인간들과 결합된다고 여깁니다.[29] 자연적인 최고선에 관해서 그들은 그렇게 다룹니다. 하지만 여타의 것들, 즉 부, 권세, 영광, 영향력 등은 그것을 증대시키거나 유지하는 데 기여한다고 여깁니다. **VI 22** 이처럼 그들은 좋음의 삼분론을 도입합니다. 그런데 사람들 대부분은 이 세 종류의 좋은 것을 소요 학파의 주장이라고 여깁니다. 물론 이는 잘못된 것이 아닙니다. 그들도 이렇게 구분하기 때문입니다. 하지만 당시 아카데미아라고 불린 사람들이 소요 학파라 불린 사람들과 별개라고 간주한다면 이는 무지의 소치입니다. 이것은 공통적인 이론이고, 양편 모두가 '자연에서 일차적이며 그 자체로 추구될 만한 것들 전부를 획득하거나 그중에서 최고의 것들을 획득하는 것'이 최고선이라 여겼습니다.[30] 최고의 것들은 영혼 자체와 덕 자체에 관련된 것입니다. 따라서 저 모든 옛 철학은 '행복한 삶'이 덕 하나에만 달려 있다고 생각하지만, 그럼에도 육체의 좋음들, 그리고 앞서 덕의 발휘에 기여한다고 말했던 나머지 것들과 결합되었을 때 '가장 행복한 삶'이라고 생각했습니다.[31] **23** 이 체계로부터 삶에서의 행위 원리와 의무의 원리가 발견되었는데, 이것은 자연이 지시한 것을 보존하는 데에 달려 있습니다. 여기에서 게으름의 회피와 쾌락의 경시가 생겨나고, 다시 이로부터 올바름과 훌륭함을 위해, 그리고 자연의 지시와 일치하는 것을 위해 여러 큰 수고와 고통을 감내하는 일이 발생합니다. 이로부터 우정도 정의도 형평도 나왔고, 이것들은 쾌락이나 삶의 여러 이익보다도 중요시되었습니다. 바로 이것이 그들이 말하는 윤리학이었고, 철학에서 제가 으뜸으로 꼽은 부분의 체계였습니다.

24 이어지는 부분인 자연에 관해서 그들은 이렇게 주장했습니다. 그들은 자연을 둘로 나누는데, 한편으로는 작용하는 것

이고, 한편으로는 이것에 자신을 내맡기는 것, 즉 작용받아서 무언가가 되는 것입니다. 작용하는 것에는 힘이 있는 반면, 작용을 받는 것에는 바로 그 힘이 미치는 만큼의 질료가 있다고 그들은 여겼습니다. 그럼에도 불구하고 양편에는 양편 모두가 있습니다. 왜냐하면 어떤 힘에 의해서 결속되지 않으면 질료 자체가 존립할 수 없고, 힘도 어딘가에는 있을 수밖에 없으므로 어떤 질료가 동반하지 않으면 힘이 존립할 수 없기 때문입니다. 하지만 양편으로부터 이루어진 것을 그들은 이제 '물체(corpus)' 혹은 '성질(qualitas)'이라 명명했습니다. 낯선 사안들에는, 이미 오랫동안 이것들을 다뤄온 희랍인들도 그러는 것처럼, 제가 이따금씩 여러분이 못 들어본 용어들을 써도 이해해 주시리라 확신합니다."

VII 25 아티쿠스가 말했다. "물론 괜찮습니다. 아니 오히려 만에 하나 라틴어로 부족하다면, 희랍어를 그대로 사용하셔도 무방합니다."

바로가 말했다. "매우 친절하십니다. 하지만 '철학(philosophia)', '수사학(rhetorica)', '자연학(physica)', 혹은 '변증술(dialectica)'처럼 이미 라틴어를 대신해서 관용적으로 쓰이는 용어가 아니라면, 저는 라틴어로 말하도록 애쓸 것입니다. 그래서 희랍인들이 '포이오테스(*poiotēs*)'라고 부르는 것을 저는 '성질'이라 명명했습니다. 이 희랍어는 희랍인들 사이에서조차 민중의 용어가 아니라 철학자의 용어이고, 많은 경우에 사정은 마찬가지인데, 실로 변증가들의 어떤 용어들도 대중적이지 않으며, 그들은 자신만의 용어들을 쓰기 때문입니다.[32] 게다가 이 사정은 거의 모든 기술에서 공통적인데, 이는 새로운 사안들에 대해서는 새로운 이름들이 만들어지거나 다른 이름들이 차용되어야 하기 때문입니다. 이미 그만큼 오랜 세월 동안 이 일들에 몰두해온 희랍인들도 그렇게 하는데, 이제 처음으로 이것들을 다루려는 우리들이 그렇게 하는 것은 그만큼 더 마땅히 용인되어야 하지 않겠습니까?"

26 나는 말했다. "바로 선생님, 당신께서 풍부한 내용으로 당신의 시민들을 육성하듯이, 풍부한 용어들로도 그들을 육성하신다면, 분명 그들에게 큰 공헌을 하는 것이라고 저는 생각합니다."

바로는 말했다. "그렇다면 당신의 보증하에 과감히 새로운 용어들을 필요할 때 사용하겠습니다. 여하튼 성질들 중에서 어떤 것은 일차적이고, 어떤 것은 파생된 것입니다. 일차적 성질들은 단일하고 단순하지만, 파생된 성질들은 다종다양합니다. 그래서 '공기(aer)'(이 용어도 라틴어 대신에 사용합니다), 불, 물, 흙은 일차적인 반면, 동물 종들 및 땅에서 자라는 종들은 그것들로부터 파생됩니다.[33] 그러므로 일차적인 성질들은 원리들, 혹은 희랍어를 직역하면 '원소들'이라 말해집니다.[34] 이 중에서 공기와 불은 움직이고 작용하는 힘을 갖고, 나머지 것들(즉, 물과 흙)은 받아들이거나 혹은 '겪는' 힘을 갖습니다. 아리스토텔레스는 별과 정신의 기원인 다섯 번째의 종, 제가 위에서 말한 네 종류와 유사성이 없는 특별한 종이 있다고 믿었습니다.[35] **27** 하지만 그들은 어떤 형태도 없이, 성질(이 용어를 자꾸 사용해서 더 익숙하고 관용적인 것으로 만듭시다) 일반을 결여한 어떤 질료가 만물의 밑에 놓여 있다고 여깁니다. 이 질료로부터 모든 것이 찍혀 나오고 만들어질 수 있으며, 이것은 모든 것을 전부 받아들일 수 있고, 어떤 부분에서든 어떤 식으로도 변화될 수 있고, 그런 식으로 심지어 소멸할 수도 있습니다. 하지만 이것은 무(無)로 소멸하는 것이 아니라 자신의 부분들로 소멸할 수 있습니다. 부분들이 무한히 잘리고 나뉠 수 있으며, 나뉠 수 없는 어떤 최소의 것이란 결코 자연물에 존재하지 않기 때문입니다. 그런데 움직이는 모든 것들은 간격[36]이 있으므로 움직이는데, 이 간격들도 마찬가지로 무한히 나뉠 수 있습니다. **28** 제가 성질이라 부른 저 힘이 그렇게 움직일 뿐 아니라 이쪽 끝에서 저쪽 끝으로 왕복하므로, 질료 전체가 완전히 변화됨과 더불어 소위 '성질을 지닌 것(qualia)'들이 만들어진다고 그들은 생각합니다.[37] 자연 전체가 자신의 모든 부분들과 연결되고 연속되는 과정에서, 성질을 지닌 모든 것들로부터 하나의 우주가 만들어지는데, 이 우주의 외부에는 어떤 질료도 어떤 물체도 없습니다.[38] 반면, 우주 안에 있는 것들은 모두 우주의 부분이고, 이것들은 지각하는 자연에 의해 유지되는데, 이 자연에 완전한 이성이 내재하고, 이 이성은 동일하며 영원합니다(그것을 소멸시킬 만큼 더 강한 것은 없기 때문입니다). **29** 이 힘이 우주의 정신이고, 그들이 신이라 부르는 완벽한 지성이자 지혜이며, 그 밑에 놓인 모든 사물들 중 무엇보다도 천상의 것들을, 다음으로 땅에서 인간과 관련된 것들을 보살피는 '섭리(prudentia)'라고 말합니다. 그들은 이것을 때로는 '필연(necessitas)'이라고도 부르는데, 그에 의해 결정된 바와 달리 있을 수 있는 것은 아무것도 없기 때문이며, 때로는 '영원한 질서의 운명적이고 변하지 않는 연쇄(fatalis et immutabilis continuatio ordinis sempiterni)'라고 부릅니다. 그들은 이것을 이따금 '운(fortuna)'이라고도 부르는데, 이는 모호하고 알려지지 않은 원인들로 인해 우리가 예기치 못하는 뜻밖의 일들을 많이 일으키기 때문입니다.[39]

VIII 30 다음으로 철학의 세 번째 부분은 논리와 논의에 관련되어 있는데, 양쪽의 학파가 이렇게 다루었습니다.[40] 진리의 기준은 감각에서 나옴에도 불구하고 감각에 있지 않습니다.[41] 그들은 사태의 판결자가 지성이고, 이것만이 신뢰할 만하다고 여겼습니다. 그 까닭은 늘 단순하고 단일하며 그대로인 것(이것을 그들은 '이데아(*idea*)'라 부르곤 했는데, 이미 플라톤에 의해서 그렇게 명명되었고, 우리가 '형상(species)'이라고 말하는 바로 그것입니다)을 분별하는 것은 지성뿐이기 때문입니다.[42] **31** 모든 감각은 무디고 느리며, 감각에 귀속된다고 여겨지는 것들은 어떤 식으로도 파악할 수 없다고 여겨졌습니다. 이는 그것들이 감각에 들어올 수 없을 정도로 작거나, 아니면 만물이 끊임없이 미끄러지거나 흘러가므로 매우 유동적이고 재빨라서 하나이거나 항상적이거나 동일하지 않기 때문입니다. 따라서 이 영역의 모든 사물들은 '의견의 대상(opinabilis)'이라고 불렸습니다.[43] **32** 반면, 앎은 단지 정신에 속한 개념들과 논변들에만 있다고 여겨졌습니다. 그 까닭에 그들은 사물들이 정의된다고 인정했고, 이를 논의되는 모든 대상에 적용했습니다. 심지어 어원, 다시 말해 각각의 사물이 그렇게 명명된 원인도 승인했는데, 이를 '에튀몰로기아(*etymologia*)'라 부르곤 했습니다. 다음으로 그들은 설명하고자 하는 것을 증명하고 추론하기 위해서 어떤 논거 혹은 사태의 '징표'를 인도자로 사용했습니다. 이런 식으로 변증술, 즉 논리적으로 추론된 연설에 관한 학설 전체가 전해졌습니다. 그리고 이것의 짝인 것, 즉 설득에 적합한 장문 연설을 풀어내는 수사학이 추가되었습니다.[44] **33** 이것이 플라톤으로부터 전해진 그들의 최초의 체계였습니다. 여러분이 원하신다면, 제가 들은 대로 그 체계의 변화를 설명하겠습니다."

내가 말하길, "물론 저희는 좋습니다. 아티쿠스의 답변도 제가 대신한 셈입니다."

아티쿠스가 말하길, "물론입니다. 소요 학파와 구아카데미아의 견해를 탁월히 풀어내시니 말입니다."

IX 바로가 말하길, "제가 좀 전에 말했던 형상들, 플라톤이 그것들에 신적인 것이 있다고 말할 정도로 기이하게 애지중지했던 그 형상들을 약화시킨 최초의 인물은 아리스토텔레스였습니다.[45] 하지만 매력적인 말솜씨를 지녔을 뿐만 아니라 정직함과 고귀함을 드러내는 품성을 갖춘 인물이었던 테오프라스토스가, 어떤 면에서는 훨씬 더 격렬하게 옛 학파의 권위를 깨뜨렸습니다. 왜냐하면 그는 행복하게 사는 것이 덕에만 달려 있지 않다고 주장함으로써 덕에서 그 고결함을 벗겨내어 무력화시켰기 때문입니다.[46] **34** 그런데 그의 제자인 스트라톤은 날카로운 지성의 소유자였음에도 불구하고 소요 학파에서 완전히 제외시켜야 합니다. 왜냐하면 그는 저 철학의 가장 필수적인 부분, 즉 덕과 성품에 관련된 부분을 버리고 자연에 대한 탐구에 전적으로 매진한 뒤, 거기에서도 자신의 학파와 완전히 갈라섰기 때문입니다.[47] 반면 플라톤의 이론과 권위를 전수받은 첫 번째 인물들은 스페우십포스와 크세노크라테스였고, 이후에 폴레몬과 크라테스와 크란토르는 아카데미아에 모여서 선학들에게서 전수받은 것들을 열심히 돌보았습니다. 이때 폴레몬의 강의를 제논과 아르케실라오스가 꾸준히 들었습니다.[48] **35** 하지만 아르케실라오스보다 연장자면서 아주 치밀하게 논의하고 정교하게 사유한 제논은 그 학설을 수정하고자 했습니다. 괜찮으시다면 그 수정된 부분도 안티오코스를 따라서 설명하겠습니다."

나는 말했다. "물론 저는 괜찮습니다. 당신께서 보시듯, 폼포니우스도 같은 의사를 표시하고 있습니다."

X 바로가 말했다. "제논은 테오프라스토스처럼 덕의 힘줄을 자른 것이 아니라 반대로 행복한 삶과 관련된 모든 것을 덕 하나에 두고, 그 밖의 무엇도 좋은 것에 포함시키지 않았으며, 단순하고 유일하고 단일한 좋은 것이 훌륭한 것이라 부릅니다.[49] **36** 하지만 여타의 것들이 좋지도 나쁘지도 않음에도 불구하고, 어떤 것은 자연을 따르고 어떤 것은 자연에 반한다고 주장하며, 어떤 것은 이것들 사이에 낀 중간 것으로 간주했습니다. 그런데 자연을 따르는 것은 택해야 하고 가치가 있으며, 자연에 반하는 것은 반대의 성격을 지닌다고 가르쳤지만, 둘 중 어느 쪽도 아니라서 중간에 남겨진 것들에는 어떤 중요성도 없다고 주장했습니다. **37** 하지만 택할 만한 것들⟨이나 그 반대의 것들⟩ 중 어떤 것들은 더 큰 가치로 평가되고, 어떤 것들은 더 작은 가치로 평가되는데, 더 큰 가치로 평가되는 것은 '선호되는 것(praeposita)'으로, 더 작은 가치로 평가되는 것은 '거부되는 것(reiecta)'으로 불렀습니다.[50] 제논은 이것들을 실질적으로 바꾼 것이라기보다 말만 바꾼 것입니다.[51] 게다가 이런 식으로 그는 올바른 행위와 잘못된 행위의 중간에도 의무와 의무에 반하는

것을 두었습니다. 즉, 올바른 행위만을 좋은 행위로 두고, 삐뚤어진 행위(즉, 잘못된 행위)는 나쁜 것으로 두었지만, 제가 말했듯, 의무[52]는 (준수되든 무시되든) 중간 것으로 여겼습니다.

38 그리고 선학들은 모든 덕이 이성에만 있는 것이 아니라 자연이나 성품에 의해 완성되는 것이라고 주장한 반면, 제논은 모든 덕을 이성에 두었습니다.[53] 또한 선학들은 제가 앞서 말한 종류의 덕들이 분리될 수 있다고 여긴 반면, 제논은 어떤 식으로도 분리될 수 없다고 논했습니다. 또한 선학들과 달리 제논은 덕이 발휘될 때만이 아니라 그 보유만으로도 탁월한 것이지만, 그럼에도 덕을 항상 발휘하지 않으면 그것은 누구에게도 없다고 주장했습니다.[54] 또한 선학들은 영혼의 격정을 인간에게서 제거하지 않으며, 슬퍼하고 욕망하고 두려워하고 기쁨으로 날뛰는 것이 자연적이라고 주장하면서도 그것들을 억제하고 줄이고자 노력했지만, 제논은 질병과도 같은 이 모든 것이 현자에게는 없다고 주장했습니다.[55] **39** 또한 옛사람들은 그 격정들이 자연적이고 이성을 결여한다고 주장하며 영혼의 한 부분에는 욕구를, 다른 부분에는 이성을 두었던 반면, 제논은 이에 전혀 동의하지 않았습니다. 그는 격정들이 자발적인 것이고 의견에 따른 판단에 의해 발생한다고 여겼고, 모든 격정의 어머니는 과도한 무절제라고 생각했기 때문입니다. 윤리학에 관해서는 이 정도로 합시다.

XI 자연학의 원소들에 관한 제논의 견해는 다음과 같습니다. 우선 선학들이 감각과 정신을 구성한다고 여긴 다섯 번째 원소를 제논은 만물의 네 가지 원소들에 덧붙이지 않았습니다. 왜냐하면 정신과 감각까지도 포함해서 무엇이든 만들어내는 원소를 불로 설정했기 때문입니다.[56] 게다가 물체를 결여한 것(이 부류에는 영혼도 속한다고 크세노크라테스나 심지어 그 이전 사람들이 주장했습니다)에 의해 어떤 작용이 이루어질 방법이 전혀 없고, 어떤 작용을 하거나 받는 것은 물체가 아닐 수 없다고 생각했다는 점에서 그는 선학들과 의견을 달리했습니다.

40 제논은 철학의 세 번째 부분을 가장 많이 바꿨습니다.[57] 여기에서 우선 그는 감각들 자체에 관해 새로운 주장들을 했습니다. 그는 감각을 외부에서 가해진 '충격(impulsio)'으로 구성된 것(그가 '판타시아(*phantasia*)'라고 부르는 이것을 우리는 '인상(visum)'이라고 불러도 될 텐데, 이후 논의에서 자주 사용해야 할 테니까 바로 이 용어를 익숙하게 만듭시다)으로 여겼지만, 감각에 '수용된(accepta)'이 인상들에 정신의 동의를 결합시켰는데, 이 동의를 우리에게 달린 자발적인 것으로 주장합니다.[58] **41** 그는 모든 인상이 아니라 보이는 대상 고유의 자명함을 드러내는 인상들만을 신뢰했습니다. 그런데 이 인상은 그 자체로 식별되므로 '파악될 수 있는(comprehendibile)' 인상입니다.[59] 이해가 되십니까?"

아티쿠스가 말하길, "물론입니다. '카탈렙톤(*katalēpton*)'을 달리 뭐라 말하겠습니까? ”

　바로가 말하길, “하지만 그것이 일단 수용되고 승인되면, 그
것을 그는 '파악(comprehensio)'이라 불렀고, 손에 쥐어진 것들
에 비유했습니다. (그는 이 비유에서 '파악'이라는 이름도 가져왔는
데, 이전에 누구도 이 말을 그러한 것에 사용하지 않았기 때문입니
다. 그는 새로운 것들을 주장하곤 했기에 또한 많은 새로운 용어들
을 사용했습니다.) 그런데 감각으로 파악된 것 자체도 그는 감각
이라 부르곤 했습니다.[60] 또한 이성으로 뽑혀질 수 없도록 파악
된 것이라면 '앎(scientia)'이지만, 그렇지 않다면 '무지(inscientia)'
라 일컫곤 했습니다. 무지로부터 '의견(opinio)'도 등장하곤 합니
다. 의견은 약한 것이고 거짓 인상과 비(非)파악 인상에 공통되
니 말입니다.[61] **42** 하지만 그는 제가 말한 파악을 앎과 무지 사
이에 위치시켰고, 파악이 올바른 것도 그른 것도 아니라고 간주
했지만, 그것만은 신뢰해야 한다고 주장했습니다. 이에 근거해
서 그는 심지어 감각조차 신뢰했습니다. 이는, 제가 앞서 말했
듯, 감각으로 행해진 파악이 참이기도 하고 신뢰할 만하기도 한
것으로 여겨졌기 때문인데, 그것이 대상에 있는 모든 것을 파악
하기 때문이 아니라, 파악에 들어올 수 있는 무엇도 놓치지 않
기 때문입니다.[62] 또한 자연은 자신에 대한 앎의 규준과 원리로
서 파악을 부여했기 때문인데, 이로부터 나중에 사물에 대한 개
념들이 정신에 각인되며, 이 개념들로부터 원리들뿐만 아니라

이성을 발견하기 위한 더 넓은 어떤 길들도 발견됩니다.[63] 반면 그는 덕과 지혜에서 오류, 경솔, 무지, 의견, 짐작, 한마디로 말해 확고하고 일관적인 동의와는 다른 모든 것을 제거했습니다. 제논이 선학들의 견해를 바꾸어 달라진 모든 것들이 대략 이런 점들입니다.

막간 대화

XII 43 바로가 이렇게 말한 뒤, 내가 말하길, "바로 선생님, 당신께서 구아카데미아의 학설뿐만 아니라 스토아주의자들의 학설도 아주 간결하며 전혀 모호하지 않게 설명해 주셨습니다. 그런데 우리의 친구 안티오코스가 주장하는 대로, 저도 스토아주의자들의 견해가 뭔가 새로운 학설이라기보다 구아카데미아를 수정한 것으로 여김이 옳다고 생각합니다."[64]

그러자 바로가 말하길, "이제 당신의 차례입니다. 당신은 옛사람들의 가르침과 결별하고 아르케실라오스에 의한 혁신에 찬동하고 있으므로, 어떠한 결별이 어떠한 이유로 행해졌는지를 알려 주십시오. 그것이 충분히 정당한 이탈이었는지 저희가 알아볼 수 있도록 말입니다."[65]

키케로의 연설

44 그러자 내가 말하길, "제가 이해하는 바에 따르면, 아르케실라오스가 제논과 온갖 경쟁을 벌인 것이 고집이나 승부욕에 의한 것은 아니라고 보입니다. 그것은 소크라테스가, 그리고 이미 소크라테스 이전에 데모크리토스, 아낙사고라스, 엠페도클레스 등 거의 모든 선인들이 무지를 고백하도록 만든 만물의 모호함에 의한 것입니다.[66] 이들의 말에 따르면, 어떤 것도 인식되거나 파악되거나 알려질 수 없고, 감관은 협소하며, 정신은 쇠약하고, 삶의 여정은 짧고, 데모크리토스가 말했듯, 진리는 심연에 잠겨 있으며, 모든 것은 견해와 관습에 사로잡히고, 진리를 위한 어떤 여지도 없고, 그리하여 만물은 어둠에 둘러싸여 있습니다. **45** 그래서 아르케실라오스는 어떤 것도 알려질 수 없다고 주장했고, 심지어 자신이 아무것도 모른다는 점을 안다는 것(소크라테스도 이것만은 자신에게 허락했다)조차 알려질 수 없다고 주장했습니다. 그는 이 정도로 만물이 은밀한 곳에 숨어 있고, 어떤 것도 식별되거나 이해될 수 없고, 이런 이유들 때문에 그 누구도 결코 무언가를 공언해서도 단언해서도 동의하여 승인해서도 안 되고, 거짓이거나 인식되지 않은 것들에 동의할 때 특징적인 경솔함을 항상 억제해서 절대 실수하지 않도록 막아야 하고, 동의와 승인이 인식과 파악에 앞서 나가는 것보다

더 수치스러운 일은 없다고 여겼습니다.[67] 그는 이 이론과 일치한 것을 행하곤 했습니다. 다시 말해, 같은 사안에 관해 대립하는 입장들에서 동등한 무게를 지닌 근거들이 발견될 때 양편이 동의를 더 쉽게 유보할 수 있도록 그는 모든 이의 견해들을 반박함으로써 대부분의 사람들을 자신들의 견해에서 벗어나게 했습니다.

46 이 아카데미아가 '신아카데미아(Academia nova)'라 불리지만, 제게는 구아카데미아로 보입니다. 만일 플라톤을 구아카데미아의 일원으로 꼽는다면 말입니다. 그의 저작들에서는 어떤 것도 단언되지 않고, 많은 것이 찬반양론으로 논의되며, 모든 것에 대해서 탐구되고, 확실한 어떤 것도 말해지지 않으니 말입니다.[68] 하지만 그럼에도 불구하고 당신이 상술했던 저 아카데미아는 '구아카데미아'로 명명하고, 이 아카데미아는 '신아카데미아'로 부르도록 합시다. 이 아카데미아는 아르케실라오스로부터 따져서 네 번째 수장이었던 카르네아데스에 이어질 때까지 아르케실라오스의 동일한 가르침을 유지했습니다. 하지만 카르네아데스는 모르는 철학 분야가 없었고, (그의 강연을 들었던 사람들로부터, 특히 그와 극단적으로 의견을 달리했지만 다른 누구보다 그에게 경탄했던 에피쿠로스주의자 제논으로부터 제가 들은 바에 따르면,) 믿을 수 없는 능력의 소유자였습니다. …"[69]

초판 2권 - 루쿨루스(Lucullus)

도입부

| 1 루키우스 루쿨루스의 탁월한 재능, 최고의 학문들에 대한 큰 열망, 그리고 그가 습득한 자유인에 걸맞고 귀족에 합당한 모든 학식이 로마 광장에서 최고의 전성기를 맞이할 수 있었던 시절에 그는 로마의 일들로부터 완전히 멀어졌다. 왜냐하면 그가 아주 젊은 나이에도 불구하고 역시 충직하고 열성적인 그의 동생과 더불어 매우 영예롭게 아버지의 정적들을 탄핵했을 때, 재무관으로서 아시아에 부임하여 거기에서 다년간 경탄스러운 칭송을 받으며 속주를 다스렸기 때문이다.[70] 그리고 나서 그는 부재중에 안찰관으로 선출되었고, 법의 특전으로 보다

일찍 출마가 허용되었기에 곧바로 법무관이 되었다.[71] 이후에 그는 아프리카로 부임되었고, 그 후에 집정관직에 이르렀는데, 모든 이들이 그의 주도면밀함에 감탄하고 재능을 인정할 정도로 집정관직을 잘 수행해냈다. 이후에 원로원이 그를 미트리다테스 전쟁에 보냈을 때, 그는 자신의 용맹함에 대한 세인의 우려를 불식시켰을 뿐만 아니라 심지어 그의 전임자들의 명성까지도 능가했다.[72] **2** 이것이 더욱 놀라웠던 까닭은, 청년기를 변호사 업무로 보냈고, 무레나[73]가 폰토스에서 전쟁을 치르던 와중에도 아시아에서 평화롭게 오랜 재무관 시절을 보냈던 이가 통솔력을 칭찬받으리라 기대될 리 없었기 때문이다. 하지만 그는 놀라울 정도로 지력이 대단해서 가르칠 수 없는 경험을 통해 배울 필요가 없었다. 그러므로 그는 군사 업무에 관해서는 초심자로서 로마를 떠났지만, 한편으로 경험자들에게 물어서 배우고 한편으로 전쟁사를 읽으면서 육로와 해로의 전 여정을 마친 후에 진정한 군사령관이 되어서 아시아에 당도했다. 이는 그가 사실에 대해 거의 신적인 기억력을 지녔기 때문이었다. 물론 언어에 대한 기억력은 호르텐시우스가 더 뛰어났지만, 직무 수행에서는 사실이 언어보다 더 유익한 만큼 그의 기억력이 더 가치 있었다. 이 기억력은 내가 확실히 희랍에서 으뜸으로 치는 테미스토클레스가 독보적이었다고 전한다. 테미스토클레스는 심지어 당시 처음 등장한 기억술을 자신에게 전수하겠노라 공언하던 사람에게 대꾸하길, 차라리 망각술을 배우고 싶다고 했다. 듣고 본 것은 무엇이든 기억에 들러붙어 있었을 테니까 말이다.[74] 루쿨루스는 엄청난 지력을 갖춘 데다 심지어 테미스토클레스가 업신여긴 기억술도 겸비했다. 그래서 우리가 기억하고자 하는 것들을 문자로 남기듯, 그는 사실들을 마음에 새겼다. **3** 따라서 알렉산드로스 이후 가장 위대한 저 왕[75]이 자신이 책에서 읽었던 어떤 이들보다도 루쿨루스를 더 위대한 사령관으로 인정한다고 고백할 정도로, 루쿨루스는 전쟁과 관련된 모든 것들, 즉 야전, 공성, 해전, 그리고 전쟁 내내 필요한 군장비와 군수품에 있어서 그처럼 대단한 지휘관이었다. 오늘날 아시아는 루쿨루스의 제도들을 준수하고 말하자면 그의 발자취인 양 따름으로써 존립한다고 할 정도로, 이 사람에게는 도시들을 정비하고 다스리는 큰 지혜와 공정함이 있었다. 하지만 국가에 커다란 이익을 가져다주었음에도 불구하고 그러한 용맹함과 지성의 힘이 내가 원했던 것보다 더 오랫동안 로마 광장과 원로원의 눈에서 벗어나 국외를 떠돌고 있었다. 설상가상으로 미트리다테스 전쟁에서 승리자로 돌아왔지만 정적들의 무고로 인해 그가 받아 마땅했던 때보다 3년이나 늦게 개선식을 거행했다. 내가 집정관으로서 이 탁월한 사람의 개선마차를 겨우 도시로 이끌었기 때문이다.[76] 그의 조언과 영향력이 당시 중대사들에서 내게 어떤 도움이 되었는지 말할 수도 있겠지만, 그러려면 지금

불필요하게 나 자신에 대해서 말해야만 할 것이다. 따라서 그것을 나 자신에 대한 찬사와 결부시키기보다는 그가 받아 마땅할 증언을 생략하는 것이 나으리라.

Ⅱ 4 허나 대중적인 명성으로 치장되어 마땅한 루쿨루스의 업적들은 희랍 저술들에서도 로마 저술들에서도 칭송되었다. 그런데 나는 저 공적인 일들은 많은 이들과 더불어 알고 있지만, 이 사적인 일들은 나를 포함하여 오직 소수만이 종종 그에게서 직접 전해 들었다. 즉, 루쿨루스는 그를 모르는 사람들이 생각하던 것보다 훨씬 더 열심히 모든 종류의 학문들, 특히 철학에 관심을 기울였다. 이는 젊은 시절뿐만 아니라 대리재무관 재직 시의 몇 년 동안, 그리고 장군의 여가 시간이 개인 막사에서조차 별로 허락되지 않을 만큼 막중한 군무에 시달리던 전쟁에서도 그러했다. 또한 필론의 제자인 안티오코스가 철학자들 중에서도 재능과 지식에서 뛰어나다고 여겼으므로, 재무관이었을 때나 몇년 후 사령관이었을 때나 그를 동행시켰고, 앞서 말한 그런 기억력을 지녔으므로 한번 듣고도 기억할 만한 것들을 심지어 여러 번 들어서 수월히 터득했다. 또한 그가 들어서 내용을 알고 있는 책들을 읽는 것을 놀라우리만큼 즐겼다.

5 나는 이러한 인물들의 명성을 드높이려다가 행여 깎아내리지나 않을까 이따금 걱정한다. 희랍 학문을 전혀 좋아하지 않는 이들이 많고, 철학을 좋아하지 않는 이들은 더 많지만, 이것

들을 거부하지 않는 나머지 사람들조차 국가의 지도자들이 이 것들을 논하는 것이 그다지 품위 있다고 여기지 않기 때문이다. 하지만 마르쿠스 카토가 노년에 희랍 학문들을 배웠다고 나는 들었고, 푸블리우스 아프리카누스가 감찰관이 되기 전에 수행했던 저 유명한 사절 임무에서 동행인은 오직 파나이티오스뿐이었다고 역사가 증언하고 있으므로, 나는 희랍 학문과 철학을 후원할 더 이상의 인물이 필요없다.[77] **6** 이제 그처럼 중요한 인물들이 그런 류의 대화들에 엮이는 것을 원치 않는 이들에게 답변하는 일이 남아 있다. 이들은 유명한 인물들의 회합에 침묵이 흐르거나, 그들의 대화가 농담을 일삼거나, 그들의 담화가 경박한 일들에 관해 이루어지는 것이 당연하다고 여기는 듯하다. 내가 어떤 책에서 철학을 찬양한 것이 옳다면, 실상 철학을 다루는 것은 매우 뛰어나고 존경받는 이에게 지극한 가치가 있다.[78] 로마 민중에 의해 이 지위에 앉은 우리들이 사적인 열망 때문에 공무에서 벗어나지 않도록만 주의하면 말이다. 한데 내가 업무를 수행해야 했을 때에 한시도 공공집회로부터 벗어나 활동하지 않았을 뿐 아니라 재판 관련 문서 이외의 어떤 것도 쓰지 않았거늘, 은퇴해서 쇠약해지거나 무기력해지지 않으려 할 뿐 아니라 최대한 많은 이들에게 도움이 되고자 애쓰는 내가 여가를 누린다고 누가 비난할 것인가? 내가 진정 저들에 대한 대중적이고 찬란한 칭송에 덜 알려지고 덜 공개된 칭송을 덧붙인다면, 그들의 명성을 줄이기는커녕 오히려 드높인다고 나는 생각한다. **7** 심지어 나의 책들에서 논쟁하는 인물들이 그 논쟁 거리들에 대한 지식을 갖고 있지 않았다고 주장하는 이들도 있는데, 내게는 이들이 산 자들뿐 아니라 고인들마저도 시샘하는 것으로 보인다.

III 이제 아카데미아의 이론을 승인하지 않는 비판자들의 무리만 남는다.[79] 만일 그중 누군가가 자신이 추종하는 학설 이외에 어느 철학적 학설이라도 인정한다면, 우리가 이 비판을 좀더 심각하게 받아들일 텐데! 반면 우리는 모든 이들을 반박하면서 우리에게 그럼직한 것들을 말하곤 하므로, 다른 이들이 우리와 견해를 달리하지 않도록 말릴 방도가 없다. 물론 우리는 어떤 경쟁심도 없이 참을 발견하려 하고 이를 최대한 주의 깊고 열정적으로 추구하는 만큼 우리의 입장이 방어에 용이하지만 말이다. 실로 모든 인식은 많은 어려움에 가로막혀 있고 사물 자체도 불분명하며 우리들의 판단들도 확고하지 않으므로, 매우 오래전 박식한 이들이 자신들이 갈망하는 것을 발견할 수 있다는 확신이 없었던 데에는 이유가 없지 않았다. 그럼에도 그들이 물러서지 않았고, 우리도 지쳐서 탐구의 열정을 내려놓지 않을 것이니, 우리는 찬반양론으로 논의하여 참이거나 혹은 그것에 가장 가까이 다가간 것을 도출하고자 할 뿐이다. **8** 알고 있다고 믿는 자들과 우리의 차이는 그들이 변호하고 있는 견해들이 참이라는 것을 스스로 의심하지 않는 반면, 우리는 따르기는 쉽지만 거의 확증할 수 없는 많은 견해들을 승인할 만하다고 여긴다는 점이다. 게다가 판단력이 온전한 만큼 우리는 더 자유롭고 유연하며, 지시받은, 아니 마치 명령받은 모든 것들을 지키도록 강요받을 어떤 필연성도 없다. 사실 여타의 사람들은 무엇이 최선인지를 판단할 능력을 갖추기도 전에 구속 상태가 되며, 다음으로 어린 나이에 어떤 친구를 따르거나 혹은 누군가에게서 처음으로 들어본 단 한 번의 연설에 사로잡혀 인식 불가능한 일들에 대해 판단하고 폭풍우에 떠밀려간 사람처럼 마치 바위에 들러붙듯 가르침에 들러붙는다. **9** 현자였다고 그들이 판단한 사람을 완전히 신뢰한다고 그들은 말하는데, 만일 그들이 배우지 않은 초심자로서 이를 판단할 수 있었다면, (사실 누가 현자인지를 판별하는 것은 특히 현자의 일로 보이므로) 내가 이를 인정할 텐데! 하지만 그것이 가능하려면, 모든 사안들을 듣고 나머지 사람들의 견해들을 인식까지 하고 나서 판단했어야 했다. 그런데 그들은 사안을 단 한 번 듣고 단 한 명의 권위에 복종했던 것이다. 하지만 사람들 대부분은 가장 일관되게 주장할 수 있는 것이 무엇인지 고집하지 않으면서 탐구하기보다는 길에서 벗어나서 맘에 들었던 그 판단을 기를 쓰고 변호하기를 더 좋아하는 것 같다.

이 사안에 관해 많은 물음이 제기됐고 여러 논쟁도 벌어졌는데, 다른 때에도 자주 그랬지만 언젠가 바울리 근처에 있는 호르텐시우스의 별장에서 특히 그러했다. 그때 내가 카툴루스의 집에 머무른 다음 날 나는 카툴루스와 루쿨루스와 더불어 그리로 갔다. 만일 순풍이 불어온다면, 루쿨루스는 네아폴리스의 자기 별장으로, 그리고 나는 폼페이의 내 별장으로 항해하기로 정했으므로 우리는 그곳에 꽤 일찍 도착했다. 그래서 우리는 회랑에서 몇 마디 말을 나누고 그 자리에 앉았다.

IV 10 이 자리에서 카툴루스가 말했다. "어제 우리의 질문이 대부분 해명되어서 문제 전체를 거의 다룬 듯합니다.[80] 그렇지만 루쿨루스여, 저는 당신이 얘기하겠다고 약속했던 것, 다시 말해 안티오코스에게서 들은 것을 말씀해 주시리라 기대하고 있습니다."

호르텐시우스가 말했다. "사실 저는 하려고 했던 것 이상을 했습니다. 어쩌면 사안 전체를 루쿨루스에게 온전히 남겨 뒀어야 마땅했습니다. 그렇지만 아직도 남은 사안이 있습니다. 저는 떠오른 것들을 말했습니다만, 루쿨루스가 더 심오한 것들을 말하길 바랍니다."

그러자 루쿨루스가 말했다. "호르텐시우스여, 저는 당신의 기대에 전혀 걱정하지 않습니다. 물론 상대를 만족시키려는 사람에게 그런 기대만큼 방해가 되는 것도 없습니다만, 제가 말하는 것들이 얼마나 잘 인정받을지 염려하지 않기에 별로 걱정하지 않습니다. 사실 저는 제 견해를 말할 것도 아니고, 만일 참이 아니라면 이기는 것보다 차라리 지는 것을 선택할 것입니다. 물론 헤라클레스에 맹세코, 실로 지금 상황이라면, 비록 안티오코스의 입장이 어제의 대화에 흔들렸어도 저에게는 가장 참된 것으로 보입니다. 따라서 저는 안티오코스가 했던 그대로 할 것입니다. 제가 열린 마음으로 무척 열심히 매우 자주 그의 얘기를 들었던 만큼 제가 그것을 잘 알고 있기 때문입니다. 저에 대해 훨씬 더 큰 기대를 하도록 만들고 있는 것은 호르텐시우스라기보다는 바로 제 자신이군요!"

그가 이렇게 말문을 열었을 때, 우리는 들으려고 집중했다.

루쿨루스의 연설

11 그리고 그는 말했다.[81] "제가 알렉산드리아에서 재무관대리로 재직할 때, 안티오코스가 저와 함께 있었고, 안티오코스의 친구인 튀로스 출신 헤라클레이토스도 이미 그전에 알렉산드리아에 머무르고 있었습니다. 헤라클레이토스는 여러 해 동안 클레이토마코스와 필론의 강의를 들었고, 거의 퇴역 직전에 다시 소집된 저 철학에 특히 정통하고 저명한 인물이었습니다.[82] 저는 그와 안티오코스가 자주 논쟁하는 것을 듣곤 했지

만, 양쪽 모두 부드러웠습니다. 그런데 카툴루스가 어제 말한 필론의 책 두 권이 당시 알렉산드리아로 전해졌고, 그때 처음으로 안티오코스의 손에 들어왔습니다. 본래 매우 부드러운 (그보다 더 유순한 사람은 없을테니까요) 사람이었던 그가 갑자기 성내기 시작했습니다. 저는 깜짝 놀랐는데, 이전에 결코 그런 모습을 보지 못했기 때문입니다. 그런데 그는 헤라클레이토스의 기억에 호소하며 저 견해가 필론의 것으로 보이는지, 혹은 필론이나 다른 아카데미아 사람으로부터 그 견해를 들은 적이 있는지를 캐물었습니다. 그는 들은 적이 없다고 대답했지만, 그것이 필론의 글이라는 사실은 알아차렸습니다. 게다가 이는 전혀 의심의 여지가 없었습니다. 거기에 와 있던 학식 높은 제 친구들인 푸블리우스 셀리우스, 가이우스 셀리우스, 그리고 테트릴리우스 로구스가 로마에서 필론으로부터 저 견해를 들었으며, 그들이 필론에게서 저 두 책을 필사했었다고 말해 주었기 때문입니다.[83] **12** 그러자 안티오코스는 어제 카툴루스가 언급한 논점들, 즉 카툴루스의 아버지가 필론에 대해서 말한 논점들 및 여러 다른 논점들을 말했습니다.[84] 심지어 안티오코스는 참지 못하고 자신의 스승에 반대해서 『소소스(*Sosos*)』라는 제목의 책을 출간했습니다. 그래서 헤라클레이토스도 안티오코스를 논박하고 마찬가지로 안티오코스도 아카데미아를 논박하는 것을 제가 열중해서 들었던 그때, 저는 안티오코스로부터 사안 전체를 알아내고자 했기에 그에게 훨씬 더 세심한 주의를 기울였습니다. 결국 여러 날 동안 헤라클레이토스와 많은 학자들이 (그중에는 안티오코스의 동생인 아리스토스도 있었고, 그 외에도 그가 자신의 동생 다음으로 존중했던 아리스톤과 디온도 있었습니다) 참여해서 저 사안 하나를 논쟁하는 데 많은 시간을 보냈습니다.[85] 하지만 필론에 대한 논박 부분은 건너뛰어야만 합니다. 왜냐하면 어제 변호된 견해들이 아카데미아의 주장이 전혀 아니라고 하는 그는 그닥 날카로운 적수가 아니기 때문입니다. 그가 비록 거짓말은 하지만 더 부드러운 적수입니다. 우리는 아르케실라오스와 카르네아데스에게 가도록 합시다."[86]

V 13 이렇게 말한 뒤, 루쿨루스는 다시 연설을 시작했다. "(그는 내 이름을 부르며) 우선, 옛 자연학자들을 열거할 때, 이들은 마치 반역 시민들이 하던 짓을 똑같이 하는 것으로 보입니다. 이들은 유명한 옛 사람들을 내세워 그들이 민중파였다고 주장함으로써 자신들도 그들과 비슷한 인물로 보이게끔 하기 때문입니다.[87] 이들은 왕정이 폐지된 첫해에 집정관이었던 푸블리우스 발레리우스[88]로 거슬러 올라가고, 상소에 관한 민중 법안들을 집정관 재임시 제출한 나머지 인물들을 언급합니다. 그러고 나서 더 유명한 사람들, 즉 제2차 카르타고 전쟁 몇 년 전에 호민관으로서 원로원의 반대를 무릅쓰고 농지개혁법을 제출했고 나중에는 두 번이나 집정관직을 역임했던 가이우스 플라미

니우스, 그리고 루키우스 카시우스와 퀸투스 폼페이우스에 이르는 인물들을 언급하며, 푸블리우스 아프리카누스까지 같은 무리에 포함시키곤 합니다.[89] 다음으로 매우 현명하고 유명한 두 형제인 푸블리우스 크라수스와 푸블리우스 스카이볼라가 티베리우스 그라쿠스 법률들의 조언자였다고 주장하는데, 전자는 우리가 아는 것처럼 공개적으로 조언했지만, 후자가 그랬는지는 다소 불명확해서 그들도 짐작할 따름입니다.[90] 심지어 가이우스 마리우스[91]도 덧붙이는데, 적어도 이 사람에 대해서만큼은 전혀 거짓이 아닙니다. 그토록 위대한 수많은 인물들의 이름을 늘어놓고 나서 자기들은 이들이 제정한 것을 따르는 것이라고 주장합니다.

14 저들이 국가를 뒤흔드는 것처럼 당신들은 이미 훌륭히 확립된 철학을 뒤흔들고자 하므로, 엠페도클레스, 아낙사고라스, 데모크리토스, 파르메니데스, 크세노파네스, 그리고 심지어 플라톤과 소크라테스를 전면에 내세웁니다. 그러나 제 최고의 적인 사투르니누스[92]도 저 옛사람들과 닮은 점이 전혀 없고, 아르케실라오스의 무고도 데모크리토스의 신중함에 갖다 대서는 안 됩니다. 물론 그럼에도 저 자연학자들이 아주 드물게 어떤 지점에서는 헤어나오지 못해 흥분한 사람들처럼, (특히 엠페도클레스는 이따금 실성한 듯 보이곤 하는데,) 만물은 은폐되어 있고, 우리는 무엇도 알지 못하고, 무엇도 식별하지 못하고, 무엇에 대해

서도 그것이 어떠한지 전혀 깨달을 수 없다고 절규합니다. 하지만 저들 모두가 대부분의 경우에는 무언가를 지나치게 단정하는 듯하며, 그들이 알 법한 것보다 더 많이 안다고 공언하는 것으로 보입니다. **15** 하지만 자연철학자들은 당시 처한 낯선 환경에서 마치 갓난애들처럼 당황했다 치더라도, 수세대에 걸친 최고의 지성들이 최대한의 학문 활동을 통해서도 해명한 것이 전혀 없다고 우리가 생각합니까? 철학의 주요 학파들이 이미 확립된 바로 그 시기에 확립된 철학을 뒤흔들려 했고, 무엇도 인식되고 파악될 수 없다고 주장했다던 사람들의 권위에 숨으려 했던 아르케실라오스가, 마치 최상의 국가에서 평온을 뒤흔들려던 티베리우스 그라쿠스 마냥, 그렇게 등장했던 것이 아닙니까? 거기에서 일단 플라톤과 소크라테스는 제외해야 합니다. 플라톤은 가장 완벽한 학문 체계, 즉 이름만 다를 뿐 실제에서는 일치하는 소요 학파와 아카데미아를 남겼으며, 스토아 학파도 견해보다는 용어에서 그들과 다를 뿐입니다.[93] 한편 소크라테스는 논의에서 자신의 몫을 줄이고 그가 논박하고자 했던 이들에게 더 많은 몫을 부여하곤 했습니다. 이렇듯 그는 자신의 생각과 다른 말을 하면서 희랍인들이 '에이로네이아(*eirōneia*)'라 부르는 은폐술을 자유로이 사용하곤 했습니다. 판니우스는 아프리카누스도 이 기술을 사용했으며, 소크라테스가 사용한 만큼 아프리카누스도 잘못이 없다고 여겨야 한다고 말합니다.[94]

VI 16 하지만 당신이 원하면, 저 오랜 학설들이 아직 인식에 이르지 못한 것이라고 합시다. 그러면 아르케실라오스 이래로 저 학설들이 탐구되었음에도 아무것도 바뀐 것이 없다는 말입니까?[95] 아르케실라오스는 제논이 어떤 새로운 사태를 발견한 것이 아니라 단지 말만 바꾸어서 선학들을 수정한다는 이유로 그를 깎아내리며 그가 제시한 정의들을 무너뜨리려 했고, 그 와중에 가장 명료한 것들에 어둠을 덮으려 했습니다.[96] 아르케실라오스가 날카로운 지성뿐만 아니라 경탄할 정도의 세련된 말솜씨를 가지고 활약을 했음에도 불구하고, 그의 견해는 처음에 거의 인정되지 않았고, 직후에 라퀴데스만이 홀로 그것을 지켰습니다만, 나중에 카르네아데스에 의해서 완성되었습니다. 카르네아데스는 아르케실라오스 이후 수장으로서는 네 번째 사람인데, 이는 카르네아데스가 헤게시노스로부터 사사받았고, 이 사람은 라퀴데스의 제자였던 에우안드로스의 가르침을 받았는데, 라퀴데스는 아르케실라오스의 제자였기 때문입니다.[97] 하지만 카르네아데스는 90세까지 살았으므로 자신이 학파를 오랫동안 유지했고, 그에게서 사사받은 자들도 대단한 활약을 했습니다. 그들 중 가장 부지런했던 자는 수많은 책들이 증명해주듯 클레이토마코스였고, 누구 못지않게 총명했던 자는 하그논이었으며, 카르마다스는 가장 유창한 언변을 지녔고, 설득력에 있어서는 단연 로도스의 멜란티오스가 뛰어났습니다.[98] 게다가 스트라토니케아의 메트로도로스도 카르네아데스의 가르침을 잘 알고 있다고 여겨졌습니다. **17** 당신의 스승인 필론도 이미 여러 해 동안 클레이토마코스를 보조했습니다. 그런데 필론이 살아 있는 동안 아카데미아에는 수호자가 없지 않았습니다.

그러나 어떤 철학자들, 그것도 비범한 철학자들은 제가 지금 하려고 하는 아카데미아에 대한 논박을 절대 하지 말아야 하고, 또한 무엇도 승인하지 않는 자들과는 논의할 어떤 이유도 없다고 생각했습니다.[99] 그들은 이런 일에 몰두했던 스토아 학파의 안티파트로스[100]를 비난했고, 또한 '인식(cognitio)'이나 '지각(perceptio)', 혹 저들이 명명한 '카타렙시스(*katalēpsis*)'의 직역인 '파악(comprehensio)'의 경우, 그것이 무엇인지 정의할 필요가 없다고 주장했습니다. 또한 그들은 파악되거나 지각될 수 있는 무언가가 있다고 설득하려는 사람들이 무지해서 그런다고 말했는데, 이는 희랍인들이 말하는 '엔아르게이아(*enargeia*)'보다 더 명료한 무엇도 없다고 여겼기 때문입니다. (괜찮다면 저는 이 용어를 '명백함(perspicuitas)'이나 '자명함(evidentia)'으로 부를 것이고, 용어를 만들어 쓸 일이 있다면 그렇게 할 것인데, 그것이 이 사람에게만 (그는 웃으면서 나를 불렀다) 허용된 일이라고 여기지 않도록 말입니다.) 하지만 바로 '자명함'보다 더 명확한 서술은 찾을 수 없다고 여기며, 그처럼 명료한 것들은 정의되어서도 안 된다고 믿었습니다. 반면 어떤 이들은 이 자명함을 옹호하려고 뭔가를 먼저 말하려 한 것은 아니었다고 주장하지만, 누구든 속지 않으려면 반대 주장들에 응수하는 것이 마땅하다고 여겼습니다. **18** 하지만 사람들 대부분은 이 자명한 것들 자체에 대한 정의도 거부하지 않으며, 그 일은 탐구에 적합하고, 그들의 논적들은 함께 논의할 만한 자들이라고 여깁니다.

그런데 필론은 아카데미아가 고집하는 것을 반박하는 비판들을 견딜 수 없었기 때문에 뭔가 새로운 학설들을 제기했고, 아버지 카툴루스가 비난했듯 공공연히 거짓말을 했으며, 안티오코스가 입증했듯 자신이 두려워하던 상황에 스스로 빠져들었습니다. 즉, 필론은 파악될 수 있는 것이 없다(이것이 '아카탈렙톤(*akatalēpton*)'의 의미라 생각합니다)고 주장했는데, 이는 만일 그것이 제논이 정의했던 대로의 '인상(visum)'(우리는 이미 어제 대화에서 '판타시아(*phantasia*)' 대신 이 용어에 충분히 익숙해졌습니다), 즉 대상으로부터 찍히고 주조되었으며, 그 대상이 아닌 것으로부터는 올 수 없는 종류의 인상인 경우에만 그렇다는 것입니다.[101] 우리는 제논의 정의가 매우 옳게 주어졌다고 주장합니다. 혹시 거짓일 수도 있는 그러한 종류의 인상이라면, 어찌 그것이 지각되고 인식되었다고 온전히 확신할 정도로 파악될 수 있겠습니까? 그런데 필론이 이 정의를 약화시키고 제거할 때, 인식되지 않은 것과 인식된 것의 판단기준도 제거하는 것이며, 이로부터 무엇도 파악될 수 없다는 점이 귀결됩니다. 그래서 그는 자기도 모르게 전혀 원치 않은 곳으로 되돌아옵니다.[102] 그러므로 필론이 뒤엎고자 했던 제논의 정의를 유지하는 식으로, 아카데미아를 반박하는 논의 전체를 제가 맡고 있습니다. 만일 제가 이 정의를 관철하지 못하면, 어떤 것도 파악될 수 없다는 점을 인정하겠습니다.

VII 19 그러면 감각에서부터 시작합시다.[103] 감각의 판단기준은 매우 명료하고 확실해서, 만일 우리의 본성에 선택의 기회가 주어지고 어떤 신이 온전하고 손상 없는 상태의 감각에 만족하는지 아니면 더 나은 뭔가를 요구하는지 묻는다면, 우리가 더 굉장한 뭔가를 요구할 것이라 보지 않습니다. 물론 이 지점에서 꺾인 노라든지 비둘기의 목에 관한 저의 답변을 기대하지는 마십시오.[104] 저는 보이는 무엇이든 보이는 그대로라고 주장할 사람이 아니니까요. 이런 많은 예들은 에피쿠로스더러 알아보라고 합시다. 하지만 만일 감각이 멀쩡하고 건강하며, 가로막거나 방해하는 모든 것이 제거되면, 판단컨대 최고의 진리는 감각에 있습니다. 그러므로 다름 아닌 시각이 자신의 판단을 확신할 때까지, 우리는 주시하고 있는 사물들의 조명과 위치를 종종 바꾸려 하고 거리를 좁히기도 넓히기도 하는 등 많은 일들을 하기도 합니다.[105] 목소리, 냄새, 맛에서도 사정은 동일하므로 우리는 자신이 지닌 각각의 감각에서 더 정확한 판단기준을 요구하지 않습니다.

20 눈이 그림에 머무르고 귀가 노래에 머무르도록 훈련하여 기술을 발휘하면, 감각에 깃든 힘이 얼마나 큰지 알아보지 못할 사람이 있겠습니까? 작품의 음영에서 우리가 못 보는 얼마나 많은 것들을 화가들은 봅니까! 노래에서 우리가 놓치는 얼마나 많은 것들을 이 분야에서 훈련된 자들은 정확히 듣습니까! 훈련받은 자들은 피리연주자의 첫 소절을 듣고서, 우리가 짐작조차 못할 때, 그것이 『안티오페』인지 『안드로마케』인지 말합니다.[106] 미각과 후각에 관해서 언급할 필요는 없습니다. 흠결이 있더라도 여전히 어떤 분별력이 이것들에 들어 있기 때문입니다. 촉각에 관해서, 특히 철학자들이 '내적 촉각(tactus interior)'이라 부르는 고통이나 쾌락의 촉각에 관해서는 말해 무얼합니까? 퀴레네학파[107] 사람들은, 느껴지는 것이기에 그것에만 유일하게 진리의 판단기준이 있다고 생각합니다. **21** 고통을 느끼는 자와 쾌락을 느끼는 자가 아무 차이도 없다고 누가 말할 수 있겠습니까? 혹 그런 식으로 느끼는 자라면 분명 미친 것이겠지요?

(21) 다음으로 이에 뒤따르는 것은 감각으로 파악된다고 언급된 것과 종류는 같지만, 감각 자체로 파악되는 것이 아니라 어떤 식의 감각으로 파악된다고 말해집니다.[108] 가령, '저것은 희다', '이것은 달다', '저것은 선율이 좋다', '이것은 향이 좋다', '이것은 거칠다' 등입니다. 우리는 이것들을 감각이 아니라 이미 정신으로 파악하고 있습니다. 다음으로 '저것은 말이

다', '저것은 개다'가 있습니다. 다음으로 일련의 것들 중 나머지 것, 즉, 더 큰 것들을 묶고 있는 것이 뒤따릅니다. 가령 '만일 어떤 것이 사람이라면, 그것은 필멸하는 이성적인 동물이다'와 같이, 사물에 대해 거의 완벽한 파악을 포함하고 있는 것들 말입니다.[109] 이런 종류의 것들로부터 사물들의 개념이 우리에게 각인되는데, 이것이 없다면 무엇도 이해될 수 없고, 탐구되거나 논의될 수도 없습니다.[110] **22** 하지만 만일 거짓 개념(당신은 '엔노이아(*ennoia*)'를 '개념(*notitia*)'으로 부르는 것처럼 보였습니다)들이 있다면, 그래서 이 개념들이 거짓이거나 혹은 거짓 인상들과 구분될 수 없는 참된 인상들에 의해 찍힌 것들이라고 한다면, 도대체 어떻게 우리가 그것들을 이용할 수 있겠습니까? 또한 무엇이 개별적인 것과 합치하는지, 무엇이 상충하는지를 어떻게 알겠습니까? 철학뿐 아니라 삶 전체의 경험과 모든 기술을 한데 포함하는 기억이 생길 여지가 없게 된다는 것은 분명합니다.[111] 거짓된 것들에 대한 기억이 가능합니까?[112] 혹은 정신으로 파악하고 붙들지 않은 무언가를 어떻게 기억하겠습니까? 정신이 파악한, 한두 개도 아닌 다수의 것들에 근거하지 않은 기술이 진정 있을 수 있습니까? 만일 기술을 없애 버리면, 당신은 어떻게 전문가를 비전문가와 구분하겠습니까? 실상 우리는 이 사람이 전문가이고 저 사람이 비전문가라고 그냥 말하는 것이 아니며, 이 사람은 지각되고 파악된 것들을 붙들고 있지만 저 사람은 그렇지 않음을 알 때에 그렇게 말하니까요. 그리고 사물을 단지 정신을 통해 분별하기만 하는 기술이 있고, 무언가를 행하거나 만드는 기술이 있으므로, 기하학자는 어찌 아무것도 아닌 것 혹은 거짓과 구별될 수 없는 것을 알아볼 수 있으며, 현악기 연주자는 어찌 운율을 맞추고 시행들을 완성할 수 있겠습니까? 만들고 행하는 것이 전부인 다른 유사한 기술들에서도 역시 이런 일이 벌어질 것입니다. 실로 기술을 다루는 자가 많은 것을 파악하지 않았다면, 기술을 통해 만들어질 수 있는 것이 무엇이겠습니까?

VIII 23 특히 덕에 관한 이론은 많은 것이 지각되고 파악될 수 있음을 확증합니다. 사태들에 대한 파악일 뿐만 아니라 흔들리지도 변하지도 않는 파악인 앎이 단지 덕에만 내재하고,[113] 자신으로부터 유래하는 항심을 지닌, 삶의 기술인 지혜도 그러하다고 우리는 말합니다.[114] 하지만 만일 그 항심이 지각되고 인식된 무엇도 갖고 있지 않다면, 묻거니와, 그 항심이 어디에서 어떤 식으로 생겨났습니까? 나아가 저 훌륭한 사람, 즉 의무나 신의를 저버리느니 차라리 일체의 고문을 견뎌내고 참을 수 없는 고통에 찢기고자 결심했던 저 사람이 왜 그처럼 지엄한 법률을 자신에게 부과했겠습니까? 그렇게 할 마땅한 이유일 바로 그 파악되고 지각되고 인식되고 확립된 것이 전혀 없다면 말입니다. 따라서 공정과 신뢰를 지키기 위해 어떤 형벌도 마다하지 않을 정도로 그것을 높게 평가하는 일은, 거짓이 불가능한 사태에 동의하는 한에서만 생길 수 있습니다.

24 그런데 지혜 자체가 자신이 지혜인지 아닌지를 모른다면, 우선 어떻게 그것이 지혜라는 이름을 차지하겠습니까? 게다가 따라야 할 확실한 것이 전혀 없는데, 어찌 감히 어떤 일을 맡거나 신의 있게 행하겠습니까? 실로 모든 것이 어디에 조회되는지를 알지 못해서 최종적이고 궁극적인 좋음이 무엇인지를 확신하지 못한다면, 그것이 어찌 지혜일 수 있겠습니까? 더욱이 지혜가 무언가를 수행하기 시작하면 따를 원리가 정해져야 하고, 이 원리가 자연에 적합해야 한다는 것도 명백합니다. 왜냐하면 행위하도록 내몰고, 보이는 것을 추구하게끔 하는 '충동(appetitio)'(저는 '호르메(*hormē*)'를 이렇게 부릅니다)이 다른 식으로는 야기될 수 없기 때문입니다.[115] **25** 하지만 충동을 야기하는 것이 먼저 보이고 이를 믿어야 하는데, 인상이 거짓된 것과 구별될 수 없다면 그런 일은 일어날 수 없습니다. 그런데 보이는 것이 자연에 합치되는지 혹은 맞지 않는지 파악되지 않으면, 정신이 추구하도록 움직일 방법이 있겠습니까? 마찬가지로 만일 자신의 의무가 무엇인지 정신에 떠오르지 않는다면, 그것은 아무것도 할 수 없을 것이며, 결코 무언가를 하도록 내몰리지도 움직이지도 않을 것입니다. 그럼에도 만일 정신이 언젠가 무언가를 하려고 하면, 정신에 떠오르는 것이 참된 것으로 보여야

합니다.[116]

26 만일 당신들의 주장이 참이라면, 삶의 광채이자 빛이라할 만한 이성 전체가 제거됨에도 불구하고 당신들은 계속해서 그처럼 괴팍하게 굴 겁니까? 실로 이성은 탐구의 출발점을 가져다주었고, 이성 자체가 탐구에 의해서 확고하게 될 때, 덕을 완성했습니다. 그런데 탐구는 인식을 향한 충동이고, 탐구의 목적은 발견입니다. 하지만 아무도 거짓된 것을 발견하지 않고, 불확실한 채로 머무는 것도 발견된 것일 수 없으며, 이전에 덮인 듯 있었던 것들이 펼쳐진 바로 그때 발견되었다고 말해집니다. 그런 식으로 이성은 탐구의 출발점도, 지각과 파악의 종착점도 지니고 있습니다. 그러므로 '논증(argumenti conclusio)'(이는 희랍어로 '아포데익시스(*apodeixis*)'입니다)은 이렇게 정의됩니다. 다시 말해, 그것은 파악된 것들로부터 파악되지 않고 있던 것으로 이끄는 추론입니다.[117] **IX 27** 하지만 만일 모든 인상이 당신이 말하는 그러한 종류의 것이라서, 그것이 또한 거짓일 수있고 어떤 개념으로도 그것을 판별할 수 없다면, 누군가가 뭔가를 입증했거나 발견했다고 우리가 어찌 말할 것이며, 논증은 어떤 신뢰성을 지닐 것입니까? 게다가 논변들에 의해서 진행되어야만 하는 철학 자체는 어떤 종착점을 가지겠습니까? 사실 지혜에게는 어떤 일이 벌어질까요? 지혜는 자기 자신에 관해서도, 자신의 '교설(decretum)'(철학자들은 '도그마(*dogma*)'라 부른다)

들에 대해서도 의심하지 말아야 하는데, 그것들 중 하나라도 배신하면 죄를 범하는 셈입니다. 교설이 버려질 때, 참됨과 올바름의 법칙도 버려지는 셈인데, 그러한 잘못에 의해 우정도 국가도 버려지는 일들이 벌어지곤 하니 말입니다.[118] 따라서 현자의 어떤 교설도 거짓일 수 없고 거짓이 아닌 것으로도 충분하지 않으며, 심지어 어떤 논변도 그것을 움직일 수 없다는 점에서 흔들림 없고 불변하며 인정된 것이어야 한다는 점에는 의심의 여지가 없습니다. 하지만 모든 교설을 산출하는 저 인상들이 거짓 인상들과 조금도 다르지 않다고 주장하는 사람들의 견해에 의하면, 그 교설들은 그러할 수도 없고, 그러하게 보일 수도 없습니다.

28 이에 기인한 것이 바로 호르텐시우스가 당신들에게 했던 요구, 즉, 현자가 적어도 '무엇도 파악될 수 없다'는 교설 자체는 파악했다고 말하라는 요구였습니다.[119] 안티파트로스도 같은 요구를 하면서, 무엇도 파악될 수 없다고 단언하는 자가 나머지는 파악될 수 없더라도 이것 하나만은 파악될 수 있다고 말하는 것이 일관적이라고 주장했습니다.[120] 하지만 카르네아데스는 안티파트로스의 주장이 일관적이기는커녕 지극히 모순된다고 말하며 매우 날카롭게 맞섰습니다. 왜냐하면 파악될 만한 것이 전혀 없다고 주장하는 사람은 어떤 예외도 두지 않고, 따라서 이 주장 자체도 예외가 아니므로 어떤 식으로도 전혀 파악되거나

지각될 수 없음이 필연적이기 때문입니다. **29** 안티오코스는 이 주제로 더 치밀하게 접근한 것으로 보였습니다. 그의 주장에 따르면, 아카데미아 사람들이 '무엇도 파악될 수 없다'를 교설(당신도 알다시피 저는 '도그마(*dogma*)'를 이렇게 번역합니다)로 여기고 있으므로, 그들은 나머지 사안들에서처럼 자신들의 교설에서도 이리저리 휩쓸리면 안 됩니다. 특히 이것에 그 핵심이 있으니까요. 왜냐하면 이것이 철학 전체의 척도, 즉 참과 거짓, 인식된 것과 인식되지 않은 것에 관한 규정이기 때문입니다. 그들이 그 원리를 지지하고, 어떤 인상은 받아들이고 어떤 인상은 거부해야 하는지 가르치기를 원하므로, 참과 거짓의 판단 전체가 어디에서 나오는지 바로 그것을 그들이 분명히 파악했어야 합니다. 사실 철학에서 가장 중요한 것은 이 두 가지, 즉 참된 것의 판단기준과 최고선인데, 인식의 시작점과 추구의 종착점을 몰라서, 어디에서 시작할지 혹은 어디에 도달해야 할지 모르는 자라면 현자일 수 없습니다. 그런데 이것들을 의심스럽다 여기고, 이것들을 흔들림 없이 확신하지 않는 것은 지혜와 극히 상충하는 일입니다. 따라서 그들은 차라리 '무엇도 파악될 수 없다'는 것 하나만은 적어도 파악된 것이라고 말하라는 요구를 받았습니다. 하지만 저들의 견해(어떤 것도 승인하지 않는 사람의 견해라는 것이 있을 수 있다면 말입니다) 전체의 비일관성에 대해서 충분히 이야기된 것으로 생각합니다.

X 30 그다음에 따라오는 것은 바로 저 풍부하지만 조금 더 모호한(이것은 얼마만큼을 자연철학자들로부터 가져왔기 때문입니다) 논의라서 반박하려는 사람에게 지나친 자유나 재량을 허용하지나 않을까 두렵습니다. 빛마저 빼앗으려는 자가 숨겨지고 어두운 일들에 대해서 무슨 짓을 하겠습니까? 그렇지만 자연이 얼마나 기술적으로 우선 모든 동물들, 그리고 특히 인간을 제작했는지, 어떠한 힘이 감각에 있는지, 우선 어떤 식으로 인상이 우리를 촉발하고, 다음으로 어떻게 이것에 의해 촉발된 충동이 따라 나오고, 그리고 나서 어떻게 우리가 사물을 파악하도록 감각을 집중시키는지 세세하게 논의될 수 있었습니다.[121] 감각의 원천이자 심지어 그 자체가 감각인 바로 그 정신은 자기를 움직이는 대상들을 지향하는 자연적인 힘을 지닙니다.[122] 따라서 정신은 어떤 인상들은 즉시 사용하기 위해서 취하고, 다른 인상들은 말하자면 저장하는데, 후자의 인상들로부터 기억이 형성됩니다. 그런데 정신은 그 밖의 인상들을 유사성들에 의해 조직하고, 그것들로부터 사물의 개념(이것들을 희랍인들은 어떤 때는 '엔노이아(*ennoia*)', 다른 때는 '프롤렙시스(*prolēpsis*)'라 부릅니다)이 만들어집니다. 여기에 이성, 논증, 그리고 무수한 사태들의 다양성이 보태질 때, 모든 것의 '파악'이 등장할 뿐만 아니라 이성이 이 단계들을 거쳐 완성되면 지혜에 이르게 됩니다.[123] **31** 따라서 인간 정신은 사물들에 대한 앎과 삶의 일관성에 극히 적합하

므로, 무엇보다도 인식을 반기며, 저 '카탈렙시스(*katalēpsis*)'(앞서 말했듯, 문자 그대로 번역해서 '파악(cognitio)'이라고 부를 것입니다)를 그 자체로 사랑하고(정신에게는 진리의 빛보다 더 달콤한 것이 없기 때문입니다) 유용하기 때문에도 사랑합니다. 그 때문에 정신은 감각들을 이용하고 제2의 감각으로서 기술들도 산출하며, 마침내 철학 자체를 튼실히 하여 덕을 산출하는데, 삶 전체가 그것에 하나로 맞추어집니다. 따라서 어떤 것도 파악될 수 없다고 주장하는 자들은 바로 이것들, 즉 삶의 도구들이나 장비들을 빼앗는 것이며, 심지어는 삶 전체를 뿌리째 흔들고 영혼을 지닌 것에게서 영혼을 빼앗는 셈이므로, 그들의 경솔함에 관해 사안이 요구하는 만큼만 말하기는 힘들 정도입니다.

32 저는 실로 그들의 의도가 무엇이고 원하는 바가 무엇인지를 충분히 확정할 수도 없습니다. 왜냐하면 우리가 그들에게 "만일 당신들의 주장이 참이라면, 그때는 모든 것이 불분명할 것이다"라는 식의 논변을 제기하는 경우, 그들은 "그래서 그따위 것이 우리와 무슨 상관인가? 그것이 우리 탓인가? 데모크리토스가 말하듯이, 진리를 심연에 깊이 감추어둔 자연을 고발하시오"라고 답하기 때문입니다.[124] 반면 좀더 세련되게 답하는 이들도 있습니다. 이들은 우리가 자신들에게 모든 것이 불확실하다는 주장을 했다는 누명을 씌운다고 하소연하면서, 불확실한 것과 파악될 수 없는 것이 얼마나 다른지 알리고 그것들을

구분하려 합니다. 그러니 이것들을 구분하는 자들과 싸웁시다. (별들의 개수가 짝수인지 홀수인지 불확실한 식으로 모든 것이 불분명하다고 주장하는 자들은 가망 없는 자들이니 내버려 둡시다.) 그들이 주장하는 바(그리고 당신이 특히 이 주장에 맘이 동한다는 것을 알아챘습니다)는 승인할 만한 것, 말하자면 참과 유사한 것이 있고, 자신들은 이를 척도로 삼아 삶을 영위하고 탐구나 논의도 한다는 것입니다.[125]

XI 33 참과 거짓이 분간될 수 없기 때문에 우리가 그것들의 개념을 전혀 갖고 있지 않다면, 참과 거짓의 저 척도는 무엇입니까? 우리가 그 개념을 갖는다면, 옳고 그름 간에 차이가 있듯이 참과 거짓 간에도 차이가 있어야 마땅하기 때문입니다. 만일 차이가 전혀 없다면, 어떤 척도도 없고, 참과 거짓에 공통적인 인상을 지닌 자는 참의 판단기준이나 징표를 전혀 가질 수 없습니다. 나머지는 인정하더라도 '참된 것과 똑같이 보일 수는 있는 거짓된 것이 없을 정도로 그렇게 무언가가 보일 수 있음'이라는 것 하나를 없애 버린다고 그들이 말할 때, 그들은 유치한 짓을 하고 있는 것입니다. 모든 것이 그것에 의해 판단되는 바로 그 기준을 없앤다고 해서 나머지도 없애는 것은 아니라고 주장하는 셈이니까 말입니다. 이는 마치 누군가가 어떤 이에게서 눈알을 빼 버렸지만, 구분될 수 있는 사물들을 그에게서 앗아가지는 않았다고 주장하는 것과 마찬가지입니다. 이것들이 눈으로 인지되듯, 나머지 것은 인상에 의해서 인지되는데, 참과 거짓에 공통된 징표가 아니라 참된 것에 고유한 징표에 의한 것이니까요.[126] 이런 이유로 당신이 말하는 승인할 만한 인상이든, 혹은 카르네아데스가 생각했듯 승인할 만하고 방해받지도 않은 인상이든, 혹은 당신이 따르는 다른 무엇을 제안하든, 당신은 우리의 논의 대상인 저 인상으로 돌아와야 할 것입니다.[127] **34** 하지만 저 인상에 거짓과의 공통점이 있다면, 어떤 기준도 없을 것입니다. 공통적인 표지에는 고유한 것이 알려질 수 없을 테니 말입니다. 허나 저 인상에 거짓과 공통된 것이 전혀 없다면, 저는 제가 원하는 것을 얻은 셈입니다. 왜냐하면 그것이 제가 찾고 있는 것, 즉 '참된 인상과 같은 식으로 보일 수 있는 거짓 인상이 없도록 그렇게 제게 참되게 보이는 것'이기 때문입니다. 그들이 이와 비슷한 잘못에 처하는 것은, 진리가 아우성치니 어쩔 수 없이 명백한 것과 파악된 것을 구분하고, 명백한 것이 마음과 정신에 찍힌 참된 것임에도 파악되거나 이해될 수 없다는 점을 보여주고자 하는 경우에도 마찬가지입니다. 검은 것이 희게 보이는 일이 가능할 때, 어떻게 무언가가 명백히 희다고 말할 수 있겠습니까? 혹은 그것들이 참되게 자극받았는지 허위로 자극받았는지의 여부가 불확실한 상황에서 우리가 어떻게 그것들이 명백하거나 혹은 정확히 찍혔다고 주장하겠습니까?[128] 그런 식으로는 색깔도 물체도 진리도 증거도 감각도 명백한 어떤 것도 전혀 남아나지 않습니다.

35 이 때문에, 그들이 뭐라 주장하든지, "그러니까 바로 거기에서 당신은 파악하고 있는 거지?"라고 누군가가 묻게 됩니다. 그러나 그렇게 물으면 그들은 비웃습니다. 왜냐하면 그들이 '각자가 마음에 들어 하는 사안에 대한 확실하고 고유한 징표가 없다면 누구도 그것에 관해 단언이나 확언을 할 수 없다'는 것을 증명하겠다고 애쓰는 것이 아니기 때문입니다. 그렇다면 당신들이 말하는 저 승인할 만한 것이란 어떠한 것입니까? 누구에게나 나타나서 말하자면 첫눈에 승인할 만하게 보이는 것이 확정된다면, 이보다 더 쉬운 것이 어디 있겠습니까? **(36)** 반면, 그들이 모종의 총체적 고찰과 공들인 숙고에 의해 인상을 따른다고 말하더라도, 그들은 출구를 찾지 못할 것입니다.[129] **36** 우선, 전혀 차이가 없는 이 모든 인상들이 똑같이 신뢰를 잃을 것이기 때문입니다. 다음으로, 그들은 현자가 모든 일을 완수하고 매우 꼼꼼하게 살펴본다고 하더라도, 참과 유사하게 보이면서도 참으로부터 매우 멀리 떨어진 뭔가가 생기는 경우가 있다고 말하므로, 그들이 말하곤 하듯, 대부분의 경우에 그들이 참된 것 자체에 도달하거나 혹은 거기에 가능한 가까이 다가간다고 하더라도, 그들은 자신을 신뢰할 수 없을 것입니다. 그들이 확신하려면 진리에 특징적인 것이 알려져야 할텐데, 이것이 불분명하고 은폐되었

다고 한다면 도대체 자신들이 참을 접했다고 여길까요? 게다가 "저것의 표지이거나 논거인 이것이 있고, 이것 때문에 나는 저것을 따른다. 하지만 표상되는 저것이 거짓이거나 완전히 아무것도 아닌 것일 수도 있다"고 말하는 것보다 더 불합리한 주장이 어디 있겠습니까? 그렇지만 파악에 관해서는 이 정도로 합시다. 이제까지 말했던 것을 누군가 뒤집고자 한다면, 우리가 없더라도 진리 자신이 스스로를 쉽게 변호할 것입니다.

XII 37 지금까지 설명한 것들은 충분히 아시겠지요. 이제 희랍인들이 '슁카타테시스(*synkatathēsis*)'라 부르는 '동의(adsensio)'와 '승인(approbatio)'에 관해 조금만 언급하겠습니다.[130] 주제가 넓지 않아서가 아니라 좀 전에 그 기초를 설명했으니까요. 즉, 감각에 있는 힘을 설명하면서 동시에 감각에 의해 많은 것이 파악되고 지각된다는 사실도 드러났는데, 이 점은 동의가 없다면 불가능합니다. 다음으로 영혼이 없는 것과 영혼을 지닌 것의 가장 큰 차이는 영혼을 지닌 것은 무언가를 행한다는 것이므로(사실 영혼을 지녔는데도 아무것도 행하지 않는 것이 있다면, 그것이 어떠한 것일지 생각조차 불가능합니다), 그것에서 감각을 빼앗든지, 아니면 그것에게 우리의 능력에 달린 것, 즉 동의를 돌려줘야 합니다. **38** 그렇지만 감각하지도 동의하지도 않는 사람들은 어떤 의미로는 영혼을 빼앗깁니다. 마치 중량이 가해질 때 천칭의 저울판이 내려앉는 것이 필연적이듯, 영혼은 명백한 것을 인정하는 것이 필연적이기 때문입니다. 왜냐하면 영혼을 지닌 그 무엇도 자연에 합치된 것(희랍인들은 '오이케이온(*oikeion*)'이라 부릅니다)을 추구할 수밖에 없는 것처럼, 명백한 것이 제시될 때는 승인할 수밖에 없기 때문입니다.[131]

그렇지만 제가 앞서 논의한 것들이 참이라면, 동의에 관해 이야기할 필요가 전혀 없습니다. 무언가를 파악하는 사람은 즉시 동의하니까요. 게다가 동의가 없다면 기억도, 사물의 개념들도, 기술들도 성립될 수 없음까지 귀결됩니다. 무엇보다 '무언가 우리의 능력에 달려 있음'이 무엇에도 동의하지 않는 사람에게는 있지 않을 것입니다. **39** 우리 자신에게 달린 것이 전혀 없다면, 덕은 결국 어디에 있겠습니까? 악덕이 우리 자신에 달려 있고 동의에 의해서만 잘못을 범하는 반면, 덕에는 우리에게 달린 것이 없다는 것은 매우 부조리합니다. 동의했고 승인했던 것들로부터 덕의 모든 일관성과 확고함이 형성되는데도 말입니다.[132] 한마디로 말해, 행하기에 앞서 무언가가 보이는 것이 필연적이고, 보인 것에 동의하는 것도 필연적입니다. 그 때문에 인상이나 동의를 없애는 사람은 삶에서 모든 행위를 없애는 셈입니다.

XIII 40 이제 아카데미아가 늘상하는 반론을 살펴봅시다.[133] 하지만 그 전에 당신들은 이들의 설명 전체의 흡사 주춧돌을 알 수 있습니다. 즉, 그들은 우선 우리가 '인상'이라 말하는 것에 대한 어떤 이론을 고안하고, 인상의 본질과 종류를 정의하며, 이것들 중에서 지각되고 파악될 수 있는 것이 어떠한 것인지를 스토아주의자들만큼이나 그렇게 많은 용어로 정의합니다. 그리고 나서 이 모든 탐구를 지탱하는 두 가지 사항을 제시합니다.[134] 즉, "어떤 인상이 다른 인상과 똑같아 보일 수 있고 전혀 차이가 없다면, 둘 중 하나가 파악되고 다른 하나가 파악되지 않을 수는 없다." 그런데 "'차이가 없다'는 것은 그것들이 모든 점에서 똑같은 경우에만 그런 것이 아니라, 분간될 수 없는 경우에도 그렇다."[135] 이것들이 전제되면 그들의 사안 전체가 하나의 논증으로 파악됩니다. 그 논변은 이렇게 구성됩니다.

(1) 어떤 인상은 참이고 어떤 인상은 거짓이다.
(2) 거짓 인상은 파악될 수 없다.
(3) 모든 참된 인상은 그와 똑같은 거짓 인상도 있을 수 있는 그러한 것이다.
(4) 차이가 없을 정도로 똑같은 인상들 중 어떤 것은 파악될 수 있고 어떤 것은 파악될 수 없는 경우는 있을 수 없다.
(5) 따라서 어떤 인상도 파악될 수 없다.[136]

41 그런데 원하는 결론을 내리기 위해서 그들이 전제한 것

중에서 두 가지는 동의된 것으로 여깁니다. 누구도 반대하지 않기 때문입니다. 그것들은 (2) '거짓 인상은 파악될 수 없다'와 (4) '차이가 없는 인상들 중에서 어떤 것은 파악될 수 있고 어떤 것은 파악될 수 없는 경우는 있을 수 없다'입니다. 하지만 나머지 두 가지는 그들이 여러 다양한 논의를 통해 방어합니다. 하나는 (1) '어떤 인상은 참이고 어떤 인상은 거짓이다'이고, 다른 하나는 (3) '참된 것으로부터 유래한 모든 인상은 심지어 거짓된 것으로부터 유래할 수도 있는 그런 것이다'입니다.

42 그들은 이 두 주장을 그냥 넘어가지 않고 상당한 주의와 세심함을 기울여 확장합니다. 실로 그것들을 부분으로, 그것도 저 큰 부분으로 나누는데, 우선은 감각으로, 다음에는 감각과 (그들이 가리고자 하는) 경험 일반에서 도출된 것들로 나눕니다. 그리고 나서 이성적 추론과 경험적 추론을 통해서는 결코 어떤 사물들도 파악될 수 없다는 부분에 다다릅니다.[137] 게다가 이 일반적인 부분들을 더욱 미세하게 쪼갭니다. 감각에 관한 어제의 논의에서 당신들이 보았듯, 그들은 여타의 것들에 관해서도 똑같이 하는데, 가장 작은 부분들로 흩어진 개별적인 것들에서도, 참된 인상과 다르지 않은 거짓 인상이 모든 참된 인상에 결부되었음을, 그런 까닭에 그것들이 파악될 수 없음을 도출하고자 합니다.

XIV 43 이 정교함이 철학에는 매우 어울리지만, 그런 식으로 논의하는 자들의 경우에는 매우 부적절하다고 저는 판단합니다. 정의와 구분 및 이 도식들을 이용하는 논변, 그리고 유사함과 상이함 및 이것들의 미세하고 정밀한 구별은 주장된 것들이 참되고 확고하고 확실하다는 것을 신뢰하는 사람들의 것이지, 이것들이 참 못지 않게 거짓이라고 외치는 사람들의 것은 아닙니다. 그들이 무언가를 정의했을 때, 누군가 그들에게 그 정의가 다른 것에 얼마든지 적용될 수 있는지를 묻는다면, 그들이 무슨 말을 할 수 있겠습니까? 그럴 수 있다고 말한다면, 저 정의가 왜 참인지에 관해 무슨 말을 할 수 있겠습니까? 그럴 수 없다고 말한다면, 특히 저 참된 정의가 거짓인 것에 적용될 수 없으므로 그 정의에 의해서 해명되는 것이 파악될 수 있다고 자인해야 합니다. 이는 그들이 가장 원치 않는 결과입니다. 이와 똑같은 말을 모든 부분에서 할 수 있을 것입니다. **44** 왜냐하면 만일 그들이 논의 대상들을 명확히 통찰하고 있으며 인상들이 전혀 일치하지 않아서 방해받지 않는다고 말한다면, 그것들을 이해하고 있음을 자인하는 셈이기 때문입니다. 반면 만일 참된 인상이 거짓 인상과 구분될 수 없다고 말한다면, 어찌 더 진행할 수 있겠습니까?[138] 그들이 공격받았듯이, 공격받을 테니까요. 왜냐하면 논증을 위해 취해진 전제들을 결코 똑같이 거짓일 수 없을 정도로 승인하는 경우에만 논증이 성립될 수 있을 것이기 때문입니다. 그러므로 만일 파악되고 지각된 것들에 의지해서 진행된 논의가 어떤 것도 파악될 수 없다는 결론을 도출한다면, 이보다 더 큰 자기모순이 있겠습니까? 그리고 형식논변 자체가 공언하는 바는 드러나지 않은 것을 드러내고 이를 보다 쉽게 해내기 위해서 감각과 명백한 것들도 이용하리라는 것임에도 불구하고, 모든 것이 보이는 그대로가 아니라고 주장하는 자들은 무슨 논변을 펴는 것입니까?[139] 그런데 그들의 잘못이 가장 크게 드러나는 것은 바로 그들이 극히 모순되는 두 가지의 것들, 즉 '어떤 거짓 인상들이 있다'(이 점을 주장할 때, 그들은 어떤 참된 인상들이 있다고 단언하는 셈입니다)와 '거짓 인상과 참된 인상 사이에 어떠한 차이도 없다'를 일관된 것으로 간주할 때입니다. 하지만 전자의 주장에서 당신은 마치 차이가 있는 것처럼 간주했습니다. 그런 식으로 후자는 전자에 의해서, 다시 전자는 후자에 의해서 논박됩니다.[140]

45 하지만 논의를 좀더 진행시켜서 우리 쪽에 편향되지 않은 것으로 보이게 하고, 그들이 주장하는 바를 검토해서 앞선 논의들에서 빠진 것이 전혀 없도록 합시다. 그러면 우선 제가 말했던 저 명백함은 있는 것을 있는 그대로 우리에게 지시할 만큼 충분히 큰 힘을 가지고 있습니다.[141] 하지만 우리가 명백한 것들에 더 확고하고 더 일관적으로 머무르기 위해서는 기술과 용의주도함이 더 많이 필요합니다. 우리가 어떤 현혹이나 궤변들에 의해 그 자체로 명료한 것들에서 쫓겨나지 않도록 말입니

다. 한편 진리인식을 방해하는 것처럼 보이는 저 오류들을 치유하고자 했고, 의견을 명백함과 분리해 내는 것이 현자의 일이라고 말했던 에피쿠로스는 어떤 일도 해내지 못했습니다. 왜냐하면 그가 자기 의견의 오류는 결코 제거하지 못했기 때문입니다.[142] **XV 46** 그런 이유로 명백하고 자명한 것들을 반대하는 두 경우가 있으므로, 그 만큼의 상응하는 치료가 마련되어야 합니다. 첫 번째 경우는 사람들이 충분히 그것들에 정신을 고정하고 집중하지 않아서 명백한 것들이 얼마나 밝은 빛에 에워싸여 있는지를 알아차리지 못할 때입니다. 두 번째 경우는 어떤 사람들이 기만적이고 궤변적인 질문들에 걸려들어 속았을 때, 그것들을 해결할 수 없어 진리로부터 멀어지는 경우입니다. 따라서 우리가 해야 할 것은 명백함을 옹호할 수 있는 답변들을 준비하고(이에 대해서는 이미 얘기했습니다), 그들의 논박에 맞서 궤변들을 분쇄하도록 무장하는 것인데, 저는 이것을 그다음으로 행하기로 작정했습니다.

47 그러므로 저는 그들의 논거를 종류별로 설명하겠습니다. 이것은 그들조차도 뒤섞어 말하지 않으니까요. 우선 그들은 '많은 것들이 전혀 없음에도 불구하고 있다고 보이는 것이 가능함'을 밝히고자 합니다. 있는 것에 의해서와 동일한 식으로 없는 것에 의해서도 정신이 공허하게 움직이기 때문입니다.[143] 그들은 말하길, "사실 꿈에 보이는 것과 신탁이나 조점이나 장복점

에 의해 드러난 것처럼(그들은 자신들의 논박 상대자인 스토아주의자들이 이것들을 인정한다고 말하기 때문입니다), 어떤 인상들은 신이 보낸다고 당신들은 주장한다." 또 그들은 묻습니다. "거짓 인상을 그럴듯한 것으로 만들 수 있는 신이 어찌해서 참에 매우 근접한 그럴듯한 것들을 만들지 못할 것이며, 이것도 가능하다면, 극히 어렵게만 분간될 수 있는 그럴듯한 것들은 왜 만들지 못하며, 나아가 만일 이것도 가능하다면, 왜 전혀 차이가 없는 것들을 만들지 못하겠는가?" **48** 다음으로, "상상으로 그려진 것들도, 잠자는 사람들이나 실성한 사람들에게 보이는 것들도 이따금씩 분명히 드러내듯, 정신 자체가 스스로 움직이기 때문에, 저 인상들이 참인지 거짓인지를 구분하지 못할 뿐 아니라 그들 사이에 어떤 차이점도 없도록 정신이 움직인다는 점은 그럴듯하다. 가령 정신의 어떤 자체적인 운동에 의해서든 아니면 외부에서 던져진 끔찍한 광경에 의해서든 어떤 이들이 몸을 떨고 창백해진다면, 저 떨림과 창백함이 어디에서 기인했는지 구분될 방법이 없고, 내부의 것과 들어온 것 사이에 어떤 차이도 없게 될 경우처럼 말이다." 마지막으로, "어떤 거짓 인상도 그럴듯하지 않다고 한다면, 다른 논의가 있어야 한다. 하지만 그럴듯한 거짓 인상이 있다면, 쉽사리 구별될 수 없는 것들이 왜 없겠는가? 왜 전혀 차이가 없는 것들은 없겠는가? 특히 당신들이 주장하길, 실성한 상태에서 현자는 인상들 간에 분명한 차이가 나타나지 않기 때문에, 어떤 동의도 유보한다니 말이다."

XVI 49 이 모든 공허한 인상들에 대해서 안티오코스도 수없이 얘기했고, 이 문제 하나만으로도 하루 종일 논의했습니다. 하지만 제 생각에 저는 그렇게 하지 않고 요점만 말해야 합니다. 우선 그들이 철학에서 거의 용인되지 않던 아주 궤변적인 질문 방식을 사용하는 것을 비난해야 마땅합니다. 그것은 어떤 것을 조금씩 점차적으로 더하거나 빼는 방식입니다. 그들은 이를 '더미 논증(sorites)'이라고 부르는데, 낱알 하나를 더하면 더미가 만들어지기 때문이지요. 이는 명백히 오류가 있는 궤변적인 방식입니다.[144] 당신들은 이런 식으로 올라가기 때문입니다. "신이 잠든 자에게 그럴듯한 인상을 던져 준다면, 참과 아주 유사한 인상을 던져 주지 않을 까닭이 있을까? 그다음으로 참과 구별되기 어려운 인상을, 나아가 참과 전혀 구별되지 않을 인상을, 마침내 저것들 간에 차이가 없을 그런 인상을 던져 주지 않을 까닭이 있을까?" 제가 당신에게 그 각각의 단계를 인정해서 당신이 여기에 도달하면 제 잘못이겠지만, 당신이 자발적으로 나아가는 것이면 당신 잘못일 것입니다. **50** 한데 신이 무엇이든 할 수 있다거나, 혹은 할 수 있다면 그런 식으로 할 것이라는 당신의 전제를 인정할 이가 있겠습니까?[145] 게다가 무언가가 어떤 것과 비슷할 수 있다면, 그것이 구별되기 어려울 수도 있고, 게다가 전혀 구별될 수 없으며, 마침내 그것들이 같을 것이라는 점이 귀결된다고 당신은 어떻게 전제합니까? 늑대가 개와 비슷하다면, 그것들이 결국 같은 것이라고 주장할 것입니까? 훌륭하지 않은 것도 훌륭한 것과 비슷하고, 좋지 않은 것도 좋은 것과 비슷하고, 별로 솜씨 없는 것도 솜씨 있는 것과 비슷합니다. 그렇다면 그것들 간에 차이가 없다고 단언하길 왜 우리는 주저합니까? 우리는 모순되는 것들을 전혀 보지 못합니까? 사실 자신만이 속하는 종으로부터 다른 종으로 옮겨질 수 있는 어떤 것도 없습니다. 하지만 만일 상이한 종류의 인상들 간에 차이가 없음이 귀결된다면, 자신의 종류이기도 하고 다른 종류의 것이기도 할 그런 것들이 발견될 테지요. 이런 일이 어찌 가능하겠습니까?[146]

51 다음으로, 상상에 의해 형성된 것이든 (이런 일이 발생하곤 한다는 것은 우리가 인정합니다), 잠이나 술이나 광기에 의해 형성된 것이든 간에 모든 공허한 인상들을 물리칠 하나의 방법이 있습니다. 즉, 그런 식의 모든 인상에는 꽉 잡고 있어야 할 명백함이 없다고 우리는 말할 것입니다. 사실 무언가를 꾸며내고 상상으로 그려낼 때, 각성하고 제정신을 차리자마자 명백한 것과 공허한 것 간의 차이를 인지하지 못하는 사람이 있습니까? 꿈의 경우도 마찬가지입니다. 엔니우스가 이웃에 사는 세르비우스 갈바와 정원에서 걷고 있을 때, "내가 갈바와 함께 걷고 있다고 내게 보였다"고 말했다고 당신이 생각하는 것은 아

니겠지요? 오히려 그는 자고 있을 때, "시인 호메로스가 있는 것으로 보였다"고 서술했습니다.[147] 또한 엔니우스는 『에피카르모스』에서 "내가 죽어 있는 꿈을 꾼듯이 내게 보였다"고 말했습니다.[148] 그러므로 우리는 깨어나자마자 저 인상들을 무시하며, 광장에서 우리가 행한 일로 여기지도 않습니다. **XVII 52** "하지만 보인다는 점에서는 우리가 꿈에서 보는 것들이나 깨어서 보는 것들의 외양은 같다."[149] 일단 이것들도 차이가 있습니다만, 이 점은 넘어갑시다. 우리의 주장은 잠든 사람의 정신과 감각은 깨어 있는 사람의 것과 똑같이 힘 있고 온전하지 않다는 것입니다. 심지어 술에 취한 사람들도 술 안 마신 사람들과 똑같이 승인하면서 행하는 것이 아닙니다. 그들은 의심하고, 주저하고, 이따금씩 제정신이 들고, 인상에 좀더 약하게 동의하고, 깨어나 저 인상이 얼마나 가벼운 것이었는지 깨닫습니다. 바로 이런 일이 정신 나간 자들에게도 생기는데, 그들은 실성하기 시작하는 것을 인지하고서 있지 않은 무언가가 자신에게 보인다고 말하고, 풀려나는 것을 인지하고서 알크마이온의 구절을 말합니다. "하지만 나의 심장은 눈이 본 것에 전혀 동의하지 않는다."[150]

53 "하지만 참된 것 대신에 거짓된 것을 승인하지 않도록 현자 자신도 실성한 경우에는 승인을 유보한다."[151] 그리고 종종 다른 경우에도, 가령 현자의 감각이 우연히 둔하거나, 무디거나, 혹은 인상이 불분명하거나, 혹은 시간이 짧아서 꼼꼼히 살

펴보지 못하는 경우에도 그러합니다. 그럼에도 불구하고 현자가 어떤 때만 동의를 유보한다는 이 사실은 전적으로 당신들의 견해에 반하는 것입니다. 왜냐하면 인상들 간에 차이가 없다면, 그는 항상 승인을 유보하거나 혹은 결코 승인을 유보하지 않기 때문입니다.

하지만 이 종류의 사례들 전체에서 분명한 것은 모든 것을 뒤죽박죽으로 만들고 싶어 하는 자들의 논변이 허술하다는 점입니다. 우리가 찾고 있는 것은 진중함, 일관됨, 확고함, 현명함의 판단기준인데, 우리는 자거나 실성했거나 취한 자들의 사례들을 이용하고 있습니다. 우리가 이 종류의 모든 논의에서 얼마나 일관성 없이 말하고 있는지에 주목하고 있습니까? 만약 주목하고 있다면, 술이나 잠에 빠진 자들이나 정신이 나간 자들을 제시해서, 깨어 있고 말짱하며 제정신인 자들이 지닌 인상이 이와 다른 상태에 있는 자들이 지닌 인상과 어떤 때는 다르고 어떤 때는 다르지 않다고 우리가 그리도 어처구니없이 주장하지는 않을 텐데 말입니다. **54** 그들은 자신들이 원치 않게 모든 것을 불확실하게 (희랍인들이 '아델라(adēla)'라고 말하는 것을 저는 '불확실한 것들(incerta)'이라고 말합니다) 만들고 있음을 전혀 알아채지 못합니다.[152] 정신 나간 자에게든 제정신인 자에게든, 누구에게 보여도 사태가 다르지 않다면, 자신이 제정신인지를 누가 확신할 수 있습니까? 이를 확신하고자 하는 것은 적잖이 정신 나간 짓입니다.

다음으로, 쌍둥이의 유사함, 혹은 인장반지에 의해 찍힌 자국의 유사함은 유치하게 열거됩니다.[153] 대부분의 경우에 유사한 것들이 나타나니 우리들 중 그 누가 유사한 것들이 있음을 부인하겠습니까? 하지만 많은 것이 많은 것과 유사하다는 사실이 인식을 제거하기에 충분하다면, 왜 당신들은 거기에 만족하지 않습니까? 특히 우리들이 이를 인정하는데도 말입니다. 왜 당신들은 오히려 사물들의 본성이 허용하지 않는 것을 주장합니까? 각각의 것이 그 자신의 종에서 그러한 것으로 있지 않으며, 어떤 점에서도 다르지 않은 공통점이 둘 혹은 그 이상의 것들에 있다고 말입니다.[154] 가령, 달걀도 달걀과 매우 유사하고, 꿀벌도 꿀벌과 매우 유사하다고 할 때, 당신은 왜 싸우고 있습니까? 당신은 쌍둥이들의 경우에 무엇을 원합니까? 그것들이 유사하다는 점이 인정되었으며, 당신은 그 점에 만족할 수도 있었겠죠. 하지만 당신은 그것들이 비슷한 것이 아니라 완전히 똑같은 것이길 원하는데, 이는 어떤 식으로도 가능하지 않습니다.

55 그리고 나서 당신은 자연학자들에게로 도피합니다. 이들은 유독 아카데미아에서 조롱당하지만, 이제 당신도 그들을 멀리할 수 없을 것입니다. 당신에 따르면, 데모크리토스는 무수한 세계가 있고, 그중 몇몇은 유사할 뿐만 아니라 모든 면에서 완전히 절대적으로 비슷하므로 그것들 간에 전혀 차이가 없고,

사람들의 경우에도 마찬가지라고 주장합니다.[155] 다음으로, 어떤 세계가 다른 세계와 아주 작은 차이도 없을 정도로 비슷하다면, 우리의 이 세계에서도 어떤 것이 다른 것과 구별되지 않거나 차이가 없을 정도로 비슷하다는 점을 인정해 달라고 당신은 요구합니다. "모든 것이 그로부터 생겨난다고 데모크리토스가 확신하는 저 원자들로부터 나머지 그 무수한 세계들에 무수한 퀸투스 루타티우스 카툴루스들이 있을 수 있을 뿐만 아니라 있기도 하다면, 도대체 왜 이 커다란 세계에 다른 카툴루스도 만들어질 수 없겠습니까?"라고 당신이 말할 것이기 때문입니다.

XVIII 56 우선 당신은 저를 불러 데모크리토스에게 데려갑니다. 저는 그에게 동의하지 않습니다. 아니 오히려 그를 물리칩니다. '개별 사물들은 개별 속성들을 지닌다'는 좀더 세련된 자연학자들의 명료한 가르침 때문입니다. 쌍둥이였던 저 옛 세르빌리우스들이 전해지는 바대로 그렇게 닮았다고 해봅시다. 당신은 그들이 심지어 똑같았다고 생각하지는 않겠지요? "그들이 밖에서는 구별되지 않곤 했습니다." 하지만 집에서는 구별되곤 했습니다. "그들이 낯선 이들에게는 구별되지 않곤 했습니다." 하지만 가족들에게서는 구별되었습니다. 혹은 우리가 결코 구분할 수 없다고 여겼던 자들에 익숙해지면 그들이 전혀 유사하게 보이지 않을 정도로 쉽사리 구분하는 일이 생기는 것을 보지 않습니까?

57 여기에서 당신은 싸움을 걸어올 수 있지만, 저는 반격하지 않을 것입니다. 도리어 이 논의 전체의 주제인 바로 저 현자는 구분할 수 없는 어떤 유사한 사물들과 마주칠 경우에 동의를 유보할 것이며, 거짓일 수 없는 종류의 인상에만 동의할 것이라는 점을 저는 인정할 것입니다. 하지만 현자는 나머지에 대해서는 참된 인상을 거짓 인상으로부터 구별하게 해줄 수 있는 어떤 기술을 지니고 있을 뿐만 아니라, 저 유사한 것들에 대해서도 경험을 활용해야 합니다.[156] 마치 어머니가 눈에 익숙해지면 쌍둥이를 구분하듯, 당신도 친숙해지면 그것들을 구분할 겁니다. 당신은 서로 '달걀들처럼 닮았다'는 속담이 있는 것을 알고 있습니까? 그럼에도 델로스에서 호시절에 이문을 남기기 위해 엄청난 수의 암탉들을 기르곤 했던 여러 사람들이 있었다고 우리는 들었습니다. 그들은 달걀을 살펴보고 나서 어떤 암탉이 이것을 낳았는지 말하곤 했습니다. **58** 이것이 우리의 견해에 반하지도 않습니다. 왜냐하면 우리에게는 저 달걀들을 구분할 수 없다는 점으로도 충분하기 때문입니다. 달걀들 사이에 전혀 차이가 없는 듯이 여기는 것은 이 달걀이 저 달걀이라는 것에 동의하는 것과 같지 않기 때문입니다. 실로 저는 거짓일 수 없는 그런 종류의 인상들이 참되다고 판단할 척도를 가지고 있습니다. 모든 것을 뒤죽박죽 만들지 않기 위해서 저는 이 기준으로부터, 속담대로, 한 치도 물러서는 게 허용되지 않습니다. 참된 인상

과 거짓 인상이 어떠한 차이도 없다면, 참과 거짓의 인식뿐만 아니라 본성조차도 제거될 것입니다. 그래서 당신들이 종종 주장하곤 하듯, 인상이 정신에 각인될 때, 인상들 자체가 아니라 그것들의 외양과 일종의 형태에서 차이가 없다고 주장하는 것도 불합리할 것입니다. 마치 인상들이 외양에 의해 판단되지 않는 것처럼! 만일 참과 거짓의 징표가 제거된다면, 그것들은 어떤 신뢰도 지니지 못할 것입니다.

59 하지만 당신들이 말하는 것, 즉 무엇에 의해서도 방해받지 않으면 승인할 만한 것을 따른다는 말은 완전히 불합리합니다.[157] 우선, 거짓 인상이 참된 인상과 구분되지 않는데 당신들은 어찌 방해받지 않을 수 있습니까? 다음으로, 참된 인상의 어떤 판단기준이, 거짓 인상에 공통적임에도 불구하고, 있겠습니까? 이런 이유들로부터 필연적으로 저 '에포케(*epochē*)', 즉 '동의 유보(adsensionis retentio)'가 발생하는데, 카르네아데스에 관한 몇몇 사람들의 평가가 맞다면, 아르케실라오스가 그보다 훨씬 더 일관적이었습니다. 두 사람이 옳게 생각했던 바대로 무엇도 파악될 수 없다면, 동의란 제거되어야 합니다. 인식되지 않은 것에 동의하는 것만큼 헛된 것이 어디에 있겠습니까? 반면 우리가 어제도 들었는데, 카르네아데스는 현자가 의견을 지닐 것이라고, 즉 과오를 저지를 것이라고 말할 지경에 종종 이르곤 했습니다.[158] 그런데 저에게는 제가 이미 지나치게 오래 논의한

것, 즉 '파악될 수 있는 무언가가 있음'만큼이나 '현자는 어떤 의견도 갖지 않음', 즉 '현자는 거짓되거나 인식되지 않은 것에 결코 동의하지 않음'이 분명합니다.

60 참을 발견하기 위해서 모든 사안을 반대와 찬성의 입장에서 논해야 한다는 그들의 주장이 남았습니다. 그러므로 저는 그들이 무엇을 찾아냈는지를 보고자 합니다. "우리는 드러내는 법이 없다"고 그들은 말합니다. 도대체 당신들의 비의(秘儀)가 무엇입니까? 아니면 왜 당신들의 견해를 마치 수치스러운 것인 양 숨기고 있습니까?[159] "듣게 될 사람들이 권위보다 이성에 의해서 인도되도록 하기 위해서"라고 그들은 말합니다. 둘 모두에 의해서라면 어떻습니까? 그것이 뭐가 나쁘다는 겁니까? 그럼에도 불구하고 그들은 '파악될 수 있는 무엇도 없다'는 것 하나는 숨기지 않습니다. 아니 이 점에 대해서는 권위가 전혀 훼방하지 않는다는 말입니까? 하지만 적어도 제게는 가장 심하게 훼방하는 것으로 보입니다. 실로 아르케실라오스가, 그리고 그보다 훨씬 더 카르네아데스가, 그처럼 박식하고 달변이지 않았던들, 어느 누가 그처럼 공공연하고 명백하게 전도되고 거짓된 것들을 따랐겠습니까?

XIX 61 대략 이것들을 안티오코스가 그때 알렉산드리아에서, 그리고 심지어 여러 해 뒤에 그가 죽기 직전에 저와 함께 시리아에 있을 때에도 훨씬 더 진지하게 주장했습니다. 하지만 이

제 제 입장이 견고해졌으므로 저와 가장 친한 사람이며(그는 나를 이렇게 불렀다) 몇 살 더 어린 당신에게 주저 없이 충고하겠습니다. 당신은 철학에 엄청난 찬사를 보냈고, 철학을 거부하던 우리의 호르텐시우스를 감동시켰음에도,[160] 참된 것들을 거짓된 것들과 뒤섞으며, 우리에게서 판단기준을 벗겨내고, 모든 동의를 빼앗고, 감각들을 탈취하는 저 철학을 따르시겠습니까? 어떤 신이, 혹은 자연이, 혹은 그들이 살던 장소의 위치가 태양의 시선을 킴메리아인들[161]에게서 빼앗았음에도 불구하고, 그들에게는 빛으로 이용할 수 있었던 불이 있었습니다. 하지만 당신이 승인하는 자들은 어둠을 그처럼 짙게 드리움으로써, 식별을 위한 한 점의 불꽃도 우리들에게 남겨 두지 않았습니다. 만일 우리가 그들을 따른다면, 우리는 그 족쇄에 속박되어 전혀 움직일 수 없을 것입니다. **62** 동의가 제거됨으로써 영혼의 모든 움직임도 실제적인 행위도 제거되었기 때문인데, 이런 일은 올바르지도 않고, 아니 올바른 것은 고사하고 전혀 불가능합니다. 게다가 저따위 견해를 조금이라도 변호하지 말아야 할 단 한 사람이 당신이라는 점에 주의하십시오. 아니면 당신이, 가장 은밀한 일들을 폭로했고, 백일하에 드러냈으며, 그것을 알아냈다고 증인으로서 말했는데(이 사실을 당신에게 들어서 알고 있던 저도 그럴 수 있었을 것입니다), 인식되고 파악되고 지각될 수 있는 아무것도 없다고 주장하시겠습니까?[162] 제발 저 아름다운 일들의 권위를 당신 스스로 깎아내리지 않도록 하십시오.

그는 이렇게 말하고는 이야기를 끝맺었다.

막간 대화

63 그러자 호르텐시우스는 열광적으로 경탄하며(그는 루쿨루스가 연설하는 동안 끊임없이 경탄했고, 심지어 이따금씩 손을 들어 올리기도 했는데, 이러한 반응은 전혀 놀랍지 않다. 내 생각에 아카데미아에 대한 반대 논변들 중 이보다 더 세세하게 말해진 것은 없었기 때문이다.) 농담인지 아니면 정말 그렇게 생각해서인지 잘 모르지만, 내 견해를 포기하라고 종용하기 시작했다.

그러자 카툴루스는 내게 말했다. "암기해서 정확하고 유창하게 행한 루쿨루스의 연설이 당신을 꺾었다면 저는 아무 말 안 할 것이며, 그것이 당신에게 옳게 여겨진다면 당신이 견해를 못 바꿀 일도 아니라고 생각합니다. 하지만 저는 당신이 그의 권위에 움직이지 말라고 충고할 것입니다. 왜냐하면 그가 방금 당신에게 경고한 셈이니까요." 그리고 카툴루스는 웃으면서 말했다. "어떤 흉악한 호민관(당신은 그런 자들이 늘 얼마나 많은지를 알고 있습니다)이 당신을 민회에 끌고 가서, 당신이 어떤 확실한 것도 발견될 수 없다고 주장하면서 동시에 그것을 알아냈다고 주장하는 것이 어떻게 일관적일 수 있는지 심문하지 않도록 주의하라고 말입니다. 청컨대 이런 일을 두려워하지 마십시오. 이 사안에 대해서 저는 당신이 이 사람에게 동의하지 않기를 바랍니다. 하지만 당신이 굴복한다고 하더라도 저는 크게 놀라지는 않을 것입니다. 왜냐하면 제 기억에는 안티오코스 자신도 수년 동안 다른 견해를 가지고 있었지만, 바꾸는 게 옳다고 여겨지자마자, 자신의 견해를 포기했기 때문입니다."[163]

키케로의 연설

XX 64 카툴루스가 이렇게 말했을 때, 모든 사람들은 나를 쳐다보았다. 그러자 나는 중요한 소송들에서 그랬던 것만큼이나 흥분하여, 다음과 같은 연설을 시작했다. "카툴루스여, 루쿨루스의 연설은 이 사안에 대해 정통하고 달변이며 준비된 사람이자 저 소송을 지지할 수 있는 논변이라면 어떤 것도 빠뜨리지 않는 사람의 연설처럼 저를 흔들었습니다. 비록 그에게 답할 수 있다는 자신감을 잃을 정도는 아니었지만 말입니다. 물론 당신이 루쿨루스에 못지않은 당신의 권위를 맞세웠기 망정이지, 그처럼 대단한 루쿨루스의 권위가 분명 저를 흔들어 놓고 있었습니다. 그러면 먼저 제 평판에 대해서 몇 마디 하고 시작해 보도록 하겠습니다.

65 실로 제가 어떤 과시욕이나 승부욕 때문에 특히 이 철학에 전념했다면, 저의 어리석음뿐만 아니라 저의 성품과 본성조차 비난받아야 마땅하다고 생각합니다. 매우 사소한 일에서도 고집은 비난받고 무고는 처벌까지 받습니다. 그런데도 제가 삶 전체의 태도와 계획에 관해서 타인들과 전투적으로 논쟁하거나, 타인들뿐만 아니라 저 자신을 우롱하려 하겠습니까? 따라서 만일 나랏일을 두고 논쟁하는 경우 이따금 하는 일을 제가 이런 종류의 논쟁에서 하는 것이 부적절하지 않다고 여긴다면, 유피테르와 조상신들에게 이렇게 맹세할 텐데 말입니다. "저는 참을 발견하려는 열망으로 불타오르고 있으며, 제가 말하는 것은 진심입니다." **66** 참과 닮은 뭔가를 발견했어도 기뻐할 텐데, 어찌 제가 참을 발견하기를 열망하지 않을 수 있겠습니까?[164] 하지만 참된 것들을 보는 것이 가장 아름다운 일이라고 제가 판단하는 것처럼, 참된 것들 대신에 거짓된 것들을 승인하는 것은 가장 수치스러운 일입니다. 물론 저는 어떤 거짓도 결코 승인하지 않거나, 절대로 동의하지 않거나, 어떤 의견도 갖지 않을 그런 사람은 아니지만, 우리가 탐구하고 있는 것은 현자입니다. 실로 제 자신은 굉장한 '의견가(opinator)'입니다(저는 현자가 아니기 때문입니다). 저는 제 생각을 작은 곰자리에 맞추어 이끌지 않습니다. 다시 말해, "페니키아인들이 바다에서 밤의 인

도자로서 신뢰하며, 안쪽 경로에서 짧은 궤적을 돌고 있는" 그것을 따라서 더 똑바로 항해한다고 아라토스가 말하는 저 작은 곰자리가 아니라, 헬리케(매우 밝은 큰곰자리), 즉 소멸할 정도로 세밀하게 갈리지 않은 넓은 외양의 이 원리들을 이용합니다.[165] 그 때문에 저는 길을 잃고 널리 방황하는 일도 있습니다. (하지만 제가 말했듯이, 지금 저에 대해서가 아니라 현자에 대해서 탐구하고 있습니다.) 왜냐하면 인상들이 저의 마음이나 감각들을 날카롭게 자극했을 때, 저는 그것들을 받아들이고, 이따금씩 동의까지 하기 때문입니다. (하지만 그렇다고 제가 그것들을 파악한 것은 아닌데, 제 생각에 어떤 것도 파악될 수 없기 때문입니다.) 저는 현자가 아니므로 그 인상들에 굴복하며, 또한 그것들에 저항할 수도 없습니다. 하지만 제논에 동의하는 아르케실라오스는 현자의 가장 큰 힘은 기만당하지 않도록 조심하는 것이자 속지 않도록 주의하는 것이라고 생각했습니다.[166] 왜냐하면 실수, 경박함, 경솔함보다 현자의 진중함에 대한 우리의 생각과 멀리 떨어진 것은 아무것도 없기 때문입니다. 그렇다면 제가 현자의 확고함에 관해 뭐라 말하겠습니까? 현자가 의견 따위는 전혀 갖지 않는다는 것은, 루쿨루스여, 당신조차도 인정하고 있습니다. 이것이 당신에게서 승인되고 있으므로, 당신의 연설 순서를 뒤집어서 논의하자면, (곧 순서대로 되돌아가겠습니다) 먼저 다음의 논변이 얼마나 탄탄한지 살펴주십시오.[167]

XXI 67 "현자가 어떤 것에 동의할 때가 있다면, 그는 의견을 가질 때도 있을 것이다. 하지만 그는 결코 의견을 갖지 않을 것이다. 따라서 그는 어떤 것에도 동의하지 않을 것이다."[168] 아르케실라오스는 이 논변을 승인했는데, 첫 번째와 두 번째 전제를 확신했기 때문입니다. 때로 카르네아데스는 '현자가 동의할 때가 있다'는 것을 두 번째 전제로 삼곤 했으며, 따라서 '현자가 의견도 갖는다'로 귀결되었습니다. 당신은 이 결론을 원하지 않으며, 그것이 옳다고 보입니다. 하지만 '현자가 동의한다면 의견도 가질 것이다'는 첫 번째 전제를 스토아주의자들과 그들의 추종자인 안티오코스는 거짓이라고 말했습니다. 현자는 거짓 인상을 참된 인상으로부터, 파악될 수 없는 것을 파악될 수 있는 것으로부터 구별할 수 있다는 것입니다. **68** 하지만 무언가가 파악될 수 있다고 하더라도, 우리의 입장에서는 우선 동의하는 습관 자체가 위험스럽고 위태로운 것으로 보입니다. 따라서 거짓이거나 인식되지 않은 무언가에 동의하는 것이 상당한 잘못임이 분명하므로, 성급히 나아가다 추락하지 않으려면 차라리 일체의 동의를 유보해야만 합니다. 거짓 인상은 참된 인상과, 파악될 수 없는 인상은 파악될 수 있는 인상(만일 그런 어떤 것이 있기만 하다면 말입니다. 이에 대해서는 곧 살펴보게 될 겁니다)과 극히 가까우니까 현자는 가파른 곳으로 그처럼 달려들지 말아야 합니다.[169] 한편 제가 '파악될 수 있는 것은 전혀 없다'는 저의 전제를 취하고, '현자가 전혀 의견을 갖지 않는다'라고 당신이 인정한 것을 받아들이면, '현자가 일체의 동의를 중지할 것이다'는 결론이 나올 것입니다. 당신은 이 결론을 선호할지, 아니면 '현자가 어떤 의견을 가질 것이다'는 결론을 선호할지 따져봐야 할 것입니다. "그것들 중 어느 쪽도 아니다"라고 당신은 말할 것입니다. 따라서 '아무것도 파악될 수 없다'는 것을 입증하려 노력합시다. 논쟁 전체가 이에 대한 것이니까요.[170]

XXII 69 하지만 그 전에 안티오코스에 관해 몇 가지를 말해 봅시다. 그는 제가 변호하고 있는 바로 이 견해들을 분명 누구보다 오랫동안 필론에게서 배웠고 이것들에 관해 매우 명석한 저술을 남기기도 했지만, 노년에는 이것들을 예전에 변호했던 것 못지않게 신랄하게 비난했습니다. 따라서 그가 아무리 명석했더라도(그는 실상 명석했습니다) 그의 권위는 비일관성으로 인해 약화됩니다. 실로 제가 묻거니와, 그가 여러 해 동안 그 존재를 부인했던 참과 거짓의 징표를 그에게 드러낸 저 날이 밝아온 것은 언제였습니까? 그가 뭔가를 생각해 낸 것입니까? 그는 스토아주의자들과 똑같은 말을 합니다. 그는 이전 생각을 후회했습니다. 그러면 왜 다른 이들에게로, 특히 스토아주의자들에게로 전향하지 않았습니까? 이들도 아카데미아와 이런 식의 의견 불일치가 있었으니 말입니다. 그가 당시 아테네에서 스토아 학파의 수장들이었던 므네사르코스나 다르다노스에게 뭔가 유감이 있었습니까? 안티오코스는 자신의 수강생들이 생기기 시작하고 나서야 필론을 떠났습니다.[171] **70** 하지만 구아카데미아는 어디에서 갑자기 소환되었습니까? 그는 실질적으로 결별했으면서도 그 이름의 권위는 유지하길 원했던 것으로 보입니다. 그가 이렇게 한 것은 명성을 얻기 위해서였고, 심지어 자신을 따르는 무리들이 안티오코스주의자들로 불리길 희망했다고 말하는 사람들이 있었으니 말입니다. 하지만 제 생각에 그는 오히려 철학자들 모두와의 충돌을 견뎌낼 수 없었던 것 같습니다. 사실 여타의 문제들에 관해서 철학자들 간에 공유되는 바가 전혀 없는 것은 아니지만, 아카데미아의 견해는 다른 어떤 철학자도 인정하지 않을 유일한 것이니 말입니다. 그래서 그는 물러났고, 신축 상점들 아래에서 땡볕을 견디지 못하는 자들이 옛 상점의 그늘을 찾는 것처럼, 그도 더위를 느꼈을 때 구아카데미아의 그늘을 찾았습니다. **71** 안티오코스가 '어떤 것도 파악될 수 없다'고 여겼던 시기에는 다음의 논거를 사용하기도 했습니다. 그는 그것에 의해서 동의해야 마땅하다고 당신들이 말하는 저 확실한 징표에 의해 헤라클레이아의 디오뉘시오스가 다음의 둘 중 어느 것을 파악했는지를 물었습니다. 즉, 디오뉘시오스가 스승인 제논을 신뢰해서 수년 동안 유지했던 '훌륭한 것만이 유일선이다'라는 견해인지, 아니면 그가 나중에 변호했던 '훌륭함이라는 이름은 공허하고, 쾌락이 최고선이다'라는 견해인지 말입니다.[172] 안티오코스는 '참된 것으로부터 우리의 영혼에 각인될 수 있는 것은 동일한 방식으로 거짓된 것으로부터 각인될 수 없다'는 점을 가르치려 했을 때 디오뉘시오스의 견해가 바뀐 점을 근거로 들었지만, 결국 그 자신이 디오뉘시오스에게서 얻은 논거를 나머지 사람들이 자신에게서 얻도록 만들었습니다. 하지만 이 점은 다른 곳에서 더 말하도록 하고, 루쿨루스여, 지금은 당신이 말했던 것들로 돌아갑시다.

XXIII 72 우선 당신이 서두에 언급했던 것이 어떠한 것인지 알아봅시다. 우리가 옛 철학자들을 인용하는 방식이 유명한 민중파 인물들을 언급하는 선동가들의 방식과 유사하다는 것 말입니다. 선동가들은 선량하지 않은 일들을 행하면서도 선량한 사람들과 유사하게 보이길 원합니다. 반면 우리들은 당신들 자신도 가장 고귀한 철학자들의 견해였다고 인정하는 것들이 옳게 보인다고 말합니다. '눈(雪)이 검다'고 아낙사고라스는 말했습니다.[173] 제가 같은 말을 했다면, 당신은 제 말을 용납하겠습니까? 그렇지 않을까 제가 주저하기만 해도 당신은 용납하지 않았을 겁니다. 하지만 그가 누구입니까? 이 사람이 소피스트(과시 혹은 돈벌이를 위해 철학하는 사람들은 이렇게 불렀습니다)란 말입니까? 그의 진중함과 지성의 명성은 대단했습니다. **73** 데모크리토스에 관해서는 뭐라 말하겠습니까? 지성의 크기뿐만 아니라 영혼의 담대함에서도 그와 견줄 수 있는 사람이 있습니까? "나는 우주들에 관해서 이렇게 말한다"고 그는 과감히 이야기를 시작합니다.[174] 그는 자신이 언명할 수 없는 것은 아무것도 아닌 것으로 배제합니다. 우주들 밖에 무엇이 있을 수 있겠습니까? 이 철학자를 클레안테스, 크뤼십포스, 그리고 더 젊은 나머지 사람들보다 우선시하지 않는 이가 있겠습니까?[175] 그들이 데모크리토스와 비교되면 제5계급에 불과한 것으로 보입니다. 그렇지만 파악될 수 있는 것이 없다고 주장한 우리도 참된 것이 있음은 부인하지 않는데, 그는 이를 부인합니다. 그는 참된 것은 없다고 분명히 주장하며, 감각은 '불분명하다'라고 하지 않고 '어둡다'(그는 감각을 이렇게 부릅니다)라고 말합니다.[176] 그를 매우 존경했던 키오스의 메트로도로스는 『자연에 관하여』라는 책의 서두에 말합니다. "우리가 뭔가를 알고 있는지 아니면 아무것도 모르는지 우리는 모르고 있고, 심지어 우리가 모른다는 사실조차 우리는 알지도 모르지도 않으며, 게다가 무언가 있는지 아무것도 없는지도 우리는 전혀 모른다고 나는 주장한다."[177] **74** 당신에게는 엠페도클레스가 실성한 것으로 보입니다. 하지만 그가 말하는 대상들에는 고함치는 것이 더없이 타당하게 보입니다. 그러므로 감각에는 그것에 종속된 대상들을 판단할 만큼의 힘이 없다고 그가 여긴다면, 그가 우리를 눈멀게 하거나 감각들을 빼앗는 셈이 될까요?[178] 어떤 것도 알 수 없지만 감히 안다고 주장하는 자들의 거만함을, 파르메니데스와 크세노파네스는 훌륭하지는 못해도 운문의 형태를 빌려 화내듯이 질타합니다. [179] 게다가 당신은 회의주의자들의 무리에서 소크라테스와 플라톤은 제외해야 한다고 말했습니다. 왜 그래야 합니까? 제가 그들 말고 누구에 대해서 더 분명히 말할 수 있겠습니까? 저는 진정 그들과 함께 살았던 것 같습니다. 수많은 대화편들이 저술되었는데, 여기에서 소크라테스가 아무것도 알려질 수 없다고 여겼음은 의심의 여지가 없습니다. 그는 "내가 어떤 것도 알지 못한다는 것을 알고 있다"는 점 하나만을 예외로 두었습니다. 플라톤에 대해서는 뭐라 말할까요? 만일 그가 이를 인정하지 않았다면, 분명 그처럼 많은 책들에서 이를 본받지 않았을 것입니다. 남이 쓰는 은폐술을, 그것도 반복적으로 본받을 이유가 전혀 없었기 때문입니다. [180] **XXIV 75** 당신에겐 제가, 사투르니누스가 하듯, 저명한 인물들만을 나열할 뿐, 유명하거나 고귀하지 않은 이는 결코 따라하지 않는다고 보이십니까? 그렇지만 제 수중에는 당신을 귀찮게 하지만 별 볼일 없는 자들, 다시 말해, 난해하고 가시 돋친 '소피스마(*sophisma*)'('궤변 나부랭이(fallax conclusiuncula)'라고도 불립니다)들을 소유한 스틸폰, 디오도로스, 알렉시노스도 있었습니다. [181] 허나 스토아의 주랑을 떠받친다고 여겨지는 크뤼십포스가 제게 있는데 뭐하러 그들을 불러모으겠습니까? [182] 그의 주장이 감각에 얼마나 많이 반하고, 경험적으로 인정되는 모든 것에 얼마나 많이 반하고 있습니까! "하지만 그는 그것들을 해결하기도 했다." 적어도 제게는 그리 보이지 않지만, 그가 해결했다 칩시다. 만일 그가 그것들이 쉽사리 거부될 수 있다고 여겼다면, 우리를 매우 그럴듯하게 기만하는 그렇게 많은 논변들을 모으지 않았을 것은 분명합니다. **76** 결코 무시할 수 없는 철학자들인 퀴레네 학파 사람들은 어떤 것 같습니까? 그들은 외부에서 온 파악 가능한 것은 아예 없고, 자신들이 파악할 수 있는 유일한 것은 고통과 쾌락처럼 내적 촉각에 의해 감지되는 것이라고 주장합니다. 그들은 뭔가 어떤 색깔이나 어떤 소리를 지니는지 안다고 말하지 않고, 자신들이 어떤 식으로 영향을 받았다는 정도만 감지한다고 말합니다.[183]

권위자들에 관해서는 충분할 정도로 많이 얘기했습니다. 그런데 저 옛 권위자들 이후 그 많은 세대에 걸쳐 그처럼 뛰어난 이들이 그토록 열심히 탐구했으니 참이 발견될 수 있었으리라 생각하지 않느냐고 당신은 제게 물었습니다. 발견된 것이 무엇인지는 조금 뒤에 제가 다름 아닌 당신을 심판인으로 청해 살펴볼 것입니다.[184] 하지만 아르케실라오스는 흠잡으려고 제논과 싸웠던 것이 아니라 참을 발견하고자 했었고, 이는 다음과 같은 사실로부터 알 수 있습니다.[185] **77** 선조들 중에서 누구도 명시하지 않았을 뿐 아니라 말조차 하지 않았던 것은 '인간은 의견을 전혀 갖지 않을 수 있다. 그리고 현자는 그럴 수 있을 뿐만 아니라 의견을 갖지 않는 것이 필연적이다'라는 견해였습니다. 이 견해가 참될 뿐만 아니라 훌륭하고 현자답다고 아르케실라오스는 여겼습니다. 아르케실라오스는 제논에게 아마도 이렇게 물었을 것입니다. "만일 현자가 어떤 것도 파악할 수 없고, 의견을 갖는 것이 현자의 일도 아니라고 하면, 어떻게 되겠습니까?"

제 생각에 제논은 이렇게 말했을 것입니다. "현자는 어떤 의견도 갖지 않을 것인데, 이는 파악될 수 있는 것이 있기 때문입니다."

아르케실라오스가 말합니다. "그러면 그것은 무엇입니까?"

제논이 말합니다. "인상입니다."

아르케실라오스가 말합니다. "그렇다면 어떤 종류의 인상입니까?"

그때 제논은 그 인상을 '있는 것으로부터, 있는 그대로, 찍히고 각인되고 주조된 것'으로 정의했습니다.[186]

다음으로 아르케실라오스는 물었습니다. "참된 인상이 거짓 인상과 같은 종류의 것이라도 그렇습니까?"

여기에서 제논은, 만일 파악될 수 있는 인상이 있는 것으로부터 오는 것과 마찬가지로 있지 않은 것으로부터 올 수도 있다면, 어떤 파악 인상도 없으리라는 점을 예리하게 알아챘습니다. 아르케실라오스는 이 점이 파악 인상의 정의에 옳게 덧붙여

졌음에 동의했습니다. 만일 참된 인상이 거짓 인상과 같은 종류의 것이라면, 거짓 인상도 참된 인상도 파악될 수 없을 것이기 때문입니다. 하지만 참된 것에서 유래한 어떤 인상도 같은 방식으로 거짓된 것에서는 유래할 수 없다는 것을 보여주기 위해 아르케실라오스는 논의들에 힘을 쏟았습니다. **78** 이것이 지금까지도 유지된 단 하나의 주장입니다. 한편 '현자는 어떤 것에도 동의하지 않을 것이다'라는 또 다른 주장은 이 논쟁과 전혀 관련이 없습니다. '현자는 무엇도 파악하지 않지만, 그럼에도 의견을 지닌다'는 허용되었고, 이는 카르네아데스가 승인했다고 전해지기 때문입니다. 물론 저는 필론이나 메트로도로스보다는 클레이토마코스를 더 신뢰하므로, 카르네아데스가 이것을 승인했다기보다는 논의를 위해 받아들였다고 믿지만, 이 점은 제쳐두도록 합시다. 의견과 파악이 제거된다면 분명 모든 동의의 유보가 귀결되므로, 무엇도 파악될 수 없다는 것을 제가 입증한다면 당신은 현자가 결코 동의하지 않을 것이라는 점에 수긍해야 합니다.[187]

XXV 79 그러면 감각조차 참된 것을 알려 주지 않는다면, 무엇이 파악될 수 있겠습니까?[188] 루쿨루스여, 당신은 감각을 공통 논거에 의해 변호합니다. 당신이 이렇게 할 수 없도록 제가 어제 감각에 반대하는 그처럼 많은 말들을 불필요한 곳에서 했던 것입니다. 하지만 당신은 꺾인 노나 비둘기 목의 예에 의해서도 동요되지 않는다고 주장합니다. 우선, 왜 당신은 동요되지 않습니까? 저는 보이는 꺾임이 노에 없다는 것도 감지하며, 여러 색깔들이 보이지만 비둘기에게 하나의 색깔만이 있다는 것도 감지합니다. 다음으로, 제가 그 밖의 어떤 것도 말하지 않았습니까? 그 모든 예들이 유효하다면, 당신의 입장은 무너집니다.[189]

당신은 자신의 감각이 진실하다고 주장합니다. 그러므로 당신은 자기도 위험부담을 지는 보증인을 늘 갖고 있습니다. 왜냐하면 에피쿠로스는 "하나의 감각이 인생에서 단 한 번이라도 속였다면, 어떤 감각도 결코 신뢰해서는 안 된다"는 지점으로 사안을 몰아넣기 때문입니다.[190] **80** 자신의 증인들을 신뢰하고 괴팍하게 구는 것은 솔직한 일입니다. 그래서 에피쿠로스주의자인 티마고라스는 눈알을 뒤틀었을 때 등잔으로부터 두 개의 불꽃이 보였다는 것을 단적으로 부정했습니다. 속이는 것은 의견이지 눈이 아니라는 것입니다.[191] 마치 무엇으로 보이는지가 아니라 무엇인지가 질문인 것처럼 말입니다. 적어도 이 사람은 선배들을 닮으라고 합시다. 하지만 당신은 감각에 의한 인상들 중 어떤 것은 참이고 어떤 것은 거짓이라 주장하는데, 그것들을 어찌 구분합니까? 청컨대 공통 논거들일랑 그만두십시오. 그것들은 우리 집에서도 자라나니까요.

당신은 말합니다. "신이 당신에게 '감각이 건강하고 온전하기만 하다면, 무엇을 더 바라는가?'라고 묻는다면, 당신은 뭐라 답할 것인가." 그가 제발 묻기를! 당신은 그가 우리를 얼마나 소홀히 했는지 듣게 될 것입니다. 실로 우리가 참된 것들을 본다 쳐도, 얼마나 멀리까지 봅니까? 저는 여기에서 쿠마이에 있는 카툴루스의 별장을 알아봅니다. 폼페이 지역은 보지만, 폼페이에 있는 카툴루스의 별장은 그 자체로 알아보지 못하는데, 장애가 되는 어떤 것도 가로막지 않지만 시야가 더 멀리 뻗어가지 못합니다. 오 멋진 경관이여! 우리는 푸테올리를 봅니다. 하지만 아마도 넵투누스의 주랑에서 산책 중일 제 친구 푸블리우스 아비아니우스[192]는 보지 못합니다. **81** "그러나 누군지 모르긴 해도 강의에서 언급되곤 하는 저 사람은 1800스타디움 떨어져 있는 것을 보았다."[193] 어떤 날짐승은 더 멀리 봅니다. 그러므로 저는 당신의 저 신에게 이 눈이 제게는 도무지 만족스럽지 않다고 감히 대꾸할 겁니다. 신은 어쩌면 저 물고기들보다 제가 더 정확히 본다고 말할지 모릅니다. 그 물고기들은 (지금 눈 아래에 있지만) 우리에게 보이지도 않고, 그것들은 우리를 올려다볼 수도 없습니다. 말하자면 그것들을 물이 감싸고 있듯이 공기가 우리를 두텁게 감싸고 있습니다. "하지만 우리들은 더 이상을 원하지 않는다." 당신은 두더지가 어떤 빛도 원치 않는다고 생각합니까? 게다가 저는 멀리 보지 못해서라기보다 거짓 인상을 보기 때문에 신에게 불평할 겁니다. 저 배를 보고 있습니까? 그것이 우리에게는 멈추어 있는 것으로 보입니다. 하지만 배에 있는 사람에게 이 별장은 움직이는 것으로 보입니다.[194] 왜 그렇게 보이는지 근거를 찾아보십시오. 아마도 찾을 수 없겠지만, 기껏 찾아냈다 해도 당신의 증인이 참되다는 점이 아니라 기껏해야 그 증인이 이유 없이 거짓 증언을 하지 않는다는 점을 드러낼 것입니다. **XXVI 82** 저는 당신이 노를 하찮게 여기는 것을 보았으니, 배에 관해서 제가 왜 언급하고 있습니까? 당신은 아마 더 큰 것을 찾고 있는 것입니다. 태양보다 큰 것이 뭐가 있을 수 있습니까? 수학자들은 그것이 지구보다 18배나 더 크다는 것을 확증했습니다. 태양이 우리에게는 얼마나 조그마하게 보입니까? 적어도 제가 보기에는 발만 합니다. 그런데 에피쿠로스는 태양이, 많이는 아니더라도, 보이는 것보다는 더 작을 수도 있다고 생각합니다. 태양이 별로 많이 크지 않거나, 혹은 보이는 만큼이라서 눈이 전혀 속이지 않거나, 적어도 많이 속이지는 않을 것이라 생각하는 것입니다.[195] 그럼에도 불구하고 속이는 것입니다. 그렇다면 저 '단 한 번'은 어디에 있습니까? 하지만 감각이 결코 속이지 않는다고 여기는, 쉽게 믿는 이 사람에게서 떠납시다. 그는 지금도 감각이 속이지 않는다고 생각합니다. 상상조차 할 수 없을 정도의 빠른 속력으로 그렇게 맹렬히 움직이는 저 태양이 우리에게는 멈추어 있는 것으로 보임에도 불구하고 말입니다.

83 하지만 제가 논점을 좁히도록, 청컨대, 쟁점이 얼마나 작은지 살펴보십시오. 이 탐구 전체의 주제, 즉 '인식되고 지각되고 파악될 수 있는 것은 없다'를 입증하는 네 가지 논제들이 있습니다.

(1) '어떤 거짓 인상이 있다.'
(2) '거짓 인상은 파악될 수 없다.'
(3) '서로 간에 전혀 차이가 없는 인상들 중 어떤 것은 파악될 수 있고 어떤 것은 파악될 수 없는 경우란 불가능하다.'
(4) '감각에서 비롯된 참된 인상에는 그것과 전혀 차이가 없지만 파악 불가능한 다른 인상이 짝을 이루지 않을 수 없다.'

이 네 가지 논제들 중에서 (2)와 (3)은 모두가 인정합니다. 에피쿠로스는 (1)을 허용하지 않지만, 소송의 당사자인 당신들은 이것도 인정합니다. 싸움은 전부 (4)에 관한 것입니다.[196]

84 그러면 푸블리우스 세르빌리우스 게미누스를 보고 있던 사람이 자신은 퀸투스를 본다고 생각했다면, 그는 파악될 수 없는 종류의 인상을 받았던 것입니다.[197] 이는 어떤 징표에 의해서도 참된 인상이 거짓 인상과 구분되지 않았기 때문입니다. 그런데 만일 이 구분이 사라진다면, 게미누스와 더불어 두 번 집정관직을 역임했던 가이우스 코타를 알아볼 때, 거짓일 수 없

는 종류의 어떤 징표를 그가 갖고 있겠습니까? 당신은 사물들에 그 정도의 유사함은 없다고 주장합니다. 분명 당신은 싸우고 있지만, 그것은 손쉬운 적수와의 싸움일 뿐입니다. 그 정도의 유사함은 없다고 칩시다.[198] 하지만 그렇게 보임이 분명 가능하고, 따라서 감각을 속일 것입니다. 그리고 만일 하나의 유사함이 속인다면, 그것은 모든 것을 의심스러운 것으로 만듭니다. 왜냐하면 그것에 맞추어 인식되어야 마땅할 바로 저 기준이 제거되면, 당신에게 보이는 사람이 당신이 보는 바로 그 사람이더라도, 그것에 맞추어 인식되어야 마땅하다고 당신이 말하는 저 거짓일 수 없는 징표에 의해 판단하는 것이 아닐 테니까요. **85** 그러면 푸블리우스 게미누스가 당신에게 퀸투스로 보일 때, 있지 않은 어떤 것이 있는 것으로 보이기 때문에, 코타가 아닌 이가 당신에게 코타로 보일 수 없을 뭔가 확실한 이유를 갖고 있습니까? 당신은 모든 것이 고유하고, 어떤 것도 다른 것과 같지 않다고 주장합니다. "어떤 머리카락이 다른 머리카락과 모든 면에서 같은 종류의 것이 아니고, 낱알도 마찬가지이다"라는 스토아 학파의 주장은 그다지 신뢰할 만하지 않습니다. 이 사례들은 논박될 수 있지만, 저는 싸우고 싶지 않습니다. 왜냐하면 지금 다루어지는 사안에 대해서는, 보이는 것이 모든 면에서 실제로 전혀 다르지 않든, 다르다고 해도 식별될 수 없든, 이는 전혀 중요하지 않기 때문입니다. 하지만 만일 사람들이 그처럼 유사할 수 없다고 하면, 조상(彫像)들의 유사함도 그러합니까? 말하십시오. 뤼십포스[199]가 같은 청동을, 같은 배합으로, 같은 끌로, 모든 면에서 같은 100개의 알렉산드로스 상을 만들 수 없겠습니까? 그렇다면 당신은 어떤 징표에 의해서 구분할 것입니까? **86** 이건 어떠합니까? 이 반지로 같은 밀랍에 100개의 인장들을 찍으면, 어떻게 구별해서 알아볼 수 있습니까? 혹은 달걀들을 알아보는 저 델로스의 양계장주인을 당신이 찾아냈으니, 당신이 어느 반지세공사라도 찾아봐야 하는 것 아닙니까?

XXVII 하지만 당신은 감각들을 위한 조력자로서 기술을 적용합니다.[200] "우리가 못 보는 것들을 화가는 보고, 피리연주자가 피리를 불자마자 전문가는 곡을 알아차린다." 어떻습니까? 소수의 사람들, 그리고 우리 민족의 경우에는 극소수의 사람들만이 접근하는 대단한 기술들이 있어야 우리가 보고 들을 수 있다는 사실이 당신에 반하여 타당성을 갖는다고 보이지 않습니까?

과연 저 찬란한 자연이 얼마나 대단한 기교로 우리의 감각들과 정신, 인간이란 구조물 전체를 제작했는지![201] **87** 제가 경솔히 이런 의견을 갖는 것을 왜 두려워하지 않아야 합니까? 루쿨루스여, 당신은 지혜와 계획을 갖고 인간을 빚어냈거나 (당신의 표현을 사용하자면) 제작했던 어떤 힘이 있다는 것조차 확신할 수 있습니까? 그 제작은 어떠한 것이며, 어디에서, 언제, 왜, 어떤 식으로 실행되었습니까? 이런 주제들은 영리하게 다루어지고 심지어 우아하게 논의됩니다. 그러니까 그것들이 단정되지만 않는다면 온전히 그렇게 여겨질 수 있다고 합시다. 하지만 자연학자들에 관해서는 곧 얘기하겠습니다. 제가 이것을 하리라고 좀 전에 말했던 당신을 거짓말쟁이로 만들지 않기 위해서라도 말이죠.[202]

하지만 좀더 명료한 것들로 가기 위해 이제 일반적인 사안들을 제시할 겁니다. 우리 학파뿐만 아니라 심지어 크뤼십포스도 이 사안으로 책들을 가득 채웠습니다. 크뤼십포스에 대해 스토아주의자들은 투덜대곤 하는데, 그가 감각과 명백함에 반대되는, 경험 일반에 반대되는, 이성에 반대되는 모든 것들을 찾아내는 와중에 정작 자신의 입장을 제대로 방어하지 못했고, 그로 인해 카르네아데스가 무장을 갖출 수 있었기 때문입니다.[203] **88** 그것들은 당신이 매우 세밀하게 다뤘던 것들입니다.[204] 잠들거나 술 취하거나 실성한 자들의 인상은 깨어 있거나 말짱하거나 제정신인 자들의 인상보다 더 약하다고 당신은 주장했습니다. 어떻게 그렇습니까? "엔니우스가 깨어나서, 그는 '내가 호메로스를 보았다'가 아니라 '내가 호메로스를 본 것 같았다'고 말했고, 알크마이온은 '하지만 내 마음은 나에게 결코 동의하지 않는다'고 말했으니까.(취한 자의 경우도 유사하다.)"[205] 깨어난 이가 자신이 꿈꾸었다고 여기고, 광기가 가라앉은 이가 실성했던 자신에게 참으로 여겨졌던 것들이 참이 아니라고 여긴다는 것을 마치 누군가 부인하기라도 한 것처럼 말입니다. 하지만 논점은 이것이 아닙니다. 그들이 그렇게 여기고 있었던 바로 그때 그들이 어떻게 여기고 있었는지가 탐구되는 것입니다. "마음의 경건함이여"로 시작되는 저 부분 전체를 엔니우스가 꿈꿀 때, 마치 깨어서 들은 양 들었다고 우리가 생각하지 않을 수 없습니다.[206] 깨어 있는 상태의 엔니우스는 저 인상과 꿈이 인상과 꿈이라고 생각할 수 있었을 것이니 말입니다. 하지만 그것들은 깨어 있는 자에게서와 똑같이 잠든 자에게도 승인되었습니다. 일리오나가 심지어 깨어 있을 때 믿듯이, 저 꿈에서 아들이 "어머니, 저는 당신을 부르고 있습니다"라고 말했다고 믿고 있는 것이겠죠? 왜 그녀가 "자, 곁으로 와라, 머물러 듣거라. 같은 말을 반복해다오"라고 말했겠습니까?[207] 그녀가 깨어 있는 자보다 자신의 인상을 덜 신뢰하는 것으로 보입니까?

XXVIII 89 실성한 자들에 대해서는 뭐라 말하겠습니까? 카툴루스여, 당신의 이웃집 사람 투디타누스[208]는 도대체 어떤 사람이었습니까? 정신이 아주 멀쩡한 어떤 사람이, 투디타누스가 자신의 인상이 확실하다고 여겼던 만큼, 자신이 보고 있는 것이 확실하다고 여기겠습니까? 아이아스는 어떠합니까? 그는 전혀 보지 못하면서도 "나는 보고 있다. 나는 그대를 보고 있다. 살아라. 울릭세스여, 삶이 허락되는 한에서"라고 하면서 자신이 보고 있다고 두 번씩이나 외치지 않았습니까?[209] 에우리피데스의 작품에서 헤라클레스는 어떠합니까? 그는 자기 자식들을 에우뤼스테우스의 자식들인 양 화살로 꿰뚫었고, 아내를 살해하고, 심지어 아버지까지 살해하려 했을 때, 참된 인상이 자극한 것처럼 거짓 인상이 그를 자극했던 것 아니었나요?[210] 당신의 알크마이온은 어떠합니까? "내 마음은 눈에 동의하지 않는다"고 말하는 그가 같은 극에서 광기에 사로잡혀 "저 화염이 어디에서 일어나는가?"라고 외치고 나서 "오라, 오라, 그들이 와 있다. 나를 쫓아온다"라고 외칩니다.[211] 그가 처녀 여신의 보호를 청할 때는 어떠합니까? "제게 도움을 주십시오, 이 재앙을 저로부터 거두십시오. 저를 고문하는 이 화염에 이글거리는 힘을! 그들이 검푸른 뱀으로 휘감고 다가오고 있네. 나를 둘러싸고 있네, 타오르는 횃불들을 들고." 그가 이것들을 진짜 보고 있다고 여기는 것을 당신은 의심하겠습니까? 나머지 부분에서도 마찬가지입니다. "긴 머리의 아폴론이 당기고 있다, 황금의 활을 달에 기대어서. 디아나는 횃불을 왼쪽으로부터 던진다."[212] **90** 만일 이것들이 사실이라고 하더라도, 그렇게 보여서 믿었을 때보다 어떻게 더 믿겠습니까? 이미 마음이 눈에 동의하는 것으로 보입니다. 그런데 이 모든 예들을 제시한 것은 더없이 분명한 결론, 즉 정신이 동의하는 데에는 참되고 거짓된 인상들 간에 어떤 차이도 없다는 결론이 도출되도록 하기 위함입니다. 하지만 실성했거나 꿈꾸는 자들의 저 거짓 인상을 그들의 회상을 가지고 논박할 때, 당신들은 아무것도 이루지 못합니다. 왜냐하면 깨어난 자들이나 광기에서 벗어난 자들의 회상이 어떠한 것인지를 묻는 것이 아니라, 실성했거나 꿈꾸는 자들을 자극하는 바로 그때의 인상이 어떠한 것인지를 묻고 있기 때문입니다.

91 이제 저는 감각이라는 논제로부터 떠납니다. 그러면 이성으로 파악될 수 있는 것은 무엇입니까?[213] 당신들은 참과 거짓의 심판자이자 재판관으로서 변증술이 발견되었다고 말합니다.[214] 어떤 참과 거짓에 대한 것이며, 어떤 사안에서 그러합니까? 변증가는 무엇이 참과 거짓인지를 기하학에서 판단할 것입니까, 아니면 문학이나 음악에서 판단할 것입니까? 그런데 그는 그것들을 모릅니다. 그러면 철학에서는 어떠합니까? 태양이 얼마나 큰지가 변증가와 무슨 관련이 있겠습니까? 어떤 최고선이 있는지 판단할 만한 능력을 그가 갖고 있겠습니까? 그러면 그가 판단할 것은 무엇입니까? 그는 어떤 연언이 참이고 어떤 선언이 참인지, 애매하게 진술된 것은 무엇인지, 각각의 사안에 귀결되는 것은 무엇이고 모순되는 것은 무엇인지를 판단할 것입니다. 즉, 변증술이 이것들 및 이와 유사한 것들을 판단한다면, 자기 자신에 대해서만 판단하는 셈입니다.[215] 하지만 단지 이것들만을 판단하는 것은 철학에서 여타의 많은 중요한 사안들에 대해 충분하지 않기 때문에 변증술은 그 이상을 약속했습니다.

92 하지만 당신들이 이 기술에 그처럼 큰 비중을 두었으므로, 이 기술이 전부 당신들의 입장에 반대되지 않도록 조심하십시오. 변증술은 처음에 출발했을 때 언어의 구성 요소들, 애매한 말들의 해명, 논증의 방식을 신나게 가르쳐 줍니다. 그러고 나서 몇 가지가 덧붙여진 뒤 더미 논변에 이릅니다. 이는 매우 미끄러지기 쉽고 위태로운 곳이며, 당신은 좀 전에 이를 일종의 오류 논변이라고 말했습니다.[216] **XXIX** 그렇다면 어쩌란 말입니까? 그 오류가 우리 탓이란 말입니까? 사안들의 본성은 우리가 어떤 사안에서 어디까지 가는지를 정할 수 있기 위한 한계들을 우리가 인식하도록 허용하지 않았습니다. 그리고 이 오류 논변의 명칭이 유래한 '밀더미'뿐만 아니라 어떤 사안에서든, 가령 누군가가 부유한지 가난한지, 유명한지 무명인지, 혹 무언가가 많은지 적은지, 큰지 작은지, 긴지 짧은지, 넓은지 좁은지를 묻는 각각의 사안에서 점진적으로 질문받으면, 얼마를 더하거나 뺏을 때 그러한지를 우리는 분명하게 대답할 수 없습니다.

93 "하지만 더미 논변들은 오류이다." 그러면 그것들이 해롭지 않도록, 가능하면 그것들을 박살 내십시오. 당신들이 조치를 취하지 않으면, 그것들은 해로울 것입니다.

당신은 말합니다. "조치는 취해졌습니다. 크뤼십포스는, 이를테면 셋이 적은지 많은지와 같은 질문을 순차적으로 받을 때, 많음에 당도하기 얼마 전에 '쉬는 것(quiescere)'(이를 스토아주의자들은 '헤쉬카제인(*hēsychazein*)'이라고 부른다)이 좋다고 여기니 말입니다."[217]

카르네아데스가 말합니다. "당신이 단지 쉴 뿐만 아니라 코까지 골더라도 나는 상관없다. 하지만 그게 무슨 도움이 되겠는가? 당신을 잠에서 깨워, 같은 식으로 '만일 당신이 멈췄던 그 수에 내가 하나를 더한다면, 그것은 많은 것이 될까?'라고 물어볼 사람이 계속 따라올 테니까. 당신은 재차 맘에 들 곳까지 나아갈 것이다. 더 이상의 말이 뭐가 필요한가? 결국 당신은 적음의 마지막도, 많음의 시작도 답할 수 없음을 인정할 테니까. 이런 종류의 오류는 그처럼 널리 퍼져서 나는 그것이 닿지 못할 곳이 어딘지 모르겠다."

94 크뤼십포스는 말합니다. "그것은 나를 전혀 해치지 않는다. 나는 솜씨 좋은 마부처럼 끝에 도달하기 전에 말들을 멈추어 세울 것이고, 말들이 내몰리는 바로 그곳이 낭떠러지라면 그만큼 더 잘 멈추어 설 테니까. 그런 식으로 나는 미리 정지하며, 덫을 놓고 질문하는 자에게 더는 대답하지 않는다."

당신이 명료한 답을 갖고 있으면서도 대답하지 않는다면, 당신은 거만합니다. 당신이 명료한 답을 갖고 있지 않다면, 분명 당신은 파악한 것이 아닙니다. 만일 그것들이 불분명하기 때문이라면, 저는 인정합니다만, 당신은 불분명한 것들에까지 나아가지는 않는다고 주장하므로, 명확한 것들에서 버티는 셈입니다. 당신이 단지 침묵하기 위한 것뿐이라면, 당신은 얻을 것이 없습니다. 당신을 잡으려는 자에게, 당신이 말하든 침묵하든, 그물에 걸리게 하는 것에 무슨 차이가 있겠습니까? 반면에 만일 당신이 가령 아홉까지는 적다고 의심 없이 답하고 열에서 버틴다면, 심지어 확실하고 명확한 것들로부터 동의를 거둔 셈입니다.[218] (바로 이 일을 제가 불명확한 것들에서 하는 것을 당신은 허용하지 않습니다.) 그러므로 증대됨과 감소됨의 처음이나 마지막이 무엇인지를 가르쳐 주지 않는 저따위 기술은 당신에게 더미 논변에 대항할 어떤 도움도 주지 않습니다.

95 바로 저 기술이, 마치 페넬로페가 천을 풀어내듯, 결국 앞선 원리들을 폐기한다는 점은 어떻습니까?[219] 그것은 당신의 탓입니까, 아니면 우리의 탓입니까? 물론 변증술의 기초는 진술되는 어떤 것(이것을 스토아주의자들은 '악시오마(*axiōma*)'라고 부르는데, 이는 '명제(effatum)'와 같습니다)이 참이거나 거짓이라는 것입니다.[220] 그러면 다음 명제는 참입니까, 아니면 거짓입니까?

"만일 당신이 거짓말한다고 말하고, 이것이 참이라고 말한다면, 당신은 거짓말하는 것인가? 아니면 참을 말하는 것인가?"[221]

분명 당신들은 이것들이 해결 불가능한 명제라고 말할 수 있습니다만, 이렇게 말하는 것은 파악되지 않고 지각되지 않는다고 우리가 말하는 것보다 더 가증스러운 것입니다. **XXX** 하지만 저는 이 점은 제쳐 두고, 다음을 묻고 있습니다. 즉, 만일 그것들이 해결될 수 없고, 그것들이 참인지 거짓인지를 당신들이 답할 수 있도록 하는 어떤 판단기준도 발견되지 않는다면, '명제는 참이거나 거짓이다'라는 저 정의는 어디에 있습니까? 어떤 것들이 전제되었을 때, 그것들로부터 어떤 것들은 귀결되고, 이것들과 모순되는 종류의 어떤 것들은 승인되어서는 안 된다고 저는 결론을 냅니다. **96** 그렇다면 당신은 다음의 논변이 어떻게 추론된다고 판단합니까?

"만일 당신이 지금 낮이라고 말하고, 당신이 참을 말한다면, 낮이다. 그런데 당신은 지금 낮이라고 말하고, 당신은 참을 말한다. 따라서 낮이다."

당신들은 이 종류의 논변을 확실히 승인하고 이것이 매우 타당하게 추론되었다고 말합니다. 그러므로 당신들의 원칙에서 첫 번째 추론 형식으로 이것을 전해 줍니다. 따라서 같은 형식으로 추론된 것은 무엇이든 당신들이 승인하거나, 아니면 당신들의 기술은 아무 기술도 아닙니다. 그렇다면 다음의 추론을 승인할 것인지를 보십시오.

"만일 당신이 자신은 거짓말한다고 말하고, 당신이 참을 말한다면, 당신은 거짓말한다. 그런데 당신이 자신은 거짓말한다고 말하고, 당신이 참을 말한다. 따라서 당신은 거짓말한다."

당신이 앞의 것을 승인했는데, 어찌 같은 종류인 이것을 승인하지 않을 수 있습니까? 이것들은 크뤼십포스가 제기했지만 그 자신조차 풀지 못했습니다. 그가 다음의 논변으로 무엇을 할 수 있겠습니까?

"만일 낮이라면, 낮이다. 그런데 낮이다. 따라서 낮이다."

그는 이를 용인할 것입니다. 왜냐하면 조건명제의 논리 자체가, 당신이 전건을 인정했을 때, 후건을 인정하도록 강요하기 때문입니다. 그러면 다음의 것이 이것과 무엇이 다릅니까?

"만일 당신이 거짓말한다면, 당신은 거짓말할 것이다. 그런데 당신은 거짓말한다. 따라서 당신은 거짓말한다."

당신은 이것을 승인할 수도 없고 거부할 수도 없다고 주장합니다. 그렇다면 왜 차라리 앞선 논변에 대해서는 그렇게 주장하지 않았습니까? 만일 기술, 근거, 방법, 그리고 마지막으로 추론의 힘이 유효하다면, 그것은 양쪽에 동일합니다.

97 하지만 가장 극단적인 것은 그들이 이 해결 불가능한 명제들을 예외로 삼기를 요구한다는 점입니다. 저는 그들이 다른 호민관에게 항소해야 한다고 생각합니다. 그들은 저 항소권을 저에게서 얻어낼 수는 없을 것이기 때문입니다.[222] 실로 그들은 변증술 전체를 멸시하고 비웃는 에피쿠로스가 "헤르마르코스는 내일 살아 있거나 살아 있지 않을 것이다"라는 명제를 참이라고 인정하게끔 하지 못했던 반면, 변증가들은 "P이거나 P가 아니다"처럼 선언으로 결합된 모든 명제는 참일 뿐만 아니라 심지어 필연적이라고 언명했으므로, (그들이 둔하다고 여기는 그가

얼마나 주도면밀한지 보십시오. "내가 두 선언지 중 한편이 필연적이라고 인정한다면, '헤르마르코스는 내일 살아 있다'나 '헤르마코스는 내일 살아 있지 않다'가 필연적일 것이지만, 자연에는 그 종류의 필연성은 결코 있지 않으니까"라고 그는 말합니다.)[223] 변증가들, 즉 안티오코스와 스토아주의자들이 그와 싸우게 하십시오. 에피쿠로스가 변증술 전체를 뒤엎으니까요. 왜냐하면 만일 모순된 것들로 구성된 선언명제가(그런데 한편은 긍정되고 다른 편은 부정되는 경우, 저는 그것들을 모순된 것들이라 말합니다), 만일 그러한 선언명제가 거짓일 수 있다면, 어떤 선언명제도 참이지 않기 때문입니다.

98 그런데 스토아주의자들은 자신들의 학설을 따르고 있는 저와 무슨 소송을 벌이고 있습니까? 이런 상황이 발생했을 때, 카르네아데스는 다음과 같이 놀려먹곤 했습니다. "만일 내가 옳게 논변했으면, 나는 그것을 고수한다. 만일 잘못 논변했으면, 디오게네스는 1므나를 돌려주어야 한다."[224] 왜냐하면 카르네아데스는 저 스토아주의자에게서 변증술을 배웠고, 1므나가 변증가들의 수업료였기 때문입니다. 따라서 저는 안티오코스에게서 배웠던 방법들을 따르지만, 또한 동일한 명제를 반복해서 결합한 모든 조건명제는 참이라고 저는 배웠기 때문에, '만일 낮이면, 낮이다'가 참이라고 판단하면서도 '당신이 거짓말한다면, 당신은 거짓말한다'가 같은 식의 조건문이라고 판단하지

않는 일이 어찌 가능한지 알지 못합니다. 그러므로 저는 전자와 동시에 후자도 참이라고 판단하거나, 전자가 참이 아니면 후자도 참이 아니라고 판단할 것입니다.

XXXI 하지만 우리가 저 모든 가시 돋힌 논변들과 뒤틀린 논변들을 떠나 우리가 누구인지 보여주기 위해 이제 카르네아데스의 가르침 전체를 설명하면, 안티오코스의 저 체계 일반은 붕괴할 것입니다.[225] 그렇지만 제가 무언가 날조했다고 의심받지 않도록 말할 것입니다. 저는 클레이토마코스를 인용할 것인데, 그는 노년에 이르기까지 카르네아데스와 함께 했고, 카르타고인이 그렇하듯 명민한 사람이며, 매우 성실하고 주도면밀했습니다. 그는 동의 중지에 관한 네 권의 책을 남겼지만, 제가 지금 말할 것들은 첫 번째 권에서 인용되었습니다.[226] **99** 카르네아데스는 인상의 두 부류가 있다고 여깁니다. 하나의 부류에는 파악될 수 있는 인상과 파악될 수 없는 인상의 분할이 있고, 다른 부류에는 승인할 만한 인상과 그렇지 않은 인상의 분할이 있습니다. 그러므로 감각과 명백함에 대한 논박은 첫 번째 구분과 관련되어야 하며, 두 번째 구분에 대해서 아무것도 말할 필요가 없습니다. 이 때문에 카르네아데스는 파악에 이르는 어떤 인상도 없지만, 승인에 이르는 인상들은 많다고 여깁니다. 사실 승인할 만한 인상이 전혀 없다면, 그것은 자연에 반대될 것입니다. 모든 삶의 전복이라는, 루쿨루스여, 당신이 언급한 바가 귀결되니 말입니다. 따라서 많은 인상들이 감각에 의해서도 승인되어야 합니다. 그 인상들 중 어떤 것도 그것과 전혀 다르지 않은 거짓 인상이 있을 법한 그런 인상이라는 것만을 명심한다면 말입니다. 따라서 외양에서 승인할 만한 어떤 인상이 생기고, 그것의 승인에 반하는 어떤 것도 드러나지 않는다면, 현자는 그것을 이용할 것이고, 이처럼 모든 삶의 방식이 조종될 것입니다.[227] 사실 당신들이 현자라고 소개하는 사람도 승인할 만한 많은 것, 즉 파악되지도 지각되지도 동의되지도 않지만 참과 유사한 것을 따릅니다. 그것을 승인하지 않으면, 삶 전체가 붕괴될 것이니 말입니다. **100** 배에 오르고 있는 현자가 자신이 계획대로 항해하리라는 것을 정신으로 파악하고 지각했겠습니까? 어찌 그럴 수 있겠습니까? 그러나 이제 그가 30스타디움[228] 떨어진 푸테올리를 향해 잘 만들어진 배와 훌륭한 조타수와 더불어 바다가 잔잔할 때 여기에서 떠나면, 자신이 저기에 무사히 당도하리라는 것은 승인할 만하다고 여길 것입니다. 그러므로 행하고 행하지 않을 계획을 이런 식의 인상들에 따라서 세울 것이며, 또한 '눈(雪)이 희다'는 것을 아낙사고라스보다 순순히 승인할 것입니다. 아낙사고라스는 눈이 희다는 것을 부인했을 뿐만 아니라, 그 응결체의 기원인 물이 검다고 알았기 때문에 눈이 희게 보인다는 것마저 부인했습니다.[229] **101** 그리고 무엇이 현자에게 닥쳐오든지 그 인상이 승인할 만하면서 어떤 것에도 방해받지 않으면 그는 움직일 것입니다. 그는 바위로 조각되거나 나무로 깎아 만들어진 것이 아니라 몸과 영혼을 갖고 있으며, 정신에서 자극받고 감각에서 자극받기 때문입니다. 그에게는 많은 것이 참되게 보이지만, 파악하기 위한 특징적이고 고유한 징표를 갖지 않을 것입니다. 현자는 동의하지는 않는데, 참된 인상과 똑같은 어떤 거짓 인상이 나타날 수 있기 때문입니다. 우리는 감각에 대해서 스토아주의자들과 다르게 주장하지도 않습니다. 그들은 많은 것들이 거짓이고 감각을 통해 보이는 것과 많이 다르다고 주장합니다. **XXXII** 하지만 단 하나의 거짓 인상이라도 감각을 통해 보인다면, 감각에 의해서는 어떤 것도 파악될 수 없다고 주장할 사람이 마침 여기 있습니다. 그러므로 우리가 침묵하더라도 에피쿠로스의 주장 하나와 당신의 주장 하나에 근거하면 지각과 파악이 제거됩니다. 에피쿠로스의 어떤 주장입니까? "만일 어떤 거짓된 감각 인상이 있다면, 어떤 것도 파악될 수 없다."[230] 당신들의 주장은 무엇입니까? "거짓된 감각 인상들이 있다." 무엇이 귀결됩니까? 제가 침묵하더라도, 논변이 스스로 말합니다. "어떤 것도 파악될 수 없다." 당신의 현자는 말합니다. "나는 에피쿠로스에 승복하지 않는다." 그러면 당신과 완전히 반대되는 저 사람과 다투십시오. 어떤 거짓된 것이 감각에 있다는 점에서 당신에게 분명히 동의하는 저와 다투지 말고.

102 그럼에도 불구하고 제가 좀 전에 했던 말을 매우 잘 알고 있는 안티오코스가 유독 저런 말을 한다는 것만큼 놀라운 일은 없을 것으로 보입니다. 어떤 것도 파악될 수 없다는 우리의 주장을 누구나 재량껏 비난해도 좋지만, 분명 이 비난은 약화됩니다. 우리는 승인할 만한 것이 있다고 말하기 때문입니다. 당신들에게는 이것으로 충분치 않다고 보입니다. 충분치 않다고 합시다.[231] 분명 우리는 당신이 특히나 추궁한 것들에서 벗어나야 합니다. "그렇다면 당신은 어떤 것도 분별하지 않고, 어떤 것도 듣지 않고, 어떤 것도 당신에게는 명백하지 않다." 방금 전에 저는 클레이토마코스의 증언에 근거해서 카르네아데스가 이 점에 대해 어떤 식으로 말했는지 설명했습니다. 시인 가이우스 루킬리우스에게 헌정된 책에서 클레이토마코스가 이것을 어떤 식으로 말하는지 들어보십시오.(그는 마니우스 마닐리우스와 공동으로 집정관을 지낸 루키우스 켄소리누스에게 동일한 주제들에 관한 책을 헌정했던 적이 있습니다.)[232] 그는 대략 이런 말로 저술했는데(우리가 논의하는 사안들의 첫 번째 규정 혹은 학설이 저 책에 담겨 있기 때문에 저는 그것들을 잘 압니다) 다음과 같이 쓰여 있습니다. **103** 그래서 "어떤 것들은 승인할 만한 것으로 보이고 어떤 것들은 그렇지 않다. 아카데미아 학파는 사물의 상이함들이 있다고 주장한다. 하지만 이것이 어떤 것들은 파악될 수 있고 어떤 것들은 파악될 수 없다고 주장할 충분한 이유는 아니다.

많은 거짓된 것들이 승인할 만하지만, 거짓된 것은 파악되고 인식될 수 없기 때문이다." 따라서 클레이토마코스가 말하길, "아카데미아가 감각을 강탈한다고 주장하는 자들은 크게 잘못하고 있다. 아카데미아는 어떤 색깔, 어떤 냄새, 혹은 어떤 소리도 있지 않다고 주장하는 것이 아니라, 다른 어디에도 절대 있지 않은 참되고 확실한 것의 고유한 징표가 그것들에 내재하지 않는다고 논하는 것이다."[233] **104** 이 점을 밝히고 나서, 클레이토마코스는 다음과 같은 점을 덧붙입니다. "'현자는 동의를 중지한다'는 이중적인 의미를 갖는데, 하나는 이 말이 '현자가 어떤 것에도 결코 동의하지 않는다'로 이해되는 경우이고, 다른 하나는 그가 무언가를 인정하거나 거부하기 위한 답변을 중지해서, 그것을 부인하지도 긍정하지도 않는 경우이다. 사정이 그러하므로, 현자는 전자처럼 결코 동의하지 않거나, 후자처럼 승인할 만한 것을 따르면서 이것을 만나기만 하면 '예'라고 답변하고 그것을 만나지 못하면 '아니오'라고 대답할 것이다.[234] 모든 것에 대해서 동의를 삼가는 자라도 자극을 받고 무언가를 행하므로, 우리에게 행위를 유발하는 인상들은 남아 있고, 또한 우리가 질문을 받으면 동의하지 않으면서 인상을 따르는 한에서 긍정과 부정 어느 쪽으로든 할 수 있는 답변들도 남아 있다. 하지만 그런 식의 인상들 모두가 아니라, 어떤 것에 의해서도 방해받지 않는 인상들만 승인된다."

105 우리가 이 주장들을 당신들에게 승인받지 않으면, 분명 이것들은 거짓에 불과할 수 있습니다. 하지만 이 주장들이 분명 반감을 살 만한 것은 아닙니다. 왜냐하면 우리는 빛을 빼앗는 것이 아니라, 당신들이 지각되고 파악된다고 말하는 것을 (단지 승인할 만한 것이기만 하면) 우리는 그렇게 보인다고 말하기 때문입니다. **XXXIII** 승인할 만한 인상이 그렇게 도입되고 확정되었으며, 그것이 매이지 않고 풀려나서 자유롭고 어떤 것에도 방해받지 않게 되었으므로, 루쿨루스여, 당신은 당신의 저 명백함의 수호자가 무력하게 된 것을 분명히 봅니다. 내가 말하고 있는 현자는 당신의 현자와 같은 눈으로 하늘과 땅과 바다를 볼 것이고, 각각의 감각에 귀속되는 나머지 대상들도 같은 감각으로 파악할 것입니다. 지금 서풍이 일어날 때 자줏빛으로 보이는 저 바다는 우리의 현자에게도 동일하게 보일 것이지만, 그는 이 인상에 동의하지 않을 것입니다. 그것은 우리에게 방금 전 푸른 빛으로 보였고 아침에는 회색빛으로 보였기 때문이며, 또한 지금 태양에 비쳐서 새하얗고 반짝이는 부분이 그것 옆에 이어진 부분과 달라서, 당신이 이 일이 생긴 이유를 제시할 수 있더라도, 눈에 보인 것이 참이라는 점을 변호하지는 못할 것이기 때문입니다.[235]

106 "만일 우리들이 어떤 것도 파악하지 않는다면, 기억은 어디에서 오는가?" 당신은 이렇게 물었습니다. 어떻습니까? 파

악된 인상이 아니라면 우리가 어떤 인상도 기억할 수 없다는 겁니까? 어떻습니까? 위대한 수학자였다고 전하는 폴뤼아이노스가 에피쿠로스에게 동의해서 기하학 전체가 거짓이라고 믿은 후에 그가 알고 있던 것들을 망각했다는 것입니까?[236] 하지만 당신들이 주장하듯, 거짓인 것은 파악될 수 없습니다. 따라서 만일 기억이 지각되고 파악된 것들에 관한 것이라면, 누군가가 기억한 모든 것들은 파악되고 지각된 것입니다. 그런데 어떤 거짓된 것도 파악될 수 없습니다. 또한 시론은 에피쿠로스의 모든 교설들을 기억했습니다. 따라서 이제 저 모든 것들은 참입니다.[237] 이는 제 입장에서는 상관없지만 당신은 당신이 가장 원치 않는 것에 동의해야 하거나, 저에게 기억을 되돌려 주고 파악과 지각이 없더라도 기억의 여지가 있다고 인정해야 합니다.[238]

107 "기술들에는 어떤 일이 벌어질 것인가?" 어떤 기술들을 말하십니까? 앎보다는 경험적 추론을 이용한다고 인정하는 기술들입니까? 아니면 단지 인상만을 따르고, 참과 거짓을 분별하는 당신들의 저 기술을 지니지 않은 기술들입니까?[239]

하지만 당신의 입장을 가장 잘 유지시키는 두 개의 핵심 사항이 있습니다. 첫째로, 누군가가 어떤 것에도 동의하지 않는 일은 불가능하다고 당신은 말합니다. 하지만 이런 일은 명백히 일어날 수 있습니다. 내 생각에 스토아주의자들 중에서 일인자와 다름없는 파나이티오스가 자신을 제외한 모든 스토아주의자들이 가장 확실하다고 여겼던 장복점, 조점, 신탁, 예지몽, 예언들이 참이라는 것에 대해 의심한다고 말하고, 동의를 중지하기 때문입니다.[240] 그가 자신을 가르쳤던 이들이 분명하다고 여긴 것들에 대해서 동의를 중지할 수 있다면, 현자가 여타의 것들에 대해서 왜 동의를 중지할 수 없겠습니까? 혹은 현자가 주장된 것을 거부하거나 승인할 수 있지만 의심은 불가능한 어떤 것이 있습니까? 혹은 당신은 더미 논변에서 원하는 한 동의를 중지할 수 있겠지만, 현자는 여타의 것들에서 같은 식으로 멈출 수 없습니까? 특히 참과 유사한 것이 방해받지 않는 한 동의하지 않고도 따를 수 있는데도 말입니다.[241] **108** 둘째로, 어떤 것에도 자발적 동의를 통해 승인하지 않는 사람에게 어떤 행위가 가능하다는 점을 당신은 부인합니다. 왜냐하면 우선 인상이 생겨나야 하는데, 거기에는 동의도 내재하기 때문입니다. (스토아주의자들은 감각 자체가 동의이며, 충동이 동의를 뒤따르므로 행위가 따라온다고 주장합니다.) 인상들이 제거된다면, 모든 것이 제거된다는 것입니다.[242] **XXXIV** 이 점에 관해서는 찬반 양론으로 많은 것들이 주장되고 기록되었지만(위를 보십시오!), 사안 전체를 짧게 정리할 수 있습니다. 저는 인상들에 대항함, 의견들에 저항함, 미끄러지기 쉬운 동의를 중지함이 대단한 행위라고 여깁니다. 그리고 카르네아데스가 일종의 헤라클레스적인 과업을 감내해 냈다고, 즉 길들여지지 않은 무시무시한 야수를 몰아내듯 우리의 정신으로부터 동의(즉 의견과 경솔함)를 몰아냈다고 기록한 클레이토마코스를 저는 신뢰합니다. 하지만 변론의 이 부분을 놔두더라도, 아무것도 막지 않으면 승인될 만한 것들을 따르는 자의 행위를 막을 것이 무엇이겠습니까? **109** 당신이 말하길, "바로 이것이 막을 것이다. 즉, 그가 승인하는 바로 그것이 결코 파악될 수 없다고 단정한다는 사실이." 그러면 이제 이 사실은 또한 당신이 항해할 때, 씨 뿌릴 때, 아내를 맞이할 때, 자식들을 낳을 때, 그리고 오직 승인할 만한 인상만을 따를 대부분의 경우에서도 방해할 것입니다.[243]

그럼에도 불구하고 당신은 늘상하던 자주 논박된 저 주장을 재개합니다. 안티파트로스의 방식이 아니라, 당신이 말하듯 '더 치밀하게' 말입니다. 안티파트로스가 비난받았던 이유는, 어떤 것도 파악될 수 없다고 단언하면서 최소한 이 명제 자체는 파악될 수 있다고 말하는 것이 모순적이지 않다고 주장했기 때문입니다. 안티오코스에게는 이것이 우둔하고 자기모순적인 것으로 보였습니다. 〈만일 무언가가 파악될 수 있다고〉 주장한다면, 어떤 것도 파악될 수 없다는 것을 일관되게 주장할 수는 없기 때문입니다. 안티오코스는 차라리 이런 식으로 카르네아데스를 몰아붙였어야 했다고 여겼습니다. 즉, "현자의 교설은 파악되고 지각되고 인식된 것이어야 하므로, '어떤 것도 파악될 수 없다'는 이 교설이 현자에게 속한다고 말하는 사람이 있다면, 이 교설을 파악된 것으로 인정하는 셈이다"라고 말입니다. 마치 현자가 다른 어떤 교설도 갖지 않고, 교설들 없이도 삶을 살아갈 수 있는 양 말입니다. **110** 하지만 현자는 교설들을 파악된 것이 아니라 승인할 만한 것으로 여기듯, '어떤 것도 파악될 수 없다'는 교설도 마찬가지로 여깁니다. 만약 그가 이 교설에서 인식의 징표를 갖고 있다면, 나머지 교설들에서도 인식의 징표를 이용할 것입니다. 하지만 인식의 징표를 갖고 있지 않으므로, 그는 승인할 만한 것들을 이용합니다. 따라서 그는 자신이 모든 것을 뒤섞고 불확실하게 만드는 것으로 보일까 봐 두려워하지 않습니다. 왜냐하면 별들의 개수가 짝수인지 홀수인지를 질문받은 경우와는 달리, 의무에 관해서나 그가 숙달되고 훈련된 다른 많은 일들에 관해서 질문받을 때, 그는 모른다고 답하지 않을 것이기 때문입니다. 불확실한 사안에는 어떤 승인할 만한 것도 없지만, 무엇을 행하고 무엇을 대답할지를 현자가 모르지 않는 사안에서는 승인할 만한 것이 있기 때문입니다.[244]

111 루쿨루스여, 당신은 안티오코스의 저 유명한 반박도 빠뜨리지 않았습니다. (그 반박이 유독 탁월하기에 놀라운 일은 아닙니다.) 그것으로 인해 필론이 무척 당황했었다고 안티오코스는 말하곤 했습니다. 왜냐하면 '거짓 인상이 있다'와 '거짓 인상이 참된 인상과 전혀 차이가 없다'가 전제되었을 때, 전자는 인상들에 어떤 차이가 있기 때문에 승인되었지만, 그 차이는 참

된 인상들이 거짓 인상들과 다르지 않다는 후자의 주장에 의해서 제거된다는 점을 필론은 주의하지 않았기 때문입니다. 만일 우리가 참된 인상을 완전히 제거한다면, 이보다 모순된 것은 없을 것입니다. 그런데 우리는 제거하지 않습니다. 왜냐하면 거짓된 것들만큼 참된 것들을 알아보기 때문입니다. 하지만 이는 일종의 승인이고, 우리는 파악의 어떤 표지도 갖고 있지 않습니다.[245]

XXXV 112 게다가 심지어 지금도 제가 너무 좁게 논의하는 것 같습니다.[246] 제 연설이 뛰어오를 수 있는 광장이 있음에도 불구하고 왜 그렇게 좁다란 골목과 스토아주의자들의 가시덤불로 몰아가겠습니까? 만일 '거짓으로부터 찍힐 수 없는 식으로'라는 대단한 단서를 덧붙이지 않고도 참으로부터 각인된 것이 파악될 수 있다고 말하는 소요 학파 사람과 제가 사안을 다투고 있다면, 저는 그 단순한 사람과 단순하게 사안을 다툴 것이며 큰 수고를 들이지 않을 것입니다. 게다가 만일, 어떤 것도 파악될 수 없다고 제가 말함에도 불구하고, 그가 현자는 이따금씩 의견을 갖는다고 말한다면, 카르네아데스도 이 지점에서 강하게 반박하지 않았으므로 저도 반박하지 않을 것입니다.[247] 하지만 지금 상황에서 제가 할 수 있는 일이 무엇일까요? **113** 저는 파악될 수 있는 것이 무엇인지를 묻고 있으니 말입니다. 아리스토텔레스나 테오프라스토스는 저에게 '거짓일 수 없는 종류의 참된 인상'이라고 답하지 않으며, 크세노크라테스나 폴레몬조차 그러지 않습니다. 그런 답변은 보다 시시한 자[248]들로부터 나옵니다. 이런 류의 어떤 것도 저는 발견하지 못하고 있으므로, 당연히 저는 인식되지 않은 것에 동의하는 셈이 될 것이며, 다시 말해 의견을 갖게 될 것입니다. 소요 학파도 구아카데미아도 저에게 이 점을 허용하는데, 당신들은, 특히 안티오코스는 거부합니다. 그 때문에 저는 무척이나 흔들립니다. 왜냐하면 그가 저를 사랑하듯 저도 그를 사랑하기 때문이거나, 혹은 우리 시대의 모든 철학자들 중에서 그가 가장 세련되고 명민하다고 저는 판단하고 있기 때문입니다. 일단 저는 그에게 문제를 제기합니다. 당신이 어떻게 자신이 속한다고 공언하는 아카데미아의 일원입니까? 다른 것은 논외로 해도, 논의되고 있는 이 두 가지 것들, 즉 거짓일 수 없는 그런 종류의 참된 인상만이 파악될 수 있다거나, 현자는 어떤 의견도 갖지 않는다는 것을 구아카데미아나 소요 학파 사람들 중에서 누가 말했습니까? 분명 아무도 말하지 않았습니다. 둘 중 어느 것도 제논 이전에는 애써 변호되지 않았습니다.[249] (그럼에도 불구하고 저는 둘 다가 참이라고 생각하며, 논박 상황에 따라서 주장하는 것이 아니라, 분명 그렇다고 승인합니다.)[250]

XXXVI 114 제가 참을 수 없는 것은 바로 다음 사항입니다. 당신은 제가 인식되지 않은 것에 동의하는 것을 금하고, 이를 가장 추하고 경솔함이 가득 찬 행위라고 주장하지만, 당신은 철학 체계를 설명하고, 만물의 본성을 해명하고, 성품을 도야하고, 최고선악을 확립하고, 의무들을 서술하고, 어떤 삶을 살아야 할지를 규정하는 동시에 논의와 인식의 기준과 기술까지도 전해줄 권리를 요구합니다. 당신은 제가 저 무수한 것들을 껴안고서도 결코 미끄러지지 않고 어떤 의견도 갖지 않도록 만들 겁니까? 당신이 저를 제 학설로부터 끌어낸다면, 당신이 저를 이끌어 가고자 하는 그 학설은 도대체 무엇입니까? 당신의 학설이라고 말한다면, 저는 당신이 오만하게 구는 것이 아닐까 염려스럽습니다. 그래도 물론 당신은 그렇게 말할 수밖에 없습니다. **115** 하지만 당신만이 아니라 모든 사람이 각자의 학설로 저를 끌고 갈 것입니다. 자, 제가 소요 학파 사람에게 저항한다고 합시다. 그들은 자신들이 연설가들과 친연성이 있다고 주장하며, 자신들에게 배운 유명한 사람들이 자주 나랏일을 이끌었다고 말합니다. 제가 에피쿠로스주의자들에게 반대한다고 합시다. 저에게는 에피쿠로스주의자인 많은 친구들이 있고, 그들은 무척 좋은 사람들이자 서로 많이 사랑하는 사람들입니다. 스토아주의자인 디오도토스[251]에게는 제가 어떻게 해야 하겠습니까? 저는 어려서부터 그에게 배웠고, 그는 우리 집에 기거하면서 수년을 저와 함께 살았고, 제가 경탄하며 존경하기도 하지만, 안티오코스의 견해들은 경시합니다. 당신은 "우리의 견해만이 참이다"라고 말할 것입니다. 만일 참이라면, 물론 그것만이 참입니다. 왜냐하면 상충하는 다수의 참된 견해들이 있을 수는 없으니 말입니다. 그러면 실수하지 않기를 바라는 우리들이 뻔뻔한가요? 아니면 자신들만이 모든 것을 안다고 확신하는 저들이 거만한가요? 당신은 말합니다. "내가 아니라 현자가 안다고 주장하는 것이다." 훌륭합니다. 물론 그가 아는 것은 당신 학파의 것들이겠지요. 일단, 현자가 아닌 사람에 의해 지혜가 설명된다는 것이 말이 됩니까?[252] 하지만 우리 자신에 대한 이야기에서 물러나서, 제가 이제껏 자주 말했듯이, 이 모든 탐구의 주제인 현자에 대해 논의해 봅시다.

116 대다수의 철학자들처럼 당신들도 지혜를 세 부분으로 나눕니다. 그러므로 괜찮다면 우선 자연에 관해서 어떤 탐구들이 있었는지 봅시다. 하지만 그 전에 살펴볼 것이 있습니다. 자연학 이론들을 안다고 확신할 정도로 크게 착각해 기고만장한 자가 있습니까? 제가 묻는 것은, 경험적 추론에 의존하고 이리저리 논박에 휘둘리며 설득의 필연성이라곤 전혀 활용하지 않는 그런 논변이 아닙니다. 대신 기하학자들더러 논변을 제시하라고 합시다. 그들은 설득이 아니라 강제한다고 공언하고, 자신들이 기술한 모든 것을 당신들에게 입증하니 말입니다. 저는 그들에게 수학적 원리를 묻지는 않습니다. 즉, '점은 어떤 크기도 갖지 않는다', '평면은 어떤 두께도 없는 표면 같은 것이

다', '선은 어떤 너비도 없는 〈길이〉다'와 같이 그것을 받아들이지 않으면 한 치도 나아갈 수 없는 그러한 원리들을 묻는 것은 아닙니다.[253] 저는 이 원리들이 참이라고 받아들였으므로, 만일 아르키메데스[254]가 현자의 참관하에 '태양이 지구보다 몇 배는 크다'를 도출하는 모든 논증들을 기술한 후에 제가 현자에게 이것이 참이라는 것을 맹세하라고 요구한다면, 당신은 현자가 맹세하리라 생각합니까? 현자가 맹세한다면, 그가 신이라 여기는 바로 그 태양을 멸시한 셈입니다.[255] **117** 반면 현자가, 당신들도 말하듯, 증명의 힘을 지니는 기하학자의 논변을 신뢰하지 않으려 한다면, 정말 그는 철학자의 논거를 신뢰하는 것과도 거리가 멀 것입니다. 혹, 현자가 철학자의 논거를 신뢰하려 한다면, 누구의 것을 특히 신뢰하려 할까요? 자연학자들의 모든 주장들을 늘어놓을 수는 있지만, 이는 장황한 일입니다. 그럼에도 저는 그가 누구를 추종할지 묻고 있습니다. 아직은 현자가 아니지만 지금 현자가 되고 있는 누군가를 상상해 보십시오. 그가 특히 어떠한 견해나 학설을 택할 수 있겠습니까? 그가 뭔가를 택한다 하더라도 그는 무지한 채로 택할 것입니다. 하지만 그가 신적인 재능을 지녔다고 합시다. 그가 자연학자들 중에서 어떤 한 명을 특정해 승인하겠습니까? 한 명 이상을 승인할 수 없을 것입니다. 제가 무수한 문제들을 탐문하고 있는 것은 아니므로, 그가 누구를 승인할지를 만물이 성립하는 원리들에 한정해

서 살펴봅시다. 왜냐하면 이 문제에 대해서는 위대한 인물들 간에 엄청난 불일치가 있기 때문입니다.[256]

XXXVII 118 최초의 인물은 7현인들 중 하나인 탈레스[257]이고, 나머지 여섯 현인들이 그에게 첫째 자리를 양보했다고 전해집니다. 그는 만물이 물로부터 이루어진다고 말했습니다. 하지만 그는 이것을 동향인이자 동료인 아낙시만드로스[258]에게 설득하지 못했습니다. 왜냐하면 아낙시만드로스는 자연에 무한정한 것이 있고, 이것으로부터 만물이 생겨난다고 말했기 때문입니다. 이후에 그의 제자인 아낙시메네스[259]에 따르면, 무한정한 것이 공기이지만, 그것에서 발생하는 것들은 한정된 것입니다. 그런데 흙과 물과 불이 생겨나고, 그러고 나서 이것들로부터 만물이 생겨납니다. 아낙사고라스[260]에 따르면, 질료가 무한하지만, 그것으로부터 서로 비슷한 미세입자들이 생기는데, 그것들이 처음에는 뒤섞여 있었지만 나중에 신적인 지성에 의해 질서잡힙니다. 그보다 조금 이전 사람인 크세노파네스[261]는 만물이 하나이고, 하나인 만물은 결코 변하지도 않으며, 태어난 적도 없는 영원한 신이고, 공 모양을 지녔다고 말했습니다. 파르메니데스[262]는 운동인인 불과 그것에 의해 형성된 흙을 말했습니다. 레우킵포스[263]는 꽉 찬 것과 허공을 말했습니다. 데모크리토스[264]는 이 점에서는 레우킵포스와 비슷하지만, 여타의 것에서는 그보다 박학다식했습니다. 엠페도클레스[265]는 대중적으로 잘 알려진 네 가지 원소들을 말했습니다. 헤라클레이토스[266]는 불이라 말했습니다. 멜리소스[267]는 무한하고 변하지 않는 것이라 말했는데, 그것은 영원히 있기도 했고 있을 것이기도 하다고 말했습니다. 플라톤은 모든 것을 자신 안에 수용하는 것인 질료로부터 우주가 신에 의해 영원한 것으로 만들어졌다고 생각합니다.[268] 퓌타고라스주의자들은 수(數)와 수학자들의 원리들로부터 만물이 시작되길 원합니다.[269]

아마도 당신들의 현자는 이들 중에서 따를 만한 한 명을 선택하겠지만, 그처럼 많고 그만큼 평판이 있는 여타의 인물들은 거부되고 비난받으면서 물러갈 것입니다. **119** 하지만 현자가 어떤 견해를 승인하든, 그것이 마치 감각으로 파악된 것처럼 명확히 정신으로 파악되었다고 여길 것입니다. 또한 그는 스토아주의자이므로, '지금 낮이다'라는 것 못지않게 '이 우주는 지혜롭다'와 '이 우주는 자신과 우주를 제작한, 그리고 만물을 조종하고 움직이고 지배하는 지성을 지니고 있다'는 것을 승인할 것입니다.[270] 살아 있는 어떤 지성이 만물에 속속들이 스며들어 퍼져 있다는 이유로 그는 해와 달과 모든 별들과 대지와 바다도 신들이라 확신하지만, 언젠가는 이 우주 전체가 화염에 불타 버릴 것이라고 확신할 것입니다.[271]

XXXVIII 제가 참된 무언가가 있음을 인정한다는 것을 당신이 알고 있으므로, 그런 견해들이 참이라고 합시다. 그럼에도 불구하고 저는 그것들이 파악되고 지각된다는 점은 부인합니다. 왜냐하면 당신의 저 스토아 현자가 당신에게 그것들을 또박또박 말할 때, 아리스토텔레스가 황금 물결의 연설을 퍼부으며 다가와서 그에게 바보스럽다고 말할 것이기 때문입니다. 아리스토텔레스가 말하길, 그처럼 빛나는 작품은 새로운 계획이 떠올라 착수된 것이 아닐 것이기에 우주는 결코 태어나지도 않았고, 세계는 모든 면에서 꽉 짜여 있어서 어떠한 힘도 그처럼 대단한 움직임과 변화를 야기할 수 없으며, 장구한 세월로 인한 노쇠도 없으므로 이 질서가 언젠가 부서져 무너질 일도 없다고 했습니다.[272] 이 주장을 거부하는 당신은 저 앞선 주장을 당신의 목숨과 명예인 양 변호할 필요가 있을 테지만, 저에게는 의심조차 허락되지 않는다는 말입니까? **120** 경솔히 동의하는 자들의 경박함은 논외로 하더라도, 당신이 해야 할 것을 할 필요가 없는 저의 자유가 얼마나 값어치 있습니까?

묻거니와 신이 (당신들이 원하는 대로) 우리를 위해서 만물을 만들었음에도, 왜 그처럼 많은 바다뱀들과 독사들을 만들었고, 그처럼 많은 치명적이고 해로운 것들을 대지와 바다에 흩어놓았을까요? 당신들은 어떤 신적인 솜씨가 아니라면 이것들이 그처럼 세련되고 섬세하게 만들어질 수 없었다고 주장합니다.[273] 당신들은 그 신적인 솜씨의 위대함을 벌들이나 개미들의 완벽함에까지 끌고 내려가서, 심지어 신들 중에는 미세한 작품들의 제작자인 뮈르메키데스[274] 같은 신도 있었던 것으로 보일 정도입니다. **121** 당신은 신이 없다면 그 무엇도 있을 수 없다고 주장합니다. 자, 당신의 반대편에는 저 신에게 면제를, 진정 막대한 공무로부터의 면제를 부여하는 람프사코스의 스트라톤이 있습니다.(신들의 사제들이 공무에서 면제되므로, 신들도 공무에서 면제되는 것이 훨씬 더 공정하지 않겠습니까!) 그는 우주의 제작을 위해 신들의 노역은 필요없다고 주장하고, 무엇이든지 자연에 의해서 만들어졌다고 가르칩니다. 그렇다고 그가 만물이 거친 원자, 매끈한 원자, 고리와 걸쇄로 된 원자로 구성되었고 그 사이에 허공이 있다고 주장하는 저 데모크리토스 같다는 것은 아닙니다. 이는 데모크리토스의 몽상, 즉 데모크리토스가 입증한 것이 아니라 희망한 몽상이라고 스트라톤은 평가합니다.[275] 하지만 스트라톤 자신은 우주 각각의 부분들을 탐구하면서, 있거나 생겨나는 것은 무엇이든 자연적인 무게와 운동에 의해서 생겨나고 만들어졌다고 가르칩니다.[276] 진정 스트라톤은 신을 큰 노역으로부터 자유롭게 함과 동시에 저를 두려움으로부터 자유롭게 합니다. 그 누가 신이 자신을 돌본다고 생각하면서도 밤낮으로 신의 권능을 두려워하지 않을 수 있으며, 그 누가 역경이 닥쳐왔을 때 (이것은 누구에게나 닥쳐오지 않겠습니까?) 그것이 일어나야 마땅한 것은 아니었는지 두려워하지 않을 수 있겠습니까? 그럼에도 불구하고 저는 스트라톤에게도 동의하지 않고,

그렇다고 당신에게도 동의하지 않습니다. 지금 막 이것이, 곧 바로 또 저것이 더 승인할 만하다고 보일 따름입니다.

XXXIX 122 루쿨루스여, 저 만물은 짙은 어둠에 묻히고 휩싸인 채로 감추어져 있으므로, 하늘을 꿰뚫고 땅을 파고들 수 있을 만큼 인간적 지능은 예리하지 않습니다. 우리는 우리의 몸을 알지 못합니다. 다시 말해, 몸의 장기들이 어디에 위치하는지, 각각의 장기가 어떤 힘을 지니는지에 대해 무지합니다. 따라서 그것들을 아는 것이 중요한 의사들은 그것들을 보기 위해 해부했습니다. (비록 경험주의적 의사들은 해부로 장기들이 더 잘 알려지는 것은 아니라고 주장하지만 말입니다. 그것들을 열어서 확인할 때 변질될 수 있기 때문이라고 합니다.)[277] 하지만 도대체 우리가 이런 식으로 사물들을 자르고 열고 나눌 수 있어서, 땅이 깊숙이 고정되어 말하자면 자신의 뿌리들로 들러붙어 있는지, 아니면 공중에 떠 있는지를 봅니까? **123** 크세노파네스는 사람이 달에 살고, 달은 많은 도시와 산이 있는 땅이라고 말했는데, 이는 굉장한 이야기로 들립니다.[278] 그럼에도 불구하고 그렇게 말했던 그도 그렇다고 맹세할 수 없고, 저도 그렇지 않다고 맹세할 수 없습니다. 심지어 당신들은 지구의 대척점에 우리의 발바닥과 발바닥을 마주해서 우리와 정반대편 지역에 서 있는 사람들이 있다고 주장하며, 그들을 '안티포데스(*antipodes*)'라고 부릅니다.[279] 이 주장을 들으면서 당신들을 제정신이 아니라고 여기는 사람들에게 화내기보다 이 주장을 경멸하지 않는 저에게 당신들이 더 화내는 이유가 무엇입니까? 테오프라스토스에 따르면, 쉬라쿠사이의 히케타스는 하늘, 태양, 달, 별들, 그리고 천상의 모든 것들이 정지해 있고, 우주에서 땅 이외에는 어느 것도 움직이지 않으며, 땅은 축을 중심으로 전속력으로 돌며 회전하고 있으므로, 마치 땅이 정지해 있을 때 하늘이 움직이는 것과 똑같은 결과가 만들어진다고 여깁니다.[280] 게다가 어떤 이들은 플라톤조차『티마이오스』에서 다소 불분명하나마 이를 주장한다고 생각합니다.[281] 에피쿠로스여, 당신은 어떻습니까? 말하십시오. 당신은 태양이 그 정도 크기라고 생각합니까? "저 말입니까? 적어도 저에게는 그 정도입니다!"[282] 당신들은 그에게서 비웃음을 사고, 거꾸로 당신들도 그를 조롱합니다. 그러므로 소크라테스는 그런 비웃음에서 자유롭고, 저런 것들 중 무엇도 알 수 없다고 생각한 키오스의 아리스톤도 자유롭습니다.[283]

124 하지만 마음과 몸에 관한 논의로 되돌아가겠습니다. 도대체 신경과 혈관이라는 것이 무엇인지 우리에게 충분히 알려져 있습니까? 마음이란 무엇이고 어디에 있는지, 나아가 도대체 마음이 있는지 아니면, 디카이아르코스가 생각한 대로, 그런 것은 전혀 없는지를 우리는 이해합니까?[284] 마음이 있다면, 플라톤이 주장하듯, 그것은 이성, 기개, 욕구의 세 부분을 갖습니까, 아니면 단일한 하나입니까?[285] 마음이 단일하다면, 그

것은 불입니까, 숨입니까, 피입니까, 아니면 크세노크라테스가 말하듯, 비물체적 수(數)(이것이 무엇인지 거의 이해 불가능합니다)입니까?[286] 그리고 마음이 무엇이든 간에, 그것은 필멸합니까, 아니면 영원합니까? 실로 찬반양론으로 많은 논박이 있습니다. 당신들의 현자에게는 이것들 중 무언가가 분명하다고 여겨지지만, 우리의 현자에게는 딱히 무엇이 승인할 만한 것인지 떠오르지 않습니다. 그처럼 대부분의 경우에 반대되는 논변들이 동등하게 중요합니다.

XL 125 하지만 당신이 좀더 신중하게 논의한다면, 그리고 당신의 논변에 동의하지 않아서가 아니라 어떤 논변에도 동의하지 않는다고 저를 비난하는 것이라면, 저는 마음을 접고 제가 동의할 사람을 고를 것입니다. 특히 누구를 고를까요? 누구를? 저는 데모크리토스를 고르겠습니다. 당신이 알다시피, 저는 늘 '고귀함'에 열광했으니 말입니다. 이제 저는 당신들 모두의 비난에 시달릴 것입니다. "당신은 허공이라는 것이 있다고 생각하는가? 모든 것이 꽉 차서 빽빽하므로, 움직이게 될 물체가 물러나고, 각각의 것이 물러난 자리를 다른 것이 즉각 채움에도 말이다. 혹, 당신은 원자라는 것이 있다고 생각하는가? 각각의 사물은 그것을 구성하는 원자들과는 전혀 다른데도 말이다. 혹, 일종의 지성이 없이도 무언가 훌륭한 것이 만들어질 수 있다고 생각하는가? 그리고 이처럼 놀라운 질서가 하나의 우주에 있음에도 불구하고, 상하 좌우 전후에 상이한 우주들과 동일한 우주들이 무수히 있다고 생각하는가? 그리고 우리가 지금 바울리에 있으면서 푸테올리를 바라보고 있듯, 상응하는 무수한 장소에서 같은 이름, 같은 관직, 같은 업적, 같은 재능, 같은 외양, 같은 나이를 갖는 사람들이 같은 문제에 대해서 논의하고 있다고 당신은 생각하는가? 그리고 지금이나 혹은 심지어 잠들어 있을 때조차 우리가 무언가를 마음으로 본다고 여겨진다면, 모상(模像)들이 외부에서 몸을 뚫고 우리의 마음으로 들어온다고 당신은 생각하는가? 하지만 당신은 그것들을 채택해서도 안 되고, 그런 공상에 불과한 것들에 동의해서도 안 된다. 그처럼 왜곡된 것들을 생각하느니 아무것도 생각하지 않는 것이 더 낫다."[287] **126** 그러면 쟁점은 제가 무언가를 동의로써 승인하느냐가 아니라, 당신이 승인하는 것을 제가 승인하느냐는 것입니다. 염치없이 요구할 뿐만 아니라 완고하게 요구하지도 않도록 하십시오. 특히 당신의 견해들이 저에게는 전혀 승인할 만한 것으로 보이지 않으니 말입니다. 저는 당신이 승인하는 점술이란 없다고 생각하고, 모든 것을 통제한다고 당신이 주장하는 저 운명도 믿지 않습니다. 저는 이 우주가 신적인 계획에 의해서 세워졌다고 판단하지 않습니다. 실상 그러한지는 잘 모르지만 말입니다.[288]

XLI 하지만 왜 제가 끌려 나와 질시받아야 합니까? 제가 모르는 것을 모르는데 당신들의 허락이 필요합니까? 혹, 스토아주의자들과 논쟁하는 것은 허용되지 않지만, 스토아주의자들끼리 논쟁하는 것은 허용된다는 말입니까? 제논과 그 밖의 스토아주의자들 대부분은 만물을 지배하는 정신을 갖춘 최고의 신을 아이테르로 여깁니다. 최고의 반열에 오른 스토아주의자인 클레안테스는 제논의 제자였음에도 만물의 주인이자 지배자는 태양이라고 생각했습니다.[289] 그렇게 현자들의 의견 대립이 우리가 우리의 주재자를 알지 못하도록 강요하는데, 실상 태양을 섬겨야 하는지 아이테르를 섬겨야 하는지를 알지 못하기 때문입니다. 그런데 이 태양의 크기를, (바로 이 빛나는 태양이 저에게 자신을 자주 언급하라고 촉구하면서 저를 주시하고 있는 것으로 보입니다) 당신들은 마치 자로 측량한 듯 언급합니다.[290] 저는 당신네 서툰 건축가들의 측량을 신뢰하지 않는다고 말합니다. 우리 둘 중 누가, 편히 말하자면, 더 겸손한지 의문의 여지가 있습니까?

127 그럼에도 불구하고 저는 자연학자들의 탐구들을 몰아내야 한다고 생각하지 않습니다. 자연에 대한 고찰과 관조는 정신과 지성을 위해 자연이 부여한 일종의 양식이기 때문입니다. 우리는 북돋워지고, 고양된 듯 여기고, 인간적인 것들을 내려다보고, 위에 있는 천상의 것들을 생각하면서 우리의 것들은 미미하고 사소하다고 경멸합니다. 매우 웅장하고 위대할 뿐만 아니

라 숨겨진 것들을 탐험하는 것 자체가 즐겁습니다. 그런데 우리가 참과 유사하게 보이는 것과 마주친다면, 정신은 극히 인간적인 쾌락으로 충만합니다. **128** 따라서 당신들의 현자도 우리의 현자도 이것들을 탐구할 것입니다. 하지만 당신들의 현자는 동의하고 신뢰하고 확신하기 위해서 탐구하는 반면, 우리의 현자는 경솔히 의견을 갖게 될까 두려워하고, 이런 종류의 주제들에서 참과 유사한 것을 발견했을 때 자신의 일이 탁월히 진행된다고 생각하기 위해 탐구합니다.

이제 좋음과 나쁨의 개념으로 가 봅시다. 하지만 그 전에 몇 마디 해야만 합니다. 자연학 이론을 강하게 주장하면 더 분명하게 보이는 것들의 보증조차 상실한다는 점을, 그들은 고려하지 않는 것으로 여겨집니다.[291] 왜냐하면 그들은 '까마귀 울음은 무언가 명하거나 금한다'를 '지금은 낮이다'에 못지않게 동의하고 승인하며, 또한 '태양이 지구보다 18배 더 크다'는 측량할 수 없는 것을, '저 조각상이 6척(尺)이다'는 측량한 것에 못지않게 확신할 것이기 때문입니다.[292] 이로부터 다음의 논변이 생겨납니다. "태양이 얼마나 큰지 파악될 수 없다고 하면, 태양의 크기를 승인하는 방식으로 여타의 것들을 승인하는 사람은 그것들을 파악하지 않은 것이다. 그런데 태양의 크기는 파악될 수 없다. 따라서 파악한 것처럼 이것을 승인하는 자는 어떤 것도 파악하지 않은 것이다." 그들은 태양이 얼마나 큰지 파악될 수 있다고 답할 것입니다. 여타의 것들이 동일한 방식으로 지각되고 파악된다고 그들이 주장하는 한, 저는 싸우지 않을 것입니다. 왜냐하면 모든 사물들에서 파악의 정의는 하나이므로, 파악에서는 어떤 것이 다른 것보다 더하거나 덜하다고 그들은 주장할 수 없기 때문입니다.

XLII 129 하지만 제가 시작했던 문제는 이것입니다. 좋음과 나쁨의 문제들에서 확실해진 것이 무엇입니까? 물론 최고선악이 조회되는 목적들이 결정되어야만 합니다. 그래서 이보다 더 큰 불일치가 최상의 인물들 사이에서 불거지는 문제가 또 무엇이겠습니까? 그리고 저는 이미 폐기된 것으로 보이는 견해들은 생략하겠습니다. 가령 최고선을 인식과 앎에 두는 에릴로스는 제논의 제자이지만 제논과 얼마나 차이 나고, 플라톤과 얼마나 차이 없는지 당신은 알고 있습니다.[293] 메가라 학파의 견해는 유명했습니다. 제가 기록에서 확인한 바, 그 견해의 창시자는 제가 좀 전에 언급한 크세노파네스였고, 다음으로 엘레아 학파 철학자들이라는 명칭이 유래한 파르메니데스와 제논이 그를 따랐고, 소크라테스의 학생이었던 메가라 사람인 에우클레이데스에 의해서 저 사람들은 메가라 학파라고 불렸는데, 그들은 언제나 하나이고 닮고 같은 것만이 좋은 것이라고 주장했습니다.[294] 이들도 많은 것을 플라톤에게서 물려받았지만, 메네데모스가 에레트리아 출신이었으므로 에레트리아 학파라 불렸습니다. 그들은 모든 좋음을 정신에, 그리고 참을 분별하는 정신의 날카로움에 놓았습니다.[295] 엘리스 학파도 이와 유사한 견해를 더 포괄적이고 화려하게 설명한 것 같습니다.[296]

130 우리가 이들을 멸시하고 이미 버려진 자들로 간주한다면, 분명 다음의 인물들은 그렇게까지 무시하지 말아야 합니다.[297] 즉 아리스톤은 제논의 제자였음에도 제논이 말로만 승인한 견해, 즉 덕만이 좋고 덕과 반대되는 것만이 나쁘다는 견해를 실제로 승인했습니다. 또한 그 중간 것들에는 제논이 주장했던 그런 가치가 전혀 없다고 생각했습니다. 중간 것들에 대해서는 어느 쪽으로도 움직이지 않는 것(그는 '아디아포리아(*adiaphoria*)'라고 말했다)이 아리스톤에게 최고선입니다.[298] 반면 퓌론은 현자가 그것들을 감지조차 하지 않는다고 주장하며, 이를 '아파테이아(*apatheia*)'라 명명합니다.[299]

그러면 이 많은 견해들은 생략하고, 이제 오랫동안 많이 변호된 견해들을 봅시다.[300] **131** 어떤 이들은 쾌락이 목적이라고 주장했습니다. 그 최초의 인물은 소크라테스의 제자인 아리스팁포스였고, 그로부터 퀴레네 학파가, 그리고 나중에 에피쿠로스가 나왔습니다. 에피쿠로스의 학파가 지금은 더 유명하지만, 쾌락 자체에 대해서는 퀴레네 학파와 견해가 일치하지 않았습니다.[301] 반면 칼리폰은 쾌락과 훌륭함을 목적으로 여겼습니다.[302] 히에로뉘모스는 모든 고통의 결여를, 디오도로스는 바로 이것을 훌륭함과 함께 목적으로 여겼는데, 이 둘은 소요 학파 사람들이었습니다.[303] 반면 안티오코스가 특히 인정했던 폴레몬의 저술들이 보여주듯, 구아카데미아도 자연이 인간에게 친숙하게 만든 최초의 것들을 즐기면서도 훌륭하게 사는 것이 최고선이라고 생각했고, 아리스토텔레스와 그의 친구들도 이 견해에 근접한 것으로 보입니다.[304] 카르네아데스 역시, 비록 승인을 위해서가 아니라 스토아주의자들에게 반대하기 위해서였지만, 자연이 친숙하게 만든 최초의 것들을 즐기는 것이 최고선이라는 견해를 끌어들이곤 했습니다.[305] 하지만 스토아 학파의 주창자이자 창시자였던 제논은 '자연이 친숙하게 만듦'에서 이끌어 낸 '훌륭하게 사는 것'이 최고선임을 확립했습니다.[306] **XLIII 132** 제가 설명했던 모든 최고선의 반대가 최고악이라는 점은 이제 명백합니다.

이제 당신들에게 제가 누구를 따라야 할지 결정을 맡깁니다. "누군가를 따르기만 한다면 그게 누구든지 간에"라는 지극히 생각 없는 말로써 그처럼 무식하고 부조리하게 답할 사람은 제외한다면 말입니다. 저는 스토아주의자들을 따르고 싶습니다. 하지만 철학에서 거의 독보적이라 제가 평가하는 아리스토텔레스의 수긍은 차치하더라도, 아카데미아로 불렸지만 몇 가지만 바꾸면 진짜배기 스토아주의자였던 안티오코스가 이를 수긍하겠습니까? 그렇다면 사안은 이제 기로에 서 있습니다. 현자는 스토아 학파이거나 구아카데미아 학파를 따라야지, 양쪽 모두 일 수는 없습니다. 그들 간의 다툼은 경계의 문제가 아니라 소유권 전체에 관한 것이기 때문입니다. 왜냐하면 삶의 모든 방식은 최고선의 정의에 의해 지탱되고, 이것에 대해 다투는 자들은 삶의 모든 방식에 대해 다투는 셈이기 때문입니다. 따라서 그들은 그처럼 큰 일에서 입장이 다르므로, 양편 모두가 아니라 한 편만이 현자일 것입니다. 만일 현자가 폴레몬주의자라면, 스토아주의자는 거짓된 것에 동의하면서 잘못을 범할 것입니다(당신들은 현자에게 이처럼 낯선 일이 없다고 주장합니다). 그런데 만일 제논의 견해가 참이라면, 구아카데미아와 소요 학파에 반대해서도 같은 말을 해야 할 것입니다. 따라서 이 사람은 어느 편에도 동의하지 않겠죠? 만일 제가 결코 동의하지 않는다면, 어느 쪽이 더 현명합니까? **133** 어떻습니까? 안티오코스 자신이 어떤 사안들에서 그가 사랑하는 스토아주의자들과 의견이 다를 때, 그 사안들을 현자가 승인해야 하는 것은 불가능함을 보여주지 않습니까? 모든 잘못이 동등하다는 것은 스토아주의자들의 견해이지만, 안티오코스는 이를 강하게 거부합니다.[307] 결국 제가 어느 편의 견해를 따를지 숙고하도록 허락해 주십시오. 그는 말합니다. "이제 원하는 무엇이든 명백히 정하시오." 뭐라 하셨습니까? 주장된 바가 찬반양론에서 저에게 날카롭고 동등하게 보일 때, 제가 죄를 범하지 않도록 주의해야 하지 않겠습니까?

루쿨루스여, 교설을 저버리는 것은 범죄라는 것이 당신의 주장이었기 때문입니다.[308] 그래서 저는 모르는 것에 동의하지 않도록 자제하고 있으며, 이것이 제가 당신과 공유하는 교설입니다.

134 자, 훨씬 더 큰 의견 불일치가 여전히 남아 있습니다. 제 논은 행복한 삶이 덕 하나에만 달려 있다고 생각합니다. 안티오코스는 뭐라고 합니까? 그는 "그렇다. 그것은 행복한 삶이다. 하지만 가장 행복한 삶은 아니다"라고 말합니다.[309] 덕에는 부족한 것이 없다고 여기는 저 사람은 신이지만, 인간에게 덕 이외에도 한편으로는 소중하고 한편으로는 필수적이기도 한 많은 것들이 있다고 생각하는 이 사람은 한갓 인간에 불과합니다. 하지만 저 사람의 경우에, 특히 테오프라스토스가 달변으로 화려하게 많은 것을 말할 때, 자연이 허용한 것보다 더 많은 것을 덕에 부여하는 게 아닌지 두렵습니다.[310] 그리고 이 사람의 경우에, 어떤 악은 육체와 운에 속한다고 주장하면서도, 이 모든 악에 처해 있는 자가 만일 현자라면 행복할 것이라고 여기기 때문에, 그가 일관적이지 못한 것이 아닐까 두렵습니다. 저는 갈피를 못 잡겠고, 어떤 때는 이것이, 다른 때는 저것이 저에게는 더 승인할 만한 것으로 보입니다. 그럼에도 불구하고 덕이 어느 한쪽이 아닌 경우, 덕은 완전히 힘을 잃는다고 생각합니다. 그런데 그들은 이 사안들에서 다투고 있습니다.

XLIV 135 어떻습니까? 그들의 의견이 일치하는 사안들은 우리가 참된 것으로서 승인할 수 있겠습니까? '현자의 마음은 한 시도 욕구에 동요되지도 않고 기쁨에 들뜨지도 않는다'는 어떻습니까? 그래, 이것들 정도는 승인할 만한 것들이라고 칩시다. 다음의 것들까지도 그렇습니까? '현자는 한시도 두려워하지 않고. 한시도 고통스러워 하지도 않는다'는 어떻습니까?[311] 현자는 조국이 파멸하는 것을 두려워하지도, 조국이 파멸할 때 고통스러워 하지도 않을 것이라 생각하십니까? 이는 가혹한 것입니다. 물론 훌륭한 것 이외에 좋은 것이란 없다는 제논에게는 필연적인 일입니다. 반면, 훌륭함 외에도 좋은 것들이 많고 추함 외에도 나쁜 것들이 많다는 안티오코스 당신에게는 전혀 필연적인 일이 아니며, 당연히 현자는 나쁜 일들이 닥쳐올 것을 두려워하고, 그것이 닥치면 고통스러워 합니다. 하지만 묻거니와 저 견해들이 언제 구아카데미아의 교설이 되어서, 그들이 현자의 마음은 흐트러지지도 격동되지도 않는다고 주장하게 되었다는 말입니까? 그들은 중용을 승인하고 모든 감정들에 일종의 자연적인 적도가 있다고 주장했습니다. 우리 모두는 구아카데미아의 크란토르가 저술한 『애도에 관하여』를 읽었는데, 그것은 길지는 않지만 주옥 같은 책이고, 파나이티오스가 투베로[312]에게 충고하듯, 한 마디 한 마디 암송해야 할 소책자입니다. 게다가 심지어 그들은 저 감정들이 자연에 의해서 유용하게 우리의 마음에 주어진 것이라고 주장했습니다. 즉, 조심하기 위해서 두려움이, 관대함을 위해서 동정심과 괴로움이, 용기를 위해서 일종의 부싯돌로서 분노가 주어졌다고 말입니다. 이것이 올바른지 여부는 다른 기회에 살펴볼 것입니다.[313]

136 그런데 어떻게 당신들의 그 무자비함이 구아카데미아에 침입했는지는 모르겠습니다. 하지만 저는 저 견해들을 지지할 수 없습니다. 그 까닭은 제가 그것들에 동의하지 않아서가 아닙니다. ('역설들(*paradoxa*)'이라 명명된 스토아주의자들의 요설들은 대부분이 소크라테스적이니 말입니다.) 대체 어디에서 크세노크라테스가, 또 어디에서 아리스토텔레스가 저 견해들을 취했다는 말입니까? (당신들은 이 둘이 흡사 같은 사람이라고 주장하기 때문입니다.) 이들이 도대체 이렇게 주장한 적이 있습니까? "현자만이 왕이고, 현자만이 부자이고, 현자만이 잘생겼으며, 도처에 있는 모든 것은 현자의 것이다. 현자가 아닌 그 누구도 집정관, 법무관, 장군(모르긴 해도 5인관까지도)이 아니다. 나아가 현자만이 시민이고, 현자만이 자유인이며, 무지한 모든 자들은 거류외국인들, 추방자들, 노예들, 심지어 실성한 자들이다. 뤼쿠르고스의 성문법, 솔론의 성문법, 우리의 12표법은 법이 아니다.[314] 어떤 도시나 국가도 현자들로 이루어지지 않았다면 도시나 국가가 아니다."[315] **137** 루쿨루스여, 당신이 당신 친구인 안티오코스에게 동의했다면, 이 견해들을 성벽처럼 지켜야만 합니다. 반면 저는 적절하게 보이는 만큼만 적절히 지키면 됩니

다. **XLV** 저는 클레이토마코스의 책에서 이런 이야기를 읽었습니다. 카르네아데스와 스토아 학파의 디오게네스가 카피톨리움의 원로원의사당 근처에 서 있었을 때, 아울루스 알비누스(푸블리우스 스키피오와 마르쿠스 마르켈루스가 집정관이었을 때 그는 법무관이었고, 루쿨루스 당신의 할아버지와 함께 집정관직을 역임했으며, 희랍어로 쓴 그의 『역사』가 보여주듯 매우 학식 있는 사람이었습니다)가 농담으로 카르네아데스에게 말했습니다.[316] "카르네아데스여, 당신에게는 제가 법무관으로 보이지 않고, 여기가 도시로도, 그 안에 국가가 있는 것으로도 보이지 않습니까?" 그러자 카르네아데스가 말하길, "여기 이 스토아 철학자에게나 그렇게 보일 것입니다."[317] 안티오코스가 따르고자 했던 아리스토텔레스나 크세노크라테스였다면 알비누스도 법무관이고, 로마도 도시이고, 시민들도 거기에 거주한다는 것에 머뭇거림이 없었을 것입니다. 하지만 우리 친구 안티오코스는 조금 떠듬거리기는 해도, 제가 앞서 말했듯, 분명 스토아주의자입니다.

138 그런데 의견을 갖게 되고 인식될 수 없는 무언가를 받아들이고 승인하는 것, 즉 당신들이 절대로 원치 않는 바를 두려워하는 저에게 당신들은 어떤 조언을 합니까? 크뤼십포스는 최고선에 관해 변호될 수 있는 견해들이 세 가지뿐임을 자주 증언하고, 다수의 견해들은 쳐내고 잘라냅니다. 최고선은 훌륭함이거나 쾌락이거나 양자 모두이기 때문입니다. 예를 들어, 최

고선은 '우리가 일체의 괴로움이 없을 때'라고 주장하려는 자들은 '쾌락'이라는 가증스러운 이름으로부터 달아나지만 그 근처에 거주하고 있고, 이것을 훌륭함과 묶는 자들도 같은 짓을 하고 있으며, 자연에 적합한 일차적인 것을 훌륭함과 짝짓는 자들도 별반 다르지 않기 때문입니다. 이처럼 크뤼십포스는 승인할 만하게 변호될 수 있다고 여기는 세 가지 견해들을 남겨 놓습니다.[318] **139** 그가 정말 옳다고 칩시다.(물론 저는 폴레몬, 소요 학파 사람들, 안티오코스의 최고선들과 결별하는 것이 쉽지 않으며, 이제껏 그보다 더 승인할 만한 것은 없다고 생각합니다.) 그렇지만 저는 쾌락이 얼마나 달콤하게 우리의 감각들에 스며드는지 알고 있으며, 이것에 흔들려 에피쿠로스나 아리스팁포스에게 동의하게 됩니다. 하지만 덕이 저를 불러들이고, 아니 차라리 손으로 붙잡고, 저 감정들은 가축에게나 어울린다고 말하고, 인간을 신과 묶습니다.[319] 우리가 정신을 전혀 갖지 않은 양 아리스팁포스는 육체만을 돌보고, 우리의 육체가 없는 양 제논은 영혼만 소중히 여기고 있으므로, 저는 중립을 지켜서 칼리폰을 따를 수 있습니다. (이 사람의 견해를 카르네아데스는 그토록 열심히 변호하곤 해서 그 견해를 승인하는 것으로 보였습니다. 물론 클레이토마코스는 카르네아데스가 승인한 것이 무엇인지를 도무지 이해할 수 없었다고 확인해 주곤 했지만 말입니다.)[320] 하지만 제가 칼리폰의 최고선을 따르고자 하면, 엄격함과 진중함과 올바른 이성이 저를 막아서지 않겠습니까? "훌륭함이 쾌락의 경시에 달려 있음에도 불구하고, 당신은 인간을 야수들과 짝짓듯, 훌륭함을 쾌락과 짝지으려 하는가?" **XLVI 140** 따라서 자웅을 겨룰 한 쌍으로 쾌락과 훌륭함만이 남았습니다. 제가 아는 한, 이에 대한 다툼은 크뤼십포스에게 대단한 것이 아닙니다. 당신이 쾌락을 따르면, 많은 것들, 특히 인류와의 공동생활, 애정, 우정, 정의 그리고 대가를 받으면 덕이라 할 수 없는 나머지 덕들은 붕괴됩니다. 왜냐하면 일종의 대가인 쾌락에 의해 의무를 이행하도록 강제된다면, 그것은 덕이 아니라 덕에 대한 기만적인 모방이거나 가장이기 때문입니다.[321] 반면, 대중적인 영광을 획득한 것이 훌륭하다고 우리가 말하려는 경우에만 '훌륭함'이란 이름을 이해할 수 있다고 주장하는 사람들, 그리고 모든 좋은 것들의 원천은 육체에 있고, 이것이 자연의 규준이고 척도이고 지침이며, 여기에서 벗어난 자는 삶에서 따라야 할 것을 전혀 가지지 못할 것이라고 주장하는 사람들의 말도 들으십시오.[322]

141 그러면 당신들은 제가 이 견해들 혹은 무수한 다른 견해들을 들으면서도, 전혀 동요되지 않는다고 여깁니까? 루쿨루스여, 저도 당신만큼이나 동요됩니다. 그리고 제가 당신보다 덜 인간이라고 여기지도 마십시오. 다만 차이점이라면, 당신은 자극받을 때, 받아들이고 동의하고 승인하고, 그것이 참이고 분명하고 파악되고 지각되고 확정되고 확고하고 고정된 것이었다

고 주장하며, 어떤 이유에서든 거기로부터 밀려날 수도 움직여질 수도 없지만,[323] 반면 저는 무언가에 동의한다고 해도, 거짓으로 동의하는 경우란 없는 그런 종류의 대상은 없다고 생각합니다. 인상을 아무리 식별해도 참된 것과 거짓된 것이 구분되지 않으며, 특히 당신네들의 변증술에는 어떤 판단기준도 없기 때문입니다.

142 저는 이제 철학의 세 번째 부분에 도달합니다.[324] 각자의 인상이 각자에게 참이라고 생각하는 프로타고라스와 내적 감정만이 판단기준이라고 여기는 퀴레네 학파 사람들은 상이한 판단기준을 갖고 있습니다.[325] 에피쿠로스의 판단기준은 또 다른데, 그는 감각, 사물들에 대한 선(先)개념, 그리고 쾌락에 모든 판단기준을 확립합니다.[326] 반면, 플라톤은 진리의 판단기준 전체 및 진리 자체를 의견과 감각으로부터 분리해서 사유 자체와 지성에 속하는 것으로 주장했습니다.[327] **143** 우리의 안티오코스는 이 견해들 중 무언가라도 승인하고 있습니까? 그는 실상 자기 선학들의 견해조차 승인하지 않습니다. 논리학에 관해 매우 정평 있는 책을 많이 저술한 크세노크라테스나, 진정 누구보다도 날카롭고 정제된 아리스토텔레스조차도 안티오코스가 어디에서 따르고 있느냐는 말입니다. 어디에서도 그는 크뤼십포스로부터 한발짝도 벗어나지 않습니다. **XLVII** 그러면 우리들은 어찌해서 아카데미아 학파 사람들이라고 불리는 것입니까? 혹,

우리가 그 영광스런 이름을 도용하는 것입니까? 아니면 왜 우리는 서로 의견이 갈리는 사람들을 따르도록 강요받고 있습니까? 변증가들이 가르치는 기초들 중 하나에 관해서조차, 예컨대 '낮이면 밝다'와 같은 조건명제가 참인지 거짓인지를 판정할 마땅한 방법에 관해서조차 얼마나 큰 다툼이 있는지! 디오도로스, 필론, 그리고 크뤼십포스는 각자 다르게 주장합니다.[328] 어떻습니까? 크뤼십포스는 얼마나 많은 사안에서 자신의 선생인 클레안테스와 의견이 갈립니까?[329] 어떻습니까? 변증가들 중에서 두 최고의 인물들, 가장 교조적인 안티파트로스와 아르키데모스[330]도 많은 점에서 의견이 갈리지 않습니까?

144 그러면 루쿨루스여, 왜 당신은 저를, 마치 대중집회로 불러내듯, 불러내어 미움받게 하며, 선동적인 호민관들이 하듯, 상점들의 문을 닫으라고 명하십니까?[331] 우리에 의해 기술들이 소멸한다고 당신이 불평할 때, 이것이 장인들을 자극하려는 의도가 아니라면 무엇을 노리는 겁니까? 하지만 그들 모두가 각지에서 모이면, 당신에 반대하도록 그들을 부추기는 것은 쉬운 일일 것입니다. 우선 저는 저 미움받는 교설들을 늘어놓을 것인데, 이는 대중집회에 참석한 모든 이가 추방자이고, 노예이고, 미친자라고 당신들이 주장하기 때문입니다.[332] 다음으로 저는 대중들과 관련된 사항이 아니라 바로 참석한 당신들과 관련된 사항들로 옮겨갈 것입니다. 왜냐하면 당신들이 무엇도

알지 못한다고 제논도 주장하며 안티오코스도 주장하기 때문입니다.[333] 당신들은 말할 것입니다. "어찌 그러한가? 우리들은 심지어 무지자조차 많은 것을 파악한다고 변호했으니 말이다."

145 하지만 당신들은 현자 이외의 어느 누구도 무언가를 알고 있지 않다고 주장합니다. 그리고 바로 이 주장을 제논은 손 모양으로 보여주곤 했습니다.[334] 즉, 그는 손가락을 펼쳐 손바닥을 보여주고서, "인상은 이런 것이다"라고 말했습니다. 다음으로 그는 손가락을 약간 오므리고서, "동의는 이런 것이다"라고 말했습니다. 그리고 나서 그는 손가락들을 완전히 접고 주먹을 쥐고서, "이것이 파악이다"라고 말했는데, 이 비유로부터 이전에는 없었던 '카탈렙시스(*katalēpsis*)'라는 이름을 그것에 부여했습니다. 그런데 그가 왼손을 가져와서 저 주먹을 세게 꽉 쥐고서,[335] "앎이 이런 것이며, 현자 이외의 어느 누구도 그것을 누릴 수 없다"고 말했습니다. 하지만 그들 자신조차 누가 현자이거나 현자였는지를 전혀 말하지 않곤 합니다.[336] 그러므로 카툴루스여, 당신은 지금 낮이라는 것을 알지 못하고, 호르텐시우스여, 당신도 우리가 당신의 별장에 있다는 것을 알지 못합니다. **146** 이 말들이 미움을 덜 받기라도 합니까? 물론 아주 우아하게 말한 것은 아니며, 오히려 이전에 했던 논변들은 더 정교하게 얘기되었습니다. 하지만 당신은 어떤 것도 파악될 수 없으면 기술들이 무너진다고 주장했고, 승인할 만한 것이 기술들

을 성립시키기에 충분히 큰 힘을 갖는다는 제 주장에 동의하지 않았던 만큼, 이제 저는 앎이 없으면 기술이 불가능하다는 주장을 당신께 되갚아드립니다. 아니면 제욱시스, 페이디아스, 혹 폴뤼클레이토스가 대단한 솜씨를 지녔음에도 불구하고 자신들이 어느 것도 알지 못한다는 것을 달게 받아들이겠습니까?[337] 하지만 앎이 얼마나 큰 힘을 가진다고 주장되는지를 누군가가 그들에게 알려주기라도 했었다면, 그들은 화를 거둘 터입니다. 그들은 우리에게조차 화내지 않을 터인데, 우리는 아무 데도 없는 것은 없애지만 그들에게 충분한 만큼은 남겼다는 것을 그들이 알았다면 말입니다. 우리 선조들의 세심함도 이 방식을 승인합니다.[338] 그들이 원했던 것은 이것들, 다시 말해, 우선 누구든 '양심에 따라' 맹세할 것, 다음으로 삶에는 많은 무지가 있으므로 '알면서 속인다면' 그만큼 책임을 질 것, 그리고 증언하는 자는 자신이 '보았던' 것도 '생각한' 것이라고 진술할 것, 판관들이 맹세하고 심리했던 사안을 선고할 때 그것이 '행해졌다'가 아니라 '행해진 것으로 보인다'고 선고할 것 등이었기 때문입니다.

XLVIII 147 하지만 루쿨루스여, 선원이 부르고 있을 뿐만 아니라 서풍도 우리에게 항해할 시간이라고 속삭이고 있고, 저도 충분히 많이 말했으므로 제 이야기는 끝내야만 합니다. 하지만 우리가 나중에 이 문제들을 탐구할 때는 차라리 최고의 인물들이 자연의 모호함에 대해 얼마나 크게 의견이 갈리는지, 그리고 좋은 것들 및 그에 반대되는 것들에 관해서 그처럼 심한 불협화음을 내는 많은 철학자들의 오류에 관해서 논의해 봅시다. (하나 이상이 참일 수는 없으므로, 그처럼 잘 알려진 많은 학설들이 포기되어야 할 것입니다.) 시각과 나머지 감각들의 속임에 관해서, 그리고 스토아주의자들이 스스로에게 놓았던 덫인 더미 논증이나 거짓말쟁이 논증에 관해서 논의하기보다는 말입니다.[339]

대화의 종결

148 그러자 루쿨루스가 말하길, "저는 우리가 이것들에 대해 논쟁했던 것이 불쾌하지 않았습니다. 우리는 더 자주, 특히 우리 투스쿨룸의 별장에 모여서, 좋아 보이는 사안들이 있다면 검토할 것입니다."

나는 말했다. "최고입니다. 하지만 카툴루스는 어떻게 생각하십니까? 호르텐시우스는요?"

그러자 카툴루스가 말하길, "저 말입니까? 저는 자신의 견해가 카르네아데스의 것이라고 주장하곤 했던 제 아버지의 견해로 되돌아갑니다. 저는 어떤 것도 파악될 수 없다고 생각하면서도, 현자는 파악되지 않은 것에 동의할 것이라고, 즉, 의견을 가질 것이라고 여깁니다. 하지만 현자는 자신이 의견을 갖는다는 것을 이해하는 한에서, 그리고 파악되고 지각될 수 있는 무 엇도 있지 않음을 아는 한에서 그러합니다.[340] 그 때문에 모든 것에 대한 저 동의 중지를 승인하면서도, 파악될 수 있는 어떤 것도 없다는 그 나머지 견해는 강하게 동의합니다."[341] 나는 말 했다. "저는 당신의 견해를 알았고, 그것을 전적으로 거부하지 도 않습니다. 하지만 호르텐시우스여, 당신은 대체 어찌 생각 하십니까?"

그러자 호르텐시우스는 웃으며 말했다. "거두어야 합니다."

나는 말했다. "당신을 지지합니다. 그것은 아카데미아에 적 합한 견해니까요."[342]

그렇게 대화가 끝났을 때, 카툴루스는 남았고, 우리는 우리의 나룻배들을 향해 내려갔다.

주석

1 키케로의 가까운 친구인 아티쿠스는 90년대에 에피쿠로스주의자 파이드로스에게 사사받았고, 85년에서 65년까지 아테네에서 도피생활을 하면서 정치와 무관한 에피쿠로스적 삶을 향유했다. 그가 아테네에서 머물던 79년에 키케로와 더불어 안티오코스의 강연을 들은 적이 있다.(『최고선악론』 5권은 이 시절을 배경으로 저술되었다.) 그는 비록 철학적인 저술을 남기지는 않았지만, 로마의 연대기에 관한 그의 저작은 키케로의 대화편에 큰 공헌을 했다.

2 116년에 태어난 바로의 나이를 고려했을 때, 그가 79년에 키케로나 아티쿠스와 더불어 아테네에서 동문수학했을 가능성은 높지 않다. 그러므로 여기에서 '같은 학문 활동으로(studiis eisdem)'라는 말은 바로가 아카데미아 철학 혹은 철학 일반에 대한 관심을 공유하고 있음을 가리키는 것으로 보인다.

3 45년 봄에 로마에서 전해진 소식은 카이사르가 정적들의 잔당을 소탕했다는 것이다.

4 여기에서 언급된 저술은 바로의 대작인 『라틴어 원론(*De Lingua*

Latina)』이다. 이 책의 두 번째 권이 키케로에게 헌정되었다. 바로는 저술의 규모가 방대하고 세심한 마무리를 요구하기 때문에 아직 출간하지 못했다는 변명을 하고 있다.

5   리보(Lucius Scribonius Libo)는 49년의 내전에서 폼페이우스를 지지했고, 카이사르의 암살 이후에는 자신의 사위이자 폼페이우스의 아들인 섹스투스 폼페이우스를 지지하면서 옥타비아누스와의 여러 협상에 관여했다. 이후 그는 옥타비아누스와 사돈 관계를 맺었고, 35년 섹스투스 폼페이우스를 저버린 대가로 34년 집정관이 되었다.

6   '우리들'이란 '아카데미아 사람들'을 가리킨다. 여기에서는 바로가 지지하는 구아카데미아(즉, 안티오코스가 주장하는 정통 아카데미아)와 키케로가 속하는 신아카데미아는 구분되지 않는다. 바로는 에피쿠로스주의자들의 이론이, 아카데미아의 정교한 이론과 비교했을 때, 형식 논리학이나 전문적 수사학에 대해 무지하고(1.5), 자연학(1.6)과 윤리학(1.6~7)에 대해 단순하고 평이한 이해만을 지니고 있음을 지적하고 있다. 키케로가 구체적으로 언급하는 유일한 로마 에피쿠로스주의자들인 아마피니우스(Gaius Amafinius)와 라비리우스(Rabirius)는 기원전 1세기 초반 에피쿠로스 철학을 대중적인 라틴어로 저술한 인물들이다. 『투스쿨룸 대화』 4.6~7와 『친구들에게 보내는 편지』 15.19.2에서 키케로는 이들의 책들이 이해하기 쉽고 재미만을 좇음으로써 로마의 대중들을 현혹했다고 비판한다. 그는 에피쿠로스 철학체계에 대해 『최고선악론』 1.17~26에서 좀더 자세히 설명한다.

7   아카데미아 철학은 형식적 규칙들을 준수하고, 필요에 따라 사태를 지시하는 철학적 신조어들을 만들어낸다. 반면 대중적인 에피쿠로스 철학은 형식적 규칙들을 따르지 않고, 평범한 사태를 일상어로 지시한다. 이들은 엄밀하고 세련된 철학적 용어들을 요구하지 않으므로, 희랍 철학 저술들뿐만 아니라 라틴어 철학 저술들조차 필요로 하지 않는다.

8   에피쿠로스(Epicuros of Samos, 342/1~271/0)는 아테네에서 활동한 사모스 출신의 철학자이고, 311/0년에 뮈틸레네와 305년에 아테네에

학교를 설립했다. 에피쿠로스주의자들은 아테네에 있는 정원에 본거지를 두었지만, 여타의 에피쿠로스 학교도 희랍-로마 문화권에서 광범위하게 설립되었다. 그는 데모크리토스의 원자론과 퀴레네 학파의 쾌락주의를 변형해서 결합시켰으며, 이는 키케로가 조롱하고 있는 경험주의적 인식론에 근거한다. 키케로는 이 구절에서 에피쿠로스와 데모크리토스의 차이를 대수롭지 않게 여기고 있다.

9   신조어의 도입에 관해서는 1.24~25 참조. 전통적인 기하학에 대한 에피쿠로스의 거부에 관해서는 2.106 참조. 여기에서 바로가 지시하는 기하학은 구아카데미아의 수리천문학이나 플라톤의 『티마이오스』에서 묘사되는 원소들의 기하학적 구조라 추측된다.(『최고선악론』 5.9 참조) 후자의 경우라면 1.27에서 언급된 질료의 무한분할과 일관적이지는 않다.

10   '훌륭함(honestum)'에 대한 제논의 주장은 2.140에서 에피쿠로스에 의해 비판된다. 이하에 언급된 구아카데미아는 바로가 추종하는 안티오코스의 견해를 암시한다. 제논과 안티오코스의 윤리적 견해의 차이는 1.35~37 참조.

11   플라톤, 『티마이오스』 47b1~2.

12   아일리우스(Lucius Aelius Stilo, c.150~50)는 라누비움 출신의 스토아 철학자이자 학자였고, 바로의 학문적 스승이자 경쟁자였다. 스토아 학파의 '명제'들에 관한 저술을 남겼다.

13   메닙포스(Menippos)는 가다라 출신의 풍자시인이고, 견유 학파의 사상을 견지했다. 그의 풍자시는 바로뿐만 아니라 루킬리우스와 루키아누스의 모범이기도 했다.

14   바로의 저술들은 일부를 제외하고는 전하지 않는다. 키케로가 1.9에서 전하듯, 그의 『인간과 신에 관한 고대사(*Antiquitates Rerum Humanarum et Divinarum*)』는 문화와 사회제도의 성립, 신들의 본성과 종교 의례의 형성 과정을 자연주의적인 관점에서 서술한 작품이다. 그는 『철학에 관하여(*De philosophia*)』나 『자유 교양 학문(*Disciplinarum libri*)』 같은 좀더 철학적인 저작들도 저술했다.

15 아이스퀼로스, 소포클레스, 에우리피데스는 로마 시인들에게 따라야
할 모범으로 여겨졌으므로 그들의 작품은 라틴어로 개작되었다. 엔니
우스(Quintus Ennius, 239~169)는 이탈리아 남부 출신의 시인이고,
비극인 『알크마이온』과 『안드로마케』, 역사적 서사시인 『연대기』, 그리
고 자연학에 관한 교훈시인 『에피카르모스』를 비롯한 많은 작품들을
지었다. 엔니우스의 조카인 파쿠비우스(Marcus Pacuvius, c.220~130)
는 브룬디시움 출신이고, 그의 작품들은 『안티오페』나 『일리오나』
와 같은 희랍의 비극을 모방했다. 움브리아 출신의 아키우스(Lucius
Accius, 170~c.86)는 40편 이상의 비극과 여타 시들을 지었다.

16 데모스테네스(Demosthenes)와 휘페레이데스(Hypereides)는 마케도니
아에 반대한 아테네의 정치가이자 연설가이다.

17 키케로의 정치 활동을 대부분 불가능하게 만들었던 카이사르의 지배
와 45년 2월 딸 툴리아의 죽음을 암시한다.

18 브루투스(Marcus Iunius Brutus)는 카이사르를 암살한 장본인이다. 그
는 아테네에서 안티오코스의 동생인 아리스토스와 소요 학파 철학자
인 크라티포스에게서 철학을 공부했으며, 안티오코스의 윤리학을 주
장하는 세 편 이상의 글(『인내에 관하여』, 『덕에 관하여』, 『의무에 관
하여』)을 저술했다. 키케로의 친구이고, 여러 편의 키케로 작품이 그
에게 헌정되었다.

19 이 구절은 키케로가 아테네에서 안티오코스의 강의를 들었던 79년부
터 그의 추종자였다가 최근에 신아카데미아로 복귀했음을 보여주는
증거로 인용되곤 한다. 하지만 키케로가 안티오코스주의와 같은 교설
주의를 받아들였다는 직접적인 증거를 찾을 수 없고, 오히려 그는 자
신이 평생 동안 신아카데미아의 충실한 지지자였음을 여러 곳에서 증
언한다. 따라서 이 구절은 키케로가 최근에 철학적 입장을 바꾼 것이
라기보다는 그의 철학적 관심사, 혹은 저술의 주제가 변화된 것으로
이해하는 것이 적절하다. 다시 말해, 50년대의 저술에서 전면에 등장
하지 않았던 회의주의를 『아카데미아 학파』에서 다루고 있는 것을 지
적하는 것으로 보인다.

20 필론과 안티오코스의 책에 관해서는 「작품 안내」3.3 참조.

21 바로의 연설이 전하는 것은 안티오코스가 해석한 구아카데미아 철학이다. 안티오코스의 고유한 철학적 견해가 무엇인지는 이 부분을 통해서 정확히 재구성하기 쉽지 않은데, 그가 구아카데미아의 어떤 부분을 받아들이고 어떤 부분을 수정하는지 분명하지 않기 때문이다.

22 소크라테스가 철학의 관심을 자연학에서 윤리학으로 전환시켰다는 평가는 크세노폰의 『소크라테스의 회상』1.1.10~16 및 『투스쿨룸 대화』5.10에 전한다. 자연학이 인식 가능하다고 해도 잘 사는 것과 관련이 없다는 소크라테스의 주장은 2.123에서 암시된다.

23 소크라테스의 방법론에 관한 바로의 묘사는 플라톤의 『소크라테스의 변명』23b를 암시한다. 지금의 구절은 소크라테스가 일차적인 앎을 거부하고 아포리아적 방법을 쓰고 있다는 점을 강조하는데, 이는 키케로가 2.74에서 소크라테스적 대화편들에 근거해서 제시하는 신아카데미아의 해석과 유사하다. 반면, 루쿨루스는 2.14에서 소크라테스가 자신의 주장을 감추면서 무지를 가장하는 아이러니적 방법을 사용한다고 해석한다.

24 4세기의 소크라테스 추종자들(Socratici)은 소크라테스로부터 영감을 받아 그에 관해 저술한 많은 저자들과 철학자들을 말한다. 아이스키네스, 플라톤, 크세노폰 등은 소크라테스의 철학적 활동 및 그의 견해에 대해 다양한 해석들을 남겼다.

25 구아카데미아와 소요 학파가 본질적으로 동일하다는 점이 안티오코스의 핵심 주장이다.(2.15 참조) 하지만 그들이 실제로 어느 정도까지 일치하는지에 관해서는 불분명하다. 1.33~34에서 아리스토텔레스는 플라톤의 형이상학과 인식론을 약화시켰으며, 테오프라스토스는 플라톤 윤리학의 근본을 부정했다.

26 스페우십포스(Speusippos, c.408~339/8)는 플라톤의 조카이자 그를 계승해서 348/7년에 아카데미아의 수장이 되었다. 그의 사변적 형이상학과 쾌락 이론은 아리스토텔레스에 의해 비판받으며 빠르게 잊혀졌으므로, 안티오코스는 플라톤 전통에서 그의 역할을 비교적 경

미한 것으로 간주한다. 칼케돈 출신의 크세노크라테스(Xenocarates, 379/8~314/3)는 339/8년 스페우십포스에 이어 세 번째 수장이 되었다. 그의 형이상학적 사변도 아리스토텔레스의 비판에 의해 급속히 인기를 잃었지만, 키케로 사후 오래지 않아 시작된 플라톤주의의 부활에 큰 영향을 미쳤다. 아리스토텔레스(Aristoteles of Stagira, 384/3~322)는 플라톤 사후 335/4년에 뤼케이온에서 소요 학파를 창시했다. 후대의 플라톤주의자들과 마찬가지로 안티오코스도 아리스토텔레스를 플라톤의 후계자로 간주했지만, 실제 아리스토텔레스는 플라톤의 사유를 비판적으로 재해석했다. 그는 형식논리학을 고안했고, 윤리학과 형이상학에 관한 그의 저작은 큰 영향력을 행사했다. 또 정치학, 시학, 생물학을 창안했다. 키케로의 시대까지 그의 이론적 저작들은 널리 알려지지 않았기 때문에, 키케로가 아리스토텔레스에 대해 아는 바는 주로 그의 소실된 대화편이나 후대의 소요 학파 저술들을 통해서였다. 아리스토텔레스가 창시한 소요 학파는 테오프라스토스, 스트라톤, 디카이아르코스, 히에로뉘모스, 그리고 후대에 신아리스토텔레스주의자인 아리스톤과 크라티포스를 포함한다. 키케로는 소요 학파에 대해서 매우 많이 알고 있었지만, 『아카데미아 학파』에서는 소요 학파 자체가 아니라 소요 학파와 구아카데미아의 이론적 동일성을 주장한 안티오코스의 견해에 집중하고 있다.

27 『연설가에 대하여』 2.233 참조. 원래는 희랍의 속담이다.

28 여기에서 '삶(vita)'은 '외적인 좋음(externa bona)'을 가리킨다. 구아카데미아와 소요 학파가 공유하는 윤리적 목적은 곧바로 1.22에서 다시 '자연에서 일차적이며 그 자체로 추구될 만한 것들 전부를 획득하거나 그중에서 최고의 것들을 획득하는 것'으로 묘사된다. 스토아는 자기화 이론(*oikeiōsis*)을 도입함으로써 윤리적 목적을 자연에 호소하는 윤리학을 제시하는데, 안티오코스는 이 이론의 맹아가 구아카데미아의 수장 폴레몬에게서 발견된다고 주장하면서 세 학파의 근원적 동일성을 입증하고자 한다. 안티오코스의 해석은 키케로에서 반복적으로 발견되지만(1.23 및 『최고선악론』 2.33~34, 4.14~18, 5.24~33,

5.74), 역사적으로 올바른 해석인지는 논란의 여지가 있다.

29 세 번째 종류의 좋음은 공동체와의 유대감에서 기인한다.(『최고선악론』5.68) 이것을 스토아주의자들은 현자의 영혼 상태로 간주하지만, 소요 학파와 구아카데미아는 외적인 좋음, 즉 부분적으로 다른 사람들이나 외적 사태에 종속되는 것으로 여긴다.

30 '자연에서 일차적이며 그 자체로 추구될 만한' 좋은 것들은 몸, 정신, 삶에 속한다고 논의된 좋은 것들이고, 이것들은 최고선에 포함된다. 반면 1.21에서 이것들에 대비되는 것으로 언급된 '여타의 것들'이 윤리학에서 어떤 지위를 갖는지는 이 구절에서도 『최고선악론』5.68에서도 분명히 제시되지 않는다.

31 '행복한 삶'과 '가장 행복한 삶'의 구분은 2.134와 『최고선악론』5.81에서 안티오코스의 견해로 제시된다.

32 '성질'은 희랍어로 '포이오테스(*poiotēs*)'이며, 플라톤의 『테아이테토스』 182a에서 신조어로서 처음 도입된다.

33 희랍어의 '식물(*phyton*)'에 해당하는 한 단어의 라틴어가 없으므로, 키케로는 '땅에서 자라는 종(quae gignuntur e terra)'이라는 표현을 사용했다.

34 '원리(initium)'와 '원소(elementum)'에 상응하는 희랍어는 *archē*와 *stoicheion*이다. *stoicheion*은 아리스토텔레스 이래로 주로 원소들을 지칭하는 말로 사용되었다.

35 아리스토텔레스는 제5원소를 정신이나 영혼의 질료로서 제시하지 않는다.(『천체에 관하여』에서 제5원소가 도입된 이유는 우주의 영원한 회전운동을 설명하기 위함이었다.) 이 구절은 아마 정신에서 숨(*pneuma*)의 역할에 관한 아리스토텔레스의 단편적인 언급을 후대에 제5원소와 혼동했기 때문으로 추측된다.

36 '간격(intervallum)'은 공간뿐 아니라 시간적 연장성을 의미하기도 한다.

37 1.24에서는 힘과 질료가 결합해서 성질이 형성되는 것으로 설명되지만, 여기에서는 성질이 힘과 동일시된다. 여기에서 성질이 질료를 통해서 진동하며 움직이는 방식은 스토아가 말하는 '긴장 운동(*tonos*)'과

유사하다.

38 1.24에서 자연을 질료와 힘의 측면에서 구분했다. 이 문장에서의 '자연'은 분명 질료로서의 자연이고, 힘으로서의 자연은 다음 문장에서 '지각하는 자연'으로 명명된다.

39 이 단락에서 열거된 힘의 속성들은 스토아 학파에서 '신'과 동일시되는 용어들이다.(디오게네스『생애』7.147과 7.149, 키케로『신들의 본성에 관하여』1.39 참조)

40 이 부분에서 제시되는 구아카데미아와 소요 학파의 논리학은 (소요 학파 수사학이 첨가된 것을 제외하면) 거의 대부분 지성과 감각에 대한 플라톤적 이분법에 근거하여 설명된다.

41 '감각에서 나오다(a sensibus oriretur)'는 2.21~22와 2.30~31에서 제시되는 안티오코스의 경험주의적 인식론을 함축하는 표현이지만, 이 단락에서 설명되고 있는 플라톤적 인식론과는 양립하기 쉽지 않다. 이 단락은 안티오코스가 스토아 인식론과 플라톤적 인식론을 절충하는 방식을 보여주는 핵심 부분이다.

42 『파이돈』78d 참조.

43 플라톤『티마이오스』28a,『국가』5.477~79 참조.

44 아리스토텔레스『수사학』1.1 참조.

45 플라톤의 형상에 대한 아리스토텔레스의 비판에 관해서는『니코마코스 윤리학』1.6,『형이상학』1.9를 참조.

46 구아카데미아와 테오프라스토스의 윤리학적 차이에 관해서는 2.134 참조. 에레소스 출신의 테오프라스토스(Theophrastos)는 아리스토텔레스를 계승하여 322/1년에 뤼케이온의 수장이 되었다. 그는 아리스토텔레스처럼 생물학에서부터 수사학에 이르기까지 학문적 관심사가 넓었고, 형이상학과 윤리학에 관한 철학적 저술을 남겼다. 신아카데미아의 창시자 아르케실라오스가 배운 스승들 중 하나이기도 하다.

47 람프사코스 출신의 스트라톤(Straton of Lampsacus)은 테오프라스토스의 제자였고, 288/7년에 뤼케이온의 세 번째 수장이 되었다. 그는 관심사는 자연학적인 영역에 국한되었다. 2.121 참조.

48 바로의 설명에서는 구아카데미아의 독창성이 간과되며, 플라톤의 가르침을 보존했다는 점만 언급된다. 크세노크라테스에 관해서는 주석 26 참조. 폴레몬(Polemon, c.350~270/69)은 크세노크라테스를 계승해서 다섯 번째 수장이 되었고, 플라톤 윤리학과 자연학을 체계화한 인물로 간주된다. 크라테스와 크란토르뿐만 아니라 제논과 아르케실라오스의 스승이기도 하다. 크라테스(Crates of Athenae, c.340~268/7)의 철학에 관해서는 거의 알려진 것이 없다. 크란토르(Crantor of Soli, c.340~276/5)는 크세노크라테스, 폴레몬, 크라테스 밑에서 수학했다. 그는 널리 인용된 『고통에 관하여』를 저술했을 뿐만 아니라, 플라톤의 대화편에 관한 최초의 주석서인 『플라톤의 티마이오스에 관하여』를 저술했다. 그는 295년에 아르케실라오스를 아카데미아로 인도한 인물이기도 하다.

49 윤리적 목적에 대한 제논의 정의는 2.131~32 참조.

50 스토아 윤리학 내에서 가치(aestimatio)의 의미에 관해서는 디오게네스 『생애』 7.101~7, 키케로 『최고선악론』 3.16~25와 3.50~54에 더 자세하게 설명된다.

51 스토아의 가치 이론에 대한 안티오코스의 비판은 『최고선악론』 4.68~72와 5.72~75 참조. 그는 가치에 대한 제논의 이론이 구아카데미아와 소요 학파의 견해(정신의 좋음인 덕과 비교해서 신체나 외적인 좋음은 미미한 것으로 간주되어야 한다)와 실질적으로 동일한 주장으로 받아들인다.

52 키케로는 희랍어인 '합당한 행위(kathēkon)'를 라틴어인 '의무(officium)'로 번역하고 있다. kathēkon은 자연에 따르는 행위, 혹은 합당한 근거를 제시할 수 있는 행위를 가리키므로 도덕적 사회적 의무보다 넓은 의미를 지닌다. 하지만 키케로가 채택한 라틴어 용어를 존중하는 차원에서 일단 현재 한글 번역본들에서 굳어진 '의무'를 번역어로 채택했다. 제논에 따르면, 건강을 보존하거나 빚을 갚는 행위는 합당한 행위지만, 합당한 행위 유형 자체가 도덕적으로 좋거나 훌륭한 것은 아니며, 덕을 갖춘 자의 개별 행위가 적합했을 경우만 그 행위가 좋고

훌륭한 것이 된다.(디오게네스 『생애』 7.107~10과 『최고선악론』 3.58 참조)

53 선학들(특히 아리스토텔레스)의 견해는 1.20에서 설명되었다.

54 디오게네스 『생애』 7권은 덕과 관련된 스토아 윤리학의 주제들, 가령, 덕의 단일성(125), 덕의 본질적 탁월함(94~97), 덕의 지속적인 발휘(128) 등을 설명한다. 덕의 단일성과 본질적 탁월함을 안티오코스가 받아들이고 있다는 점은 『최고선악론』 5.66~67 참조.

55 안티오코스는 윤리학과 관련해서 대부분 구아카데미아와 소요 학파의 견해를 받아들이고 있지만, 격정의 문제에 관해서는 현자가 영혼의 격정을 겪지 않는다는 스토아 학파의 주장에 동의한다. 이에 관해서는 2.135 참조.

56 제논은 신을 자연을 구성하는 이성적인 불로 정의한다.(『신들의 본성에 관하여』 1.39와 2.57~58 참조.) 한편 신은 또한 숨(*pneuma*)으로서 우리의 정신이나 자연을 구성한다.(디오게네스 『생애』 7.156 참조)

57 2.17~60에서 드러나듯, 안티오코스는 플라톤적 전통을 수정한 제논의 인식론을 거의 전적으로 받아들인다.

58 제논은 인상을 '영혼에 찍힌 각인(*typōsis*)'으로 정의하는데, 감각 인상이 외부 원인에 의해 형성된다는 점은 2.34와 『운명론』 42~43에서 강조된다.('각인'의 의미에 관한 클레안테스와 크뤼십포스의 논쟁은 디오게네스 『생애』 7.50과 섹스투스 『반박』 7.228~41 참조) 한편 제논의 독창성은 인상의 형성에서 우리에게 달려 있는 자발적 능력인 동의(adsensio)를 강조한 점이다.(디오게네스 『생애』 7.85~86) 우리가 사물의 질서에 적극적이고 인과적인 역할을 수행하는데, 이는 외부에서 들어온 인상들을 수용하거나 거부하는 것이 우리의 성품이나 의견에 의해 결정되기 때문이다.

59 제논이 파악 인상을 그 자체로 자명한 것으로 간주했다는 점은 여러 전거에서 확인된다.(2.18, 2.77, 2.112~13 및 섹스투스 『반박』 7.252와 7.257 참조)

60 이 구절에서 보듯, 스토아에서 감각(sensus)은 (1) 감각기관을 의미하

기도 하고, (2) 그것에 의해서 받아들여진 인상을 의미하기도 한다.

61 '무지(inscientia)'도 파악 인상에 대한 것이지만 이를 확고하게 파악하지 못한 상태를 말한다. 무지와 '의견(opinio, *doxa*)'의 관계는 이 구절에서 분명하지 않다. 의견은 '비파악 인상에 대한 동의'라고 정의되는데, '비파악 인상(visum incognitum)'은 확고하게 파악하지 못한 파악 인상을 의미하지만, 때로는 거짓 인상까지도 포함하는 일반적인 용어로 사용된다.(플루타르코스 『스토아의 자기 모순에 관하여』 1056E~F) 앎은 현자에게만 속하는데, 그의 믿음 체계가 파악으로만 구성되므로 확고하기 때문이다.(2.23 참조) 하지만 현자가 아닌 사람의 파악은 확고하지 않은데, 그들의 믿음 체계에는 비파악 인상이 포함되기 때문이다.

62 파악 인상에서 표상되는 것들의 범위에 관한 스토아의 견해는 확실하지 않다. 이 구절에서는 감각에 들어올 수 있는 한에서의 모든 특징을 지시한다. 하지만 섹스투스는 그것이 대상 자체가 지닌 모든 특징들을 표상한다고 주장한다.(섹스투스 『반박』 7.248~51)

63 2.21~22와 2.30~31 참조.

64 여기에서 키케로가 안티오코스의 철학사 해석에 동의하는 것은 초판본인 『루쿨루스』에서 구아카데미아와 스토아의 불일치를 강조(가령, 2.112~114)하는 입장과 완전히 일관적이지 않다.

65 이 맥락에서 '옛사람들(antiqui)'은 안티오코스가 해석하는 구아카데미아 사람들을 가리킨다.

66 1.15~16과 2.74에서 소크라테스의 무지 고백은 아포리아적 방법의 결론으로 설명된다. 반면에 이 구절에서 그의 무지 고백의 원인으로 지목된 '만물의 모호함'이 그가 아포리아적 방법에 의해 얻은 결론을 의미하는지 분명하지 않다. 이하에 진술된 언명들은 소크라테스 이전 철학자들(특히 데모크리토스, 엠페도클레스, 크세노파네스, 아낙사고라스)이 남긴 회의주의적인 주장들을 요약한 것이다. 이에 관해서는 2.14와 2.72 참조.

67 여기에서 아르케실라오스가 만물의 파악 불가능을 교설주의적으로

주장한 것처럼 묘사되고 있으며, 그 주장의 실천적 귀결로서 동의 중지를 이끌어낸 것처럼 보인다. 파악 불가능에 대한 그의 비교적 유보적인 태도에 대해서는 2.66~67과 2.77 참조.

68 2.74 참조. 플라톤에 대해 이와 반대되는 안티오코스의 해석에 관해서는 1.17과 2.15 참조.

69 이 구절 이하는 전승되지 않는다. 남아 있는 『루쿨루스』의 내용에 비추어 본다면, 전승되지 않는 부분은 아마도 (i) 신아카데미아가 직면한 행위불능의 문제를 해결하기 위하여 카르네아데스가 실천적 기준으로서 설득력 있는 인상(probabile)을 도입한 점, (ii) 카르네아데스 이후 필론에 이르기까지 신아카데미아 내부에서의 입장 변화 등을 포함했을 것이라 추측된다. 한편 시돈의 제논(Zenon of Sidon, c.150~75)은 에피쿠로스주의자이고, 아폴로도로스를 계승해서 110년에 수장으로 취임했다. 키케로는 79/8년에 그를 아테네에서 알게 되어 에피쿠로스 철학을 배웠다.

70 루키우스 리키니우스 루쿨루스(Lucius Licinius Lucullus, c.115~57/6)는 로마의 장군이자 정치가이다. 그는 젊은 시절이었던 90년대에 자신의 아버지를 추방했던 고발자인 세르빌리우스(Servilius)를 기소하면서 명성을 얻었고, 88년에 재무관으로 선출되었고, 80년대 술라의 통치하에 대리재무관, 79년 안찰관, 78년 법무관, 74년 집정관을 역임했다. 그는 87~77년의 대략 10년 동안 아시아 속주 총독으로 부임했으므로 로마에 머물지 않았고 로마의 일들에 관여할 수 없었다.

71 술라가 기존의 관직연령제한법(lex annalis)을 자신의 관직위계법(lex de magistratibus)으로 개정할 때, 자신의 부관들에게 예외조항을 삽입했기 때문에, 루쿨루스는 이러한 예외조항의 적용을 받을 수 있었다.

72 폰토스 왕국의 미트리다테스 6세(Mithridates of Pontus)가 89년부터 로마인들에 맞서서 지속적으로 일으킨 전쟁이다. 제1차 미트리다테스 전쟁에서 그의 군대는 아시아와 희랍 지역을 석권했으며 로마인들의 지배권에 치명타를 가했다. 그러나 이후에 술라, 무레나, 루쿨루스가 그를 성공적으로 제압했고, 폼페이우스에 의해 결정적으로 패배했다.

73 무레나(Lucius Licinius Murena)는 로마 장군이고, 88년 법무관으로 선출된다. 80년대에 1차와 2차 미트리다테스 전쟁에서 미트리다테스와 싸웠다.

74 아테네 장군이자 정치가인 테미스토클레스(Themistocles, c. 525~459)는 살라미스 해전에서 페르시아군을 격퇴했지만, 후에 망명을 떠나 페르시아 제국의 마그네시아의 총독으로 생을 마감했다. 시인 시모니데스는 테미스토클레스에게 기억술을 가르쳐 주겠다는 제안을 했다.(『최고선악론』 2.104 참조)

75 여기에서 말하는 왕은 앞서 언급한 폰토스의 미트리다테스 6세를 말한다.

76 루쿨루스는 미트리다테스 전쟁에서 승리하였지만 전쟁이 길어졌기 때문에 68/7년 폼페이우스에게 주도권을 상실했고, 그의 개선식은 폼페이우스 일파에 의해서 미루어졌다. 그의 개선식은 키케로가 집정관직에 오른 63년에야 가능했다.

77 (대)카토(Marcus Porcius Cato, 234~149)는 투스쿨룸 출신의 연설가이자 정치가이고 195년에 집정관직을 역임했다. 그는 184년부터 감찰관으로서 보여준 엄격한 도덕심, 그리고 카르타고 전쟁 이후 카르타고를 완전히 파괴하자고 고집했던 것으로 유명하며, 전통적인 반희랍 정서를 대표하는 인물이다. 하지만 그는 『기원론』과 『농업론』과 같이 역사에 관련된 저작을 남긴 저술가이기도 했다. 푸블리우스 아프리카누스(Publius Cornelius Scipio Aemelianus Africanus, 185/4~129)는 147년과 134년 집정관이었으며, 146년에 카르타고를 함락시켰다. 그는 희랍적 교양을 갖춘 인물이었고, 역사가 폴뤼비오스와 로도스 출신의 스토아 철학자인 파나이티오스(Panaetius of Rhodes, c. 185~110/9)와 교제했다. 특히 140~38년에 사절로서 동방의 왕국들에 방문했을 때 파나이티오스와 동행했고, 이를 계기로 파나이티오스는 로마에서 명성을 얻었다. 파나이티오스는 아마도 130/29년에 안티파트로스를 계승해서 스토아의 수장이 되었던 것으로 보인다.

78 키케로가 철학에 대해 찬양한 책은 46년에 저술된 『호르텐시우스』이

다. 이 책은 『루쿨루스』와 『카툴루스』의 서막에 해당하지만 지금은 전하지 않는다.

79 2.7~9에서 키케로는 신아카데미아에 속한 자신의 입장을 원론적인 차원에서 변호한다.(『신들의 본성에 관하여』 1.10~12 참조) 특히 키케로는 권위에 의지하는 교설주의자들의 태도를 2.8~9에서 비판한다. 루쿨루스는 2.60에서 이에 대해 논박하고, 다시 키케로는 2.114~115에서 재반박한다.

80 '어제 우리의 질문'은 소실된 『카툴루스』편에서의 토론 내용을 암시한다.

81 루쿨루스의 연설은 신아카데미아에 대한 안티오코스의 입장을 전달한다. 하지만 이 연설이 안티오코스의 책인 『소소스』를 그대로 따르는 것은 아니고, 『카툴루스』에서 다룬 문제들을 함께 고려하여 키케로가 새롭게 구성한 듯하다. 루쿨루스의 연설은 세 부분으로 이루어진다. 첫 번째 부분(2.11~18)은 『카툴루스』에서 다룬 철학사적 쟁점들을 다룬다. 두 번째 부분(2.19~39)은 파악이 가능하다는 스토아의 주장을 입증한다. 마지막 부분(2.40~60)은 신아카데미아의 반론을 검토하고 논박한다.

82 '퇴역 직전에 다시 소집된 저 철학'은 신아카데미아 철학을 말한다. 미트리다테스 전쟁 이후에 필론이 로마로 근거지를 옮기면서 신아카데미아의 물질적 기반은 거의 사라졌고, 84/3년 필론 사후 아테네에서는 아카데미아가 교육기관으로서 더 이상 존재하지 않았다. 80년대에 신아카데미아의 명맥을 잇고 있던 인물 중 하나가 필론의 제자였던 튀로스 출신의 헤라클레이토스(Heracleitos, c.120~50)이다. 그는 안티오코스가 필론의 『로마서』를 알게 된 87/6년에 알렉산드리아에 함께 있었다. 이후 필론의 제자들은 대부분 안티오코스를 중심으로 하는 구아카데미아로의 회귀운동에 동참하는데, 한동안 뛰어난 계승자가 없었던 신아카데미아가 자신에 의해서 다시 부활했다는 것이 키케로의 주장이다.(『신들의 본성에 관하여』 1.11~12 참조)

83 푸블리우스 셀리우스와 가이우스 셀리우스, 테트릴리우스 로구스에

관해서, 그들이 로마에서 필론의 강의를 들었으며, 87/6년에 알렉산드리아를 방문했다는 키케로의 보고 외에 어떤 정보도 남아 있지 않다.

84 (아버지) 카툴루스(Quintus Lutatius Catulus, 149~87)가 신아카데미아를 추종했고, 필론의 『로마서』의 내용을 숙지하고 있었다는 키케로의 묘사는 아마도 창작에 불과할 것이다. 그는 102년 집정관이었고 키케로는 그를 연설가의 모범으로 간주했다. 그의 성공적인 이력은 부분적으로 그의 철학적인 지식에 의존했다고 여겨진다.(키케로『연설가에 관하여』참조)

85 아리스토스(Aristos)는 자신의 형인 안티오코스를 계승하여 학파를 이끌었지만 부활한 구아카데미아는 그의 죽음과 함께 몰락했다. 그는 브루투스의 친구이고, 키케로는 51~50년에 아테네에서 그의 강의를 들었다. 알렉산드리아 출신인 아리스톤(Ariston)은 안티오코스와 아리스토스의 제자이다. 그는 크라티포스와 마찬가지로 후에 구아카데미아를 버리고 소요 학파로 전향했고, 아리스토텔레스의 『범주론』과 『분석론전서』에 대한 주석서를 저술했으리라 추측된다. 그의 형제인 디온(Dion)도 안티오코스주의자인데, 프톨레마이오스 아울레테스를 지배자로 승인하는 것에 반대하는 사절로 로마를 방문했고, 이 때문에 프톨레마이오스는 57년에 그를 독살했다.

86 이 구절은 88/7년에 저술된 필론의 『로마서』를 둘러싼 논쟁을 전해주는 주요 전거이자 안티오코스가 『소소스』를 저술한 배경을 보여준다. 필론이 책에서(책의 이름은 전하지 않지만 편의상 『로마서(Roman Books)』로 불린다) 주장한 견해에 안티오코스는 격노했고, 이를 논박하기 위해서 『소소스(Sosos)』를 저술한다. 두 책 모두 현재 전하지 않으므로 그 내용에 관해서는 논란의 여지가 있다. 안티오코스를 분노케 한 필론의 주장을 짐작할 수 있는 주요 구절들(1.13, 2.11~2, 2.18 및 섹스투스 『개요』 1.235)을 보면, 『로마서』는 아카데미아의 철학적인 단일성(1.13)에 근거한 인식론적 혁신(2.18)을 포함한다고 추정된다. 이에 대해 안티오코스는 『소소스』를 통해 아카데미아의 철학적 단일성 주장이 날조라고 반박하며, 그의 인식론적 혁신은 자기모순임을 보여

준다. 신아카데미아의 충실한 추종자인 헤라클레이토스, 아버지 카툴루스, 키케로조차 『로마서』에 부정적인 반응을 보인 것을 고려하면, 안티오코스의 논박이 일정 부분 타당했음을 짐작할 수 있다.

87 신아카데미아가 철학사를 바라보는 관점은 2.72~76과 1.44 이하에서 키케로에 의해 보다 구체화된다. 이에 대한 안티오코스의 비판은 2.13~5에서 이루어지고, 그의 철학사적 견해는 1.15~42에서 상술된다. 이 논쟁은 망실된 『카툴루스』에서 구체적으로 다루어졌음이 분명하다.

88 발레리우스(Publius Valerius Poplicola)는 509년 로마에서 왕을 몰아내고 최고의 집정관이 되었다고 여겨지는 인물이다. 그는 정무관들의 결정에 항소할 수 있는 권리를 발레리우스 법을 통해 최초로 민중에게 부여한 인물로 짐작된다.

89 플라미니우스(Gaius Flaminius)는 로마의 장군이자 정치가로서 223년과 217년 집정관이었고 한니발에 의해 죽음을 당했다. 그는 232년 호민관으로서 다소 평등주의적인 토지 분배 조치를 단행했다. 카시우스(Lucius Cassius Longinus Ravilla)는 연설가이자 재판관이고, 127년에 집정관에 취임했다. 민회에 제안된 법정 사안들에 대한 비밀투표를 허용하는 법안을 통과시켰다. 폼페이우스(Quintus Pompeius)는 141년에 집정관을 역임한 민중파 연설가이자 정치가로서 스키피오의 적수였다. 하지만 루쿨루스가 그를 민중파 법률 개혁가로 언급한 이유는 분명하지 않다.

90 티베리우스 그라쿠스(Tiberius Sempronius Gracchus)는 토지 재분배를 중심으로 폭넓은 민중적 개혁을 시도했지만 귀족파 동료들에 의해 암살당했다. 크라수스(Publius Licinius Crassus, c.180~131)는 스카이볼라의 형제이고, 131년에 집정관이었다. 그는 그라쿠스의 민중적인 개혁을 지지했다. 스카이볼라(Publius Mucius Scaevola)는 법률가이고, 133년 집정관이었다. 그는 그라쿠스 형제의 개혁에 법률자문을 했다는 의심을 받았지만, 그라쿠스가 살해당한 이후 정작 그의 살해자들을 기소하지는 않았다.

91 마리우스(Gaius Marius, c.157~87)는 로마 장군이자 정치가이며, 아르피눔 출신이다. 107년에서 87년 사이에 8번 집정관직을 수행했다. 그의 민중파적인 정치 성향은 주로 그의 군대를 유지하기 위한 의도에 기인한다.

92 사투르니누스(Lucius Appuleius Saturninus)는 103년과 100년에 호민관이었다. 마리우스가 자신의 퇴역병들에게 토지를 분배하려는 정책을 지지했고, 귀족파의 반대를 무릅쓰고 국가반역죄를 다루는 새로운 호민관직을 창설했다. 그는 마리우스의 후원을 잃고서, 100년에 벌어진 국가반역 사건에서 원로원 권고에 의해 처형되었다. 그가 루쿨루스의 외삼촌 퀸투스 카이킬리우스 메텔루스 누미디쿠스를 기소한 까닭에 루쿨루스 가문의 적개심을 불러일으켰다.

93 구아카데미아, 소요 학파, 스토아 학파의 본질적인 동일성에 대한 안티오코스의 주장은 1.17~18 참조.

94 여기에서 루쿨루스는 소크라테스가 무지를 고백한 것은 진심이 아니라 자신의 견해를 우회적으로 전달하기 위한 하나의 철학적 방법이었다고 평가한다. 소크라테스의 이러한 철학적 방법은 '은폐술(dissimulatio)'이라는 수사적인 장치로 이해되고 있다. 한편 판니우스(Gaius Fannius)는 스토아주의자 파나이티오스의 제자이고, 스키피오 아프리카누스와 동시대에 활동한 역사가이다.

95 철학은 진리의 점진적인 발견을 통해 완성된다는 안티오코스의 생각을 보여주는 구절이다. 이 생각의 아리스토텔레스적 기원에 관해서는 『투스쿨룸 대화』 3.69 참조. 이 구절에 대한 키케로의 답법은 2.76 참조.

96 안티오코스는 제논의 이론 대부분이 플라톤의 철학 체계를 다른 용어를 사용하여 재진술한 것이라고 해석한다. 이 해석에 따르면 아르케실라오스와 제논의 논쟁은 플라톤 철학의 진정한 계승자의 자리를 다투기 위한 것이었다.

97 라퀴데스(Lacydes)는 퀴레네 출신이고 아르케실라오스를 계승하여 신아카데미아의 수장이 되었다. 그는 아르케실라오스의 가르침인 파악

불가능과 동의 중지를 전적으로 받아들여 학파를 공고히 하는 데 기여했다. 라퀴데스의 제자인 에우안드로스(Euandros, c.250~165)는 라퀴데스가 병으로 임종하기 전인 216/5년에 텔레클레스와 함께 신아카데미아의 수장직을 맡았다. 헤게시노스(Hegesinos, c.200~160)는 에우안드로스를 계승하여 165년 학파의 수장이 되고, 카르네아데스의 선생이었다는 사실 이외에는 더 이상 알려진 바 없다.

98 클레이토마코스(Cleitomachos, 187/6~110/9)는 카르네아데스를 계승하여 129/8년에 신아카데미아의 수장이 되었다. 카르네아데스가 저술을 남기지 않았으므로 그의 견해는 클레이토마코스에 의해 기록되어 키케로, 플루타르코스, 섹스투스 엠피리쿠스와 같은 후대의 철학자들에게 전해졌다. 로마인들에게 멸망한 동향 사람들인 카르타고인들을 위해 『철학의 위안』도 저술했다. 타르소스 출신인 하그논(Hagnon, c.170~110)은 『수사학 고발』이라는 그의 저서 제목 외에 알려진 바가 거의 없다. 카르네아데스의 다른 제자인 카르마다스(Charmadas, c.168/7~95)는 '카르미다스'로도 알려져 있다. 필론이 『로마서』를 통해 철학적 입장 변경을 하게 된 계기를 제공하기도 했고, 수사학에 대한 관심사의 일부였던 기억력에 관한 이론으로 고대에서 유명세를 떨치기도 했다. 로도스 출신의 멜란티오스(Melanthios, c.180~130)는 카르네아데스의 제자이자 아이스키네스의 선생이라는 점 외에는 알려진 바가 없다. 이후 아이스키네스(Aeschines, c.160~90)가 110년에 신아카데미아에서 주도적인 인물로 간주되었다.

99 '자명함'의 개념을 정의해서는 안 된다고 주장하는 철학자들을 확정하기 쉽지 않다. 세들리는 크리톨라오스가 이끌던 소요 학파라고 추정하는데, 이들은 안티파트로스와 동시대의 사람들이고, 자명함에 대해 관심을 보였으며,(섹스투스 『반박』 7.218) 자명함이 보증하는 절대적 확실성을 거부했기 때문이다.(2.143) 반면에 브리튼은 이 철학자들을 에피쿠로스주의자로 추측하는데, 『최고선악론』 1.30~31에서 에피쿠로스주의자들이 '좋음'에 관해 유사한 주장을 하기 때문이다.

100 타르소스 출신의 안티파트로스(Antipatros, c.210~130)는 바빌론의 디오게네스를 계승하여 150년에 스토아 학파의 수장이 되었고, 파나이티오스와 다르다노스의 스승이다. 카르네아데스에 맞서 스토아 논리학을 변호했으며, 윤리학과 신학에 관한 저술도 남겼다.

101 제논이 '파악 인상'을 이와 같이 정의한 이유는 2.77에서 제논과 아르케실라오스의 변증술적 대화를 통해 좀더 상세히 설명된다.

102 신아카데미아의 입장에 따르면, 파악 인상과 그렇지 않은 인상을 판단할 기준은 존재하지 않고, 이 때문에 우리는 어떤 것도 파악할 수 없고, 따라서 앎을 획득할 수도 없다. 하지만 필론은 이러한 신아카데미아의 입장을 수정하여 앎의 가능성을 인정하려 했고, 이에 일종의 오류 가능주의적 인식론을 제시했다. 하지만 안티오코스의 해석에 따르면, 필론의 인식론은 오류의 가능성을 인정하므로, 결국 다시 회의주의적인 입장으로 귀결될 수밖에 없다. 자세한 내용은 「작품 안내」 3.3 참조.

103 2.19~27에서는 파악을 변호하는 일련의 논변들이 제시된다. 이 논변들 각각은 감각(19), 기술적 감각(20), 개념(21), 기억과 기술(22), 덕(23), 지혜(24), 충동(24), 이성(26), 논증(26) 등에 대한 스토아의 정의를 전제한다.

104 거짓 인상의 존재 가능성을 묻는 질문이며, 『카툴루스』에서 다루어졌던 사례들로 추측된다. 에피쿠로스는 모든 인상을 참으로 간주하지만, 스토아는 거짓 인상의 존재를 인정하므로 이 예들이 스토아에는 결정적인 타격을 주지 않는다. 이 주제에 대한 에피쿠로스의 입장은 2.79~80 참조.

105 감각이 온전히 기능하고 외부의 상황에 방해받지 않으면 진리를 판별할 수 있다는 주장은 섹스투스 『반박』 7.258에도 등장하는데, 거기에서 이 주장은 젊은 스토아주의자들의 주장으로 제시된다. 이 주장은 초기 스토아의 제논이 제시했던 파악 인상의 직접적 자명성에서 한발 물러선 주장이고, 신아카데미아와의 논쟁 과정에서 스토아가 초기의 입장을 수정했거나 보다 명료화했음을 보여준다. 안티오코스

는 이 주장을 받아들이는 듯하다.

106 에우리피데스의 비극 『안티오페(*Antiopē*)』와 『안드로마케(*Andromachē*)』를 파쿠비우스와 엔니우스가 각각 라틴어로 개작한 작품들이다. 안티오페는 제우스와 관계해서 암피온과 제우튀스를 낳은 후에 여러 고초를 겪는 인물이다. 안드로마케는 트로이아의 왕자인 헥토르의 아내이고, 엔니우스의 연극에서는 트로이아의 몰락 후 그녀 아들인 아스튀아낙스의 목숨을 대신해 포로가 된다.

107 퀴레네 학파의 창시자는 아리스팁포스이며, 쾌락주의뿐 아니라 외부 대상에 대한 회의주의도 주장했다.

108 2.19~20에서 루쿨루스는 감각으로 지각된 인상의 성격을 규정했다. 여기에서는 감각뿐 아니라 사유에 의해서 이성적으로 파악되는 인상을 설명한다. 이런 종류의 인상들은 감각인상의 성격을 지닐 뿐 아니라 이성적인 판단도 포함하고 있다.

109 '정의(definitio)'를 언급하는 구절이다. 스토아는 정의를 '분석에 의해 완벽하게(*apartizontōs*) 표현된 진술'로 규정한다.(디오게네스 『생애』 7.60)

110 '개념(*ennoia*)'을 언급하는 구절이다. '이런 종류의 것들로부터'는 직전 단계인 정의뿐 아니라 '감각뿐 아니라 정신으로도 파악된 것'(즉, 이성적 인상) 전체를 가리키는 것으로 보아야 한다. 개념은 정의에 의해서도 형성되지만, 자연적으로도 형성된다. 후자의 개념은 특히 '선개념(*prolēpsis*)'이라 불린다.

111 제논은 기억을 '인상들의 저장소'라고 불렀다.(섹스투스 『반박』 7.373)

112 '거짓된 것(*to pseudes*)'은 '있지 않는 것(*to me on*)'이므로 기억할 수 없다는 희랍의 전통적인 개념에 근거한 논변이다.

113 스토아에서 '앎(cognitio)'은 현자만이 소유할 수 있으며, 분과 학문들에 대한 지식을 의미하기도 하지만 동시에 현자의 정신이 그것 각각을 파악하고 있는 지속적 성품을 가리키기도 한다.(1.41~42와 2.145) 또 스토아에서 '덕(virtus)'은 현자가 파악한 일련의 이론들로

확립된 앎 혹은 기술로 정의되며, 따라서 덕은 앎과 동일시된다.(디오게네스 『생애』 7.90)

114 스토아는 지혜를 "신과 인간의 일들에 관한 앎"으로 정의하고, 철학은 지혜를 실행하는 기술로 정의한다.(섹스투스 『반박』 9.13)

115 2.24~25는 이성적 행위에 대한 스토아 이론을 바탕으로 논의된다. 행위 일반은 행위자에게 그 자체로 적합하다고 판단된 무언가를 향한 충동에 의해서 야기된다. 하지만 이성적 행위를 야기하는 충동은 그 충동을 불러일으키는 인상에 대해 이성적 행위자가 동의함을 필요로 한다.

116 스토아의 '행위 불가능' 논변의 첫 번째 예이다. 사실 스토아는 행위가 가능하기 위해서 행위자가 충동을 야기하는 인상에 동의할 것만 요구하고, 그 인상이 파악 인상일 것까지 요구하지는 않는다. 하지만 윤리적 목적인 행복에 도달하기 위해서는 그 행위가 올바르고 현명하게 선택된 것이길 요구하는데, 이 경우에는 파악 인상에 동의하는 것이 필요하다.(2.39)

117 이 단락은 '탐구(quaestio)', '발견(inventio)', '논증(argumenti conclusio)'에 관한 스토아의 정의에 의존한다. 처음의 두 정의는 클레멘스 『선집』 6.14와 유사하다. 스토아는 논증을 타당한 논변의 하위로 분류하므로 '그 전제들이 자명하고 이전에 불분명했던 다른 무언가를 드러내는 타당한 논변'으로 정의한다.

118 『최고선악론』 3.48 참조. 이에 대한 키케로의 답변은 2.133에서 주어진다.

119 어제의 논의에서 호르텐시우스가 교설주의자의 입장에서 회의주의자들을 비판했던 부분을 가리킨다. 이에 대한 키케로의 답변은 2.109~10에서 주어진다.

120 파악 불가능 논제를 범위에서 제외시키는 안티파트로스의 논변을 이곳과 2.109의 답변을 통해서 재구성하는 것은 힘들다.

121 인간의 제작에서 드러나는 섭리는 『신들의 본성에 관하여』 2.133~53, 특히 2.145~47에서 세부적으로 설명된다.

122 스토아에 따르면, 다섯 가지 감각은 영혼의 주도부(*hēgemonikon*), 즉 정신에서 뻗어 나온 부분들이므로 어떤 의미에서 정신과 감각은 동일하다.

123 2.21~23과 2.26에서 설명된 이성의 여러 발전 단계들이 여기에서 요약된다.

124 데모크리토스 단편 117.

125 신아카데미아 사람들 중 첫 번째 부류는 2.59에서 아르케실라오스의 추종자로 제시된다. 두 번째 부류는 '승인할 만한' 인상과 '불분명한' 인상을 구분하는 카르네아데스에 의존한다. 2.32~36에 대한 키케로의 논박은 2.98~111에서 제시된다.

126 이 반박은 섹스투스 『반박』 7.260에서 젊은 스토아주의자들의 반박과 동일하다. 이들은 인상이 참이라는 것을 알려주는 별도의 '징표(nota)'가 있다고 주장한다. 이들은 참된 인상이 그 자체로 자명하다는 초기 스토아의 주장을 수정함으로써 회의주의자의 공격을 피하려 했다.

127 '승인할 만한' 인상과 '승인할 만하고 방해받지도 않은' 인상의 구분은 섹스투스 『개요』 1.227~29와 『반박』 7.166~89에서 더 구체적으로 설명된다. 이 구분은 2.44와 2.59에서 논박되고, 2.104~9에서 키케로에 의해 변호된다.

128 스토아 학파는 감각적 인상을 환각이나 상상과 구분한다. 디오게네스 『생애』 7.50과 2.47~54 참조.

129 이 논박은 섹스투스 『반박』 7.435~38에서도 발견된다. 2.98~101에서 키케로의 답변은 신아카데미아가 점차로 승인할 만한 인상을 진리의 증거로 받아들이기 시작했음을 보여준다.

130 2.37~39에서의 논의는 제논의 이론에 근거하고 있다.(1.40~42 참조) 첫 번째 논변은 감각이 일종의 파악이므로 동의를 포함한다는 점을 드러낸다. 두 번째 논변은 행위 불가능 논변의 일종이다. 키케로의 답변은 2.108에서 이루어진다.

131 이 논변에 따르면, 안티오코스는 파악 인상이 필연적으로 동의된다

는 스토아의 견해를 받아들이는 것 같다. 키케로는 이 논변을 2.108
에서 논박한다.

132 스토아에 따르면, 자발적인 행위와 도덕적 책임은 동의에 의존한
     다.(1.40 참조) 신아카데미아는 덕과 악덕이 동의 능력의 사용 여부
     에 달렸다는 점은 인정하지만, 동의의 유보가 현명하고, 동의는 의견
     과 오류로 이끈다고 여긴다.

133 루쿨루스가 스토아의 파악 인상에 대한 옹호 논변을 마치고, 신아카
     데미아의 중심 논변을 논박하기 전에 이 논변의 쟁점을 정리하는 부
     분이다. 2.40~58에서 파악 인상의 존재를 부인하려는 신아카데미아
     의 '구분 불가능' 논변이 논박된다. 2.40~44는 신아카데미아의 중심
     논변과 이에 대한 안티오코스의 논박이다. 2.45~58은 구분 불가능
     에 대한 신아카데미아의 두 가지 논변을 고찰한다.

134 신아카데미아의 '구분 불가능(aparallaxia)' 원칙에 대한 설명. 이 원칙
     은 중심 논변의 (4)로 요약될 수 있다.

135 여기에서 '형이상학적' 구분 불가능과 '현상적인' 구분 불가능의 차이
     는 무시된다. 이에 대해서는 2.52, 58, 84에서 논의된다.

136 이 구절에 등장하는 신아카데미아의 '중심 논변'은 2.83에서 키케로
     에 의해 다시 반복된다. 섹스투스 『반박』 7.154와 7.160~64 참조.

137 세 부분에 대응하는 스토아의 이론은 감각(2.19~20), 경험
     (2.21~22), 이성(2.22~27)에서 각각 다루어졌다. 이에 상응하는 키
     케로의 비판은 각각 2.79~87, 2.88~90, 2.91~98에서 제시된다. 크
     뤼십포스가 이 세 부분을 구분했다는 사실은 2.87에서 확인된다.

138 2.33~36에 제시된 '승인할 만한 인상'에 대한 반박을 참조.

139 '논증'의 정의(2.26) 참조.

140 키케로의 답변에 관해서는 2.111 참조.

141 2.17에서 '자명함'을 옹호하는 세 가지 입장 참조. 2.46에서 루쿨루스
     가 말하듯, 2.19~27의 논변은 '자명함'에 대한 직접적인 변론이었다.

142 2.79~80 및 에피쿠로스 『헤로도토스에게 보내는 편지』의 49~52 참조.

143 첫 번째 유형의 신아카데미아 논변, 즉 비정상적인 상태의 정신으로

부터의 논변은 47~53에서 탐구된다. 섹스투스 『반박』 7.402~8 참조. 키케로의 논박은 2.88~90 참조.

144 2.92~94에서 키케로는 더미 논변을 설명한다. 카르네아데스가 사용한 신학적 논변에 관해서는 『신들의 본성에 관하여』 3.43~52와 섹스투스 『반박』 9.182~84 참조.

145 크뤼십포스는 신이 꿈이나 예언을 통해 이따금씩 우리에게 거짓된 인상들을 보낸다는 것을 인정한다. 물론 그는 신이 우리를 기만하기 위해서가 아니라, 그것에 대한 반응을 통해서 우리가 특정한 행동을 하도록 하는 의도를 지니고 있다고 생각한다.

146 루쿨루스의 논변은 스토아의 원리들 중 하나인 '구분되지 않는 것들은 동일하다', 즉 개별자들이나 개별적인 종류의 것은 유일하다는 원리에 근거하고 있다. 2.56 참조. 두 종류의 것들이 동일하다면 어느 하나는 존재 근거를 상실하므로, 참인 인상과 거짓인 인상은 완벽하게 동일할 수는 없다. 2.54; 56; 58 참조.

147 엔니우스 『연대기』 1권 단편 3 참조. 한편 갈바(Servius Sulpicius Galba)는 로마의 장군이자 정치가이다.

148 엔니우스 『에피카르모스』 단편 1. 엔니우스의 『에피카르모스』는 4 원소를 포함하는 자연학 체계를 묘사한 교훈시이다. 에피카르모스 (Epicharmos, c.540~480)는 시킬리아의 희극작가이다. 후에 퓌타고라스주의자로 간주되었다. 플라톤의 대화편들에서 가져온 흥미로운 주제들을 다룬 일련의 작품들의 저자로 지목되었는데, 혹자는 플라톤이 이것들을 모방했다고 말한다.

149 이곳과 2.58에서 루쿨루스가 사용하는 용어인 species는 '외양'으로 번역될 수 있다. 이 용어는 신아카데미아의 논변이 인상들의 심리적이고 현상학적인 측면과 관련되어 있음을 보여준다.

150 엔니우스 『알크마이온』 단편 15a. 2.89~90 참조. 이 작품은 엔니우스가 에우리피데스의 『프소피스의 알크마이온』으로 추정되는 희랍의 비극을 개작한 것이다. 극의 주인공인 알크마이온은 이 연극에서 분노의 여신들에 의해 광기에 빠져 아버지 암피아로스를 배신한 어머

니 에리필레를 죽인다. 아폴론과 아르테미스는 그를 정화하고 모친 살해에 면죄부를 준다.

151 신아카데미아의 이 논변은 2.94와 2.107에서 키케로가 말하듯, 스토아 현자가 특정한 상황에서는 파악 인상에 대해서도 동의를 중지한다는 점을 지적한다.

152 루쿨루스의 반박은 신아카데미아의 첫 번째 유형의 논변이 '승인할 만한 인상'을 행위 원리로 삼는 카르네아데스의 방식과 모순된다는 것을 함축한다. 만약 승인할 만한 인상들이 광인의 인상보다 더 분명하거나 일관되지 않다면, 그들은 아르케실라오스의 견해를 받아들여야 할 것이다. 아르케실라오스는 '불분명한 인상과 '파악 인상'의 중간에 다른 범주를 구분하고자 시도하는 것보다는 모든 것이 완전히 불분명하다고 여긴다. 2.32와 2.59 참조.

153 신아카데미아의 두 번째 유형의 논변(2.54~58)은 유사한 것들의 사례에 근거한다. 섹스투스 『반박』 7.408~10. 키케로는 2.84~87에서 이에 대해 논박한다.

154 유사한 논변에 관해서는 2.33~34와 2.44 참조.

155 데모크리토스 단편 A81. 2.125 참조.

156 현자의 기술은 고도로 발달된 인식 능력에 기인한다. 이 인식 능력은 그들의 정신을 구성하는 일련의 파악들, 그리고 비(非)파악 인상에 동의하지 않을 능력에 근거한다.(2.107 참조) 하지만 그들의 인식 능력은 일정 부분 실제 경험들에 제한된다.

157 2.33~36과 2.104 참조.

158 아버지 카툴루스가 취하는 온건한 회의주의에 대한 『카툴루스』의 논의를 짐작케하는 구절.(2.12, 2.18, 2.148과 비교) 이 입장은 2.78에서 필론과 메트로도로스에게 귀속되었고, 2.66~67에서는 키케로에 의해 거부된다.

159 섹스투스 『개요』 1.232~4 참조.

160 루쿨루스는 『호르텐시우스』에서 키케로가 호르텐시우스에 대한 철학의 권유에 성공했음을 암시하고 있다.

161 킴메리아인들(Cimmerii)은 호메로스의 『오뒷세이아』 11권 14행에서 태양빛이 닿지 않는 땅의 거주자들을 말한다. 오뒷세우스가 망자들을 만나서 대화를 나눌 때, 몇몇 사람들은 킴메리아인들이 그 대화가 이루어진 지역에 살았다고 믿는다.

162 루쿨루스는 63년 카틸리나 음모를 진압하는 과정에서 키케로가 어떤 역할을 했는지를 암시하고 있다. 키케로가 끊임없이 자신의 공적을 과시하는 것은 그의 동료들을 질리게 만들었으므로, 그의 친구들은 그를 모방하면서 놀리곤 했다.

163 2.71 참조.

164 여기에서 키케로는 2.7~9에서도 제시한 입장을 반복하고 있다. 고집이나 무고는 1.44와 2.14에서 아르케실라오스에 대해서도 가해졌던 비판이다.

165 아라토스(Aratos, c.315년 출생)는 솔리(Soli) 출신의 시인이다. 제논의 제자였으므로 그의 시에는 스토아주의의 영향이 드러난다. 이 구절은 그의 방대한 기상학적 저작인 『기상현상론(Phaenomena)』에서 인용된 것이다. 키케로는 『신들의 본성에 관하여』 2.106에서 이 부분을 보다 길게 인용하고 있다.

166 아르케실라오스가 제논에 동의한 내용에 관해서는 2.77 참조. 제논의 인식론적 견해는 1.41~42에서 설명된다.

167 2.67~68의 논변에 관해서는 「작품 안내」 3.2.2 참조.

168 신아카데미아의 '동의 중지 논변'이 명시적으로 제시된 첫 번째 사례이다. 아르케실라오스가 제시한 형태는 섹스투스 『반박』 7.155~57에서도 확인된다. 카르네아데스가 이 논변을 수정한 이유에 관해서 그의 제자들 간에도 이견이 있었음이 2.59; 78; 148에서 확인된다.

169 동의하는 습관의 위험성에 관해서는 2.92~94와 섹스투스 『반박』 7.415~22 참조.

170 파악 불가능 논변의 중요성에 관해서는 2.78 참조.

171 므네사르코스(Mnesarchos)와 다르다노스(Dardanos of Athenae)는 안티오코스가 회의주의에서 이탈하던 시기에 아테네에서 중심적인 스

토아주의자들이었다. 다르다노스는 바빌론의 디오게네스와 안티파트로스의 제자이고, 이 둘에 대한 정보는 키케로의 보고 이외에 달리 전해지지 않는다. 안티오코스가 알렉산드리아로 이주했던 87년에 이미 자신의 제자들을 갖고 있었으므로, 그는 이미 필론이 『로마서』를 쓰기 전, 아마도 90년대 후반쯤에 필론과 결별했음을 알 수 있다.

172 디오뉘시오스(Dionysius of Heraclea)는 제논의 제자였지만 스토아 윤리학을 거부했기 때문에 변절자로 여겨졌다. 키케로는 그가 에피쿠로스 학파의 쾌락주의를 받아들인 것으로 보고하지만 그가 받아들인 쾌락주의가 퀴레네 학파의 것이었는지 에피쿠로스주의자들의 것이었는지는 확실하지 않다. 이처럼 자신의 입장을 정립한 철학자가 다른 학파로 전향하는 경우는 매우 드물었다.(2.106에서 키케로가 언급하는 폴뤼아이노스가 또 다른 예이다.)

173 2.100과 섹스투스 『개요』 1.33(아낙사고라스 단편 A97) 참조.

174 섹스투스 『반박』 7.265(데모크리토스 단편 165) 참조.

175 아르케실라오스의 회의주의적 논변의 예봉에 맞선 것은 제논이 아니라 아마도 클레안테스와 아리스톤이었을 것이다. 제논의 제자인 클레안테스(Cleanthes, 331/0~230/29)는 262/1년에 스토아 학파의 수장이 되었다. 그는 철학의 여러 분과에 걸쳐 50여 권의 저술을 남겼지만, 이 저술들은 크뤼십포스의 체계화와 재구성에 의해서 빛이 바랬다. 그의 저명한 『제우스 찬가』는 지금도 전한다. 크뤼십포스(Chrysippus, c.281~208)는 클레안테스의 제자이자 스토아 학파의 세 번째 수장이다. 철학의 제 분야에 걸쳐 700권 이상의 저술을 남겼고, 특히 명제논리를 발전시킨 점이 유명하다. 스토아 학파의 체계를 형성하는 데 결정적인 역할을 했으므로 제논이나 여타 이름 있는 스토아 철학자에게 명시적으로 지정된 것이 아닌 스토아 철학은 보통 그의 것으로 간주된다. 안티오코스가 이용하는 반-회의주의적 논변들의 대부분은 그가 고안해 낸 것이다.

176 섹스투스 『반박』 7.138~39(데모크리토스 단편 11). 이 단편은 '어두운' 감각지각과 '참된' 인식을 대조한다. 데모크리토스가 진리의 존재

를 부인한 것은 2.32에서 '진리는 심연에 숨어 있다'는 주장과 일맥상 통한다. 진리에의 접근성에 관한 신아카데미아의 입장은 2.111에서 는 재진술된다.

177 메트로도로스 단편 1. 메트로도로스(Metrodorus of Chios)는 키오스 출신의 원자론자이다. 키케로는 그가 데모크리토스의 제자라고 여겼 고, 그는 분명 데모크리토스의 견해를 빌렸다. 신아카데미아와 유사 한 견해를 개진했음에도 불구하고 그의 회의주의는 원자론의 교설주 의적 이론에 의존했던 것 같다. 2.14와 1.44~45에서의 목록에 메트 로도로스가 빠져 있는 것을 볼 때, 키케로는 데모크리토스의 회의주 의적인 성격을 강조할 때에만 그를 인용하는 것 같다.

178 감각에 관한 엠페도클레스의 견해에 대한 회의주의적 해석은 섹스투 스『반박』 7.122~25과 디오게네스『생애』 9.73 참조.

179 크세노파네스가 인식을 부정했다는 전거는 섹스투스『반박』 7.49~ 52(단편 34)에 남아 있다. 파르메니데스의 회의주의적 성격을 구성 해 내는 것은 어렵지만, 그는 감각들에 대해 비판적이고(단편 7), 육 체에 깃든 정신의 인식 능력의 한계를 지적한다.(단편 16)

180 여기에서 키케로는 소크라테스에 대한 아이러니적 해석을 거부하고 아포리아적인 해석을 제시한다. 하지만 1.44에서는 소크라테스를 독 단적 회의주의로 해석한다.

181 스틸폰(Stilpon), 디오도로스(Diodoros of Cronos), 알렉시노스 (Alexinos)는 4세기 후반과 3세기 초반의 변증가들을 대표한다. 여러 변증가들의 논리적 저작은 감각과 감각세계에 관한 역설들을 함축하 고 있으며, 따라서 아르케실라오스는 이들을 회의주의적인 전거로 인용한다. 스틸폰은 메가라 학파 철학자로서 그의 제자들 중 메네데 모스와 제논이 있다. 키케로는 그가 변증술적 논변에 관심이 있었음 에 주목하지만, 다른 전거들에 따르면 그는 윤리학과 형이상학에 몰 두했으며 플라톤의 형상을 이성주의적인 관점에서 반대했다. 디오도 로스는 변증술 학파의 창시자이다. 알렉시노스는 엘리스 출신의 변 증가이다. 스승인 에우불리데스와 그의 제자들은 그들이 속했던 메

가라 학파의 형이상학을 거부하고 궤변론을 포함한 논리적인 탐구로 전향했던 것으로 보인다. 후에 이들은 '쟁론가들(Eristikoi)'로 불린다. 알렉시노스도 올륌피아에서 자신의 학파를 설립했다고 전한다.

182   2.87 참조, 디오게네스 『생애』 7.183.

183   2.20과 2.142 참조.

184   2.17에 대한 키케로의 답변이며, 2.79 이하의 내용을 가리킨다.

185   이하의 대화는 철학적으로 재구성된 대화이다.(2.66~67과 섹스투스 『반박』 7.153~57 참조) 여타의 전거들에 비추어 볼 때, 제논의 정의에 반론을 제기하고 수정을 요구한 사람이 아르케실라오스라는 점은 의심의 여지가 없으나, 실제로 아르케실라오스의 논변에 대해 스토아를 변호한 사람은 제논의 제자인 아리스톤인 듯하다.

186   2.18과 비교. 여기에서 '있는 것으로부터'라는 표현은 2.112에서는 '참인 것으로부터'로 대체된다. 이러한 용어의 대체는 키케로가 파악 인상의 기원을 물체적 사물이 아니라 명제들로 여겼음을 보여준다.

187   2.18 참조. 키케로와 루쿨루스는 모두 현자가 의견을 갖는 것은 불가능하다는 점을 받아들인다. 따라서 쟁점은 스토아가 정의한 방식의 파악이 가능한지의 여부이다.

188   2.79~90에서 키케로는 감각에 근거한 파악의 가능성을 논박한다. 2.79~82는 감각 자체가 2.19에서 루쿨루스가 주장하는 것보다 훨씬 약하고 오류 가능하다는 점을 논한다.

189   대립하는 현상들에 근거한 논변들은 2.81~82와 섹스투스 『반박』 7.411~14에서도 자세히 제시된다.

190   이 주장은 '모든 감각은 참이다'라는 주장의 또 다른 변형이다. 2.19와 2.83 참조.

191   에피쿠로스는 감각에 근거한 판단에서 '의견'을 오류의 원인으로 간주한다.(『헤로도토스에게 보내는 편지』 49~52) 출신과 연대가 불분명한 에피쿠로스주의자 티마고라스(Timagoras)는 필로데모스가 비판한 감각과 분노에 관한 저술을 남긴 로도스 출신의 티마사고라스(2세기)와 동일 인물일 수 있다. 여기서 티마고라스의 입장은 잘못 제

시된 듯하다. 모든 감각이 참이라는 에피쿠로스의 주장은 스토아나 신아카데미아가 생각하는 감각의 범위보다 좁은 의미의 감각 내용에 근거한다.

192 아비아니우스(Gaius Avianius Flaccus, 46년 사망)는 키케로의 친구이 자 곡물무역상이었다.

193 플리니우스에 등장하는 이 사람은 북아프리카에 있는 카르타고의 항 구를 떠나는 배를 대략 340킬로미터 떨어진 시킬리아 서안에 있는 릴리바이움의 언덕에서 바라보고 있다.

194 움직이는 배와 꺾인 노의 예는 대립되는 감각 현상의 전형적인 예이다.

195 키케로는 에피쿠로스의 『퓌토클레스에게 보내는 편지』에 나오는 구 절을 달리 표현했다. 디오게네스 『생애』 10.91 참조. "해와 다른 모든 별들의 크기는 우리와의 관계에 따른 것으로 우리에게 나타나 보이 는 만큼 크다. 그리고 우리 눈에 보이는 것보다 조금 더 크거나 더 작 거나 같은 크기다."

196 신아카데미아의 중심 논변에 대한 보다 자세한 내용은 2.40~42 참조.

197 게미누스(Publius Servilius Geminus)는 기원전 252년과 248년에 집정 관이었다. 그의 쌍둥이 형제인 퀸투스에 대해서는 다른 전거가 없다. 아래에 등장하는 코타(Gaius Aurelius Cotta)는 252년에 게미누스와 함께 집정관직을 역임했다.

198 2.40; 52; 58; 85 참조.

199 뤼십포스(Lysippus, c.370~320)는 시퀴온 출신의 조각가로서 알렉산 드로스의 상을 제작한 것으로 유명하다.

200 2.20 참조.

201 2.30 참조.

202 2.30 참조. 키케로는 2.116에서 자연학의 문제로 다시 돌아가고, 2.119~21에서는 신의 창조에 관해서 다룬다. 2.127~28에서의 결론 은 여기서의 언급을 확대한다.

203 크뤼십포스는 '일상 경험(*synētheia*)'에 관련된 찬반양론의 논변을 담 은 일련의 저작들을 저술했다. 그의 추종자들은 그 저작들을 카르네

아데스의 논변들을 능가하는 것으로 여겼다. 2.91~98에서의 더미 논변이나 거짓말쟁이 논변과 같은 논리적 역설은 이성에 반대하는 논변들에 해당한다.

204 2.88~90 참조.

205 2.51~52에서 언급된 엔니우스의 인용구들이 여기에서 반복된다.

206 엔니우스 『연대기』 1권, 단편 5.

207 파쿠비우스 『일리오나』 단편 210~11. 첫 번째 구절을 키케로는 『투스쿨룸 대화』 1.106에서 계속 인용한다. 트로이아 왕 프리아모스의 딸 일리오나는 아들 데이필로스와 맞바꿔 그녀의 형제인 폴뤼도로스를 구한다. 결국 데이필로스가 폴뤼도로스를 대신해서 그녀의 남편 폴뤼메스토르에게 살해당한다. 키케로가 인용하는 일리오나의 대화 상대자는 그녀의 죽은 아들이다.

208 투디타누스(Sempronius Tuditanus, 1세기)는 마르쿠스 안토니우스의 아내인 풀비아의 할아버지이다. 희랍 배우처럼 치장하고 광장에서 군중들에게 돈을 뿌리곤 했다고 키케로는 전한다.

209 여기서 인용한 구절은 엔니우스(Ennius)의 『아이아스』의 일부분일 것이다. 소포클레스의 희랍 비극과 동명의 작품 속 주인공 이름이기도 한 아이아스는 트로이아 전쟁에서 희랍인들을 이끈 전사이다. 아킬레우스의 무구를 두고 울릭세스(Ulixes, 오뒷세우스의 로마식 이름)와 경합을 벌였지만 패배했다. 아킬레우스의 무구가 울릭세스에게 주어지자 아이아스는 광기에 빠져서 그를 죽이려고 하였으나 소를 그로 착각해서 죽인다. 이후 수치심을 못 이기고 자결한다.

210 희랍 영웅이자 반신인 헤라클레스는 왕권을 탈취한 아르고스의 전설적인 왕 에우뤼스테우스(Eurystheus)가 부과한 12가지 고난을 수행한 것으로 유명하다. 특히, 여러 괴물들을 처치하라는 임무는 인간의 힘과 인내에 대한 상징이 되었다. 에우리피데스의 『헤라클레스의 광기』에서 그는 모든 임무를 완수하고 집으로 돌아왔으나 광기에 사로잡혔고, 제 자식들이 에우뤼스테우스의 자식들이라는 인상에 사로잡혀 살해했다.

211 2.52 참조. 엔니우스 『알크마이온』 단편 15b.

212 디아나는 달의 여신이자 아폴론의 누이이다. 알크마이온은 오누이를
     두려워했지만, 결국 그들은 그를 용서한다.

213 2.91~98에서 키케로는 스토아 논리학의 원리들을 무너뜨리면서 이
     성의 허약함을 드러내는 일련의 논변. 즉 더미 논변(2.92~94)과 거
     짓말쟁이 논변(2.95~98)을 제시한다. 두 논변에서 초점을 맞추고 있
     는 것은 이가원리(principle of bivalence)와 전건긍정을 중심으로 한
     추론의 타당성이다.

214 스토아 변증술은 키케로가 여기에서 언급한 내용들 보다 훨씬 넓
     은 주제들을 포괄한다. 이에 대해서는 디오게네스 『생애』 7.41~44,
     2.142~46 참조. 구아카데미아의 변증술에 관해서는 1.19와 1.30~
     33 참조.

215 변증술이 자신만을 대상으로 한다는 비판은 『고르기아스』 453~54
     에서 플라톤의 수사학 비판과 유사하다. 한편, 『점술에 관하여』
     2.9~11에서 카르네아데스도 점술에 관해 유사한 비판을 가한다.

216 다른 형태의 더미 논변은 갈레노스와 섹스투스에 의해 전한다. 크뤼
     십포스는 이에 대한 여러 권의 책을 저술했다.

217 크뤼십포스 단편 2.277 참조. 2.94에서 키케로는 크뤼십포스가 더미
     논변 중 어떤 질문에서 답변하기를 중지하는 것은 동의를 중지하는
     것으로 간주한다.

218 키케로의 논변은 섹스투스 『반박』 7.416~21에서 좀더 자세히 서술된
     다. 답변이 아직 '분명한' 상태에서 크뤼십포스가 동의 중지를 권유한
     다면, 파악될 수 있는 인상에조차 동의를 중지할 수 있다는 점을 인
     정하는 셈이다.

219 페넬로페는 호메로스의 서사시 『오뒷세이아』에서 오뒷세우스의 아내
     이다. 그녀는 트로이아 전쟁에 참전한 남편이 20년간 집을 비운 사이
     에 구혼자들에 둘러싸여 있었다. 그녀는 직물을 완성하면 구혼에 답
     하겠다고 한 뒤, 밤에 몰래 직물을 다시 풀어내어 구혼을 거절했다.

220 스토아 학파는 명제를 참이거나 거짓인 것으로 정의한다.

221 디오게네스 『생애』 7.196~97에 따르면, 크뤼십포스는 거짓말쟁이 역설에 관해 적어도 열 권의 책을 저술했다.

222 스토아 학파가 요구하는 것은 저 명제들이 참과 거짓에 관한 예외를 인정받을 만한 특별한 경우라는 것이다. 크뤼십포스는 거짓말쟁이 논변이 '나는 거짓말한다'와 같은 명제가 진리값을 갖지 않는다는 식으로 해결하는 듯하다.

223 에피쿠로스 단편 376. 『신들의 본성에 관하여』 1.70과 『운명론』 21 참조. 헤르마르코스(Hermarchus, c.325~250)는 뮈틸레네 출신의 저명한 에피쿠로스 학파 철학자이다. 그는 에피쿠로스의 제자이자 계승자로서 271/0년에 학파의 수장이 되었다.

224 디오게네스(Diogenes of Babylon)는 크뤼십포스의 제자이고, 후에 스토아 학파의 수장이 되었다(170~150년). 음악과 수사학, 영혼론, 윤리학 이론에서 영향력 있는 작가였다. 그는 155년 로마로 파견된 사절단의 일원이었다. 한편 1므나는 100드라크마의 가치가 있으며, 1드라크마는 150년경의 임금노동자 30~50일치 임금과 비슷하다.

225 2.98~111에서 키케로는 신아카데미아의 비일관성을 비판한 루쿨루스에 대해 반박한다. 2.98~105는 카르네아데스의 '실천적 기준'에 대한 클레이토마코스의 변호가 2.32~36에서의 반론과 무관함을 보여준다. 2.106~11은 2.22~24에서의 비판에 대한 답변이다.

226 클레이토마코스 자신의 견해들에 대한 유일한 전거는 2.99와 2.103~4의 인용, 그리고 2.78과 2.108에서의 키케로의 해석이다. 그의 견해의 핵심은 2.32에서 언급된 불명확한 인상과 비파악 인상을 구분하는 것이다. 이것은 2.33~36에서 카르네아데스의 실천적 기준으로 제시된 승인할 만한 인상을 확립할 수 있는 근거가 된다.

227 이 구절과 2.109에서 키케로는 스토아의 '합리적인 것(to eulogon)'을 차용하여 현자가 불확실한 상황에서 어떻게 행위할 수 있는지를 설명하는 것 같다. 하지만 '합리적인 것'은 스토아의 현자가 불확실한 상황에서 '그렇게 하는 것이 이성적'이라는 인상에 동의한다는 의미이고, 이 점에서 키케로의 주장과는 다르다.

228 스타디움은 125보(步, passus)이고, 대략 185미터 정도이다.

229 아낙사고라스 단편 A97. B10.8~11 참조. 이는 2.72에서 키케로가 인용한 구절을 설명한 것이다.

230 2.83 참조. 에피쿠로스의 입장은 2.79에서 설명되었다.

231 키케로는 아마도 승인할 만한 인상을 실천적 기준으로 사용하는 것에 루쿨루스가 반대한다는 것을 의미하는 듯하다. 이는 어떤 인상이 승인할 만하다는 것은 카르네아데스가 스토아로부터 차용한 것이었기 때문이다. 섹스투스 『반박』 7.242~43 참조.

232 루킬리우스(Gaius Lucilius)는 로마의 시인이고 캄파니아 출신이다. 스키피오의 친구이며, 찬양받는 풍자시인으로서 종종 철학적인 주제들도 다루었다. 마닐리우스(Manius Manilius)와 켄소리누스(Lucius Marcius Censorinus)는 149년 집정관에 취임했다. 또 켄소리누스는 제3차 카르타고 전쟁에 참가했다. 클레이토마코스는 자신의 책을 켄소리누스에게 헌정했는데, 클레이토마코스가 카르타고인이었다는 점과 이 책이 로마인에게 헌정된 첫 번째 철학책이라는 점에서 주목할 만하다.

233 2.99 참조. 이 인용에서 클레이토마코스는 우리 인상들에서 차이는 이따금씩 사물들의 객관적인 차이를 반영한다고 주장하는 듯하다. 비록 그것을 구분하는 신뢰할 만한 방법이 있는 것은 아니지만, 그는 신아카데미아가 감각을 제거한다는 반론을 상대하기에 승인할 만한 인상을 제시하는 것으로 충분하다고 여긴다. 키케로는 2.101에서 동일한 주장을 편다.

234 클레이토마코스는 두 종류의 동의 중지를 구분하면서 스토아의 '동의'와 회의주의자들의 '승인'을 구분한다. 첫 번째 종류의 동의 중지는 '인상을 참이라고 동의하지 않는 것'에 해당하며, 두 번째 동의 중지는 '어떤 인상이든 승인하기를 보편적으로 거부하는 것'을 의미한다. 그는 첫 번째의 동의 중지는 스토아의 동의에 반대되는 것이므로 계속 유지해야 한다고 주장한다. 반면에 두 번째 동의 중지를 받아들이지 않는데, 승인할 만한 인상에 승인하는 것은 허용되기 때문이다.

이 두 번째 동의 중지의 거부에 해당하는 회의주의적 '승인'의 의미는 뒤에 다시 설명된다.

235 2.79와 2.81 참조.

236 에피쿠로스 단편 229a. 폴뤼아이노스(Polyainos, c.330~278/7)는 람프사코스 출신의 에피쿠로스주의자이다. 그가 에피쿠로스를 만나기 전에는 기하학자였으나, 추상적 기하학이 경험적 사실과 원자론에 모순된다고 생각하는 에피쿠로스를 따라 기하학을 거부했다. 그는 초기 장원의 네 지도자 중 하나였다. 폴뤼아이노스의 이야기는 『최고 선악론』 1.20에서도 반복된다. 에피쿠로스는 표준적인 희랍 기하학의 원리들이 일상적 경험 및 원자론과 양립하지 않는 것으로 여긴다. 1.5~6 참조.

237 시론(Siron)은 1세기에 이탈리아에서 활동했던 에피쿠로스주의자이다. 키케로와의 교제 외에 우리가 알고 있는 정보는 그가 네아폴리스에서 필로데모스와 함께했고, 아마도 시인 베르길리우스의 선생이었을 것이라는 추측이 전부이다.

238 이 논변은 2.22에서 기억을 일종의 파악으로 간주하는 스토아의 정의에 근거한다.

239 2.22 참조. 키케로는 2.116~17에서 철학을 단지 경험적 추론을 사용하는 기술들의 일종으로 여긴다. 항해술과 의술은 이런 기술들의 전형적인 예들이다. 마지막 기술의 예는 2.122에서 키케로가 암시하는 경험주의적 의술이다. 키케로는 이 논변을 2.144~46에서 확장한다.

240 파나이티오스 단편 70과 『점술에 관하여』 1.6 참조. 디오게네스 『생애』 7.149에 따르면, 파나이티오스는 점술이 기술도 아니라고 주장했다. 하지만 그는 로도스의 사제였으므로, 그가 점술의 효력을 부인했다기보다는 그것이 기술인지를 의심했다고 보는 키케로의 해석이 옳을 것이다. 파나이티오스가 점술을 의심한 것은 자연학에 대한 그의 관심과 지식으로부터 유래한 듯하다.

241 이 구절은 2.38에서의 반론에 대한 키케로의 답변이다.

242 2.24~25와 2.37~39. 이 보충 논변이 필요한 이유는 스토아 학파가

감각을 감각에 의해 산출된 파악 인상에 대한 동의로 정의하기 때문이다. 하지만 그들은 우리가 때로는 비파악적인 감각 인상에 동의한다는 점, 혹은 그것이 우리의 행위를 일으키기에 충분하다는 점을 부인하지 않는다.

243 2.99 참조. 이 구절은 2.59에서의 반론에 대한 키케로의 답변이다.

244 2.27~29 참조. 키케로의 답변은 2.32에서 명시되고 2.98~105에서 설명된 불명확한 인상과 비파악 인상 간의 구분에 근거한다.

245 2.44 참조.

246 2.112~41에서 키케로는 교설주의자들의 다양한 견해들을 자연학(2.116~28), 윤리학(2.129~41), 논리학(2.142~6)으로 나누어서 제시한다. 도입부에 해당하는 2.112~5에서 그는 교설주의자들이 다양한 견해를 제시하고 있다는 사실 자체가 안티오코스의 주장을 논박한다고 주장한다. 안티오코스도 철학자들의 다양한 견해들을 모르고 있지는 않았을 것이지만, 이러한 의견 차이는 결국 언어적인 차이일 뿐 실제적으로는 일치한다고 보면서 구아카데미아 전통의 단일성을 주장했다. 반면 키케로는 안티오코스의 주장이 역사적으로 맞지 않을 뿐만 아니라(2.112~3), 자신의 견해만이 옳다고 주장하는 교설주의자의 견해들은 모두 똑같이 타당하다(2.114~5)고 비판한다.

247 소요 학파나 구아카데미아의 경우, 스토아 인식론의 핵심인 '파악 가능성'과 '현자의 무오류성'을 그다지 강조하지 않는다. 이에 카르네아데스도 '파악 불가능성'과 '판단 중지'를 근거로 소요 학파를 논박할 의도가 별로 없었고(2.59, 67, 68.), 이는 키케로도 마찬가지이다. 키케로가 소요 학파와 구아카데미아를 논박하는 방식은 명확히 제시되지 않지만, 이후의 논의에 비추어 볼 때, 아마도 소요 학파의 이론적인 모순을 논박하거나, 동등한 설득력을 지닌 다른 견해를 대립시키는 방식을 취할 것이다.

248 '시시한 자들'은 안티오코스를 의미할 수도 있고(2.69~70) 제논을 의미할 수도 있다.

249 제논은 파악의 정의를 처음으로 정식화했다.(1.40~1; 2.18, 77) 또

한 그는 현자의 무오류성을 강조한다. (2.77)

250 키케로가 이 두가지 원리를 받아들인다는 점에서 그가 지지하는 회의주의의 급진성이 드러난다. 그가 클레이토마코스의 급진적 회의주의를 받아들이고 있다는 사실은 2.66, 78, 108 참조.

251 디오도토스(Diodotos)는 키케로의 집에 머물면서 그에게 스토아 논리학을 가르친 스토아 철학자이다.

252 2.9와 2.117 참조. 섹스투스 『반박』 7.314~42와 『개요』 2.37~46 참조.

253 2.106 참조. 기하학적 원리들에 대한 일련의 논박은 섹스투스 『개요』 3.39~44와 『반박』 9.375~417과 3.1~64 참조. 수학적 원리들의 가설적 성격에 관해서는 플라톤 『국가』 7.533c 참조.

254 아르키메데스(Archimedes, 288/7~212/11)는 시라쿠사이 출신의 수학자이자 발명가이다. 그의 천문학적 저작들은 전하지 않지만, 태양의 크기를 측정하는 방법은 전한다. 하지만 그가 태양의 크기를 증명했는지 여부는 확실하지 않다.

255 태양에 대한 스토아주의자들의 견해는 2.126 참조.

256 원리들을 질료인에 따라 나열하는 방식은 아리스토텔레스 『형이상학』 1권에서 제시된 해석 전통을 따른다. 키케로는 아마도 클레이토마코스가 수집한 회의주의적 학설 모음을 전거로 사용했을 것이다.

257 탈레스는 최초의 자연철학자로 간주되고 밀레토스 출신이다. 천문학적인 관심사(585년 일식을 예언)를 엿볼 수 있으며, 그가 제시한 제일원리로서의 물은 만물을 구성하는 원소라기보다 만물의 기원에 대한 주장으로 보인다.

258 아낙시만드로스(Anaximandros, c.610~525)는 밀레토스 학파의 자연철학자이다. 탈레스의 제자이자 아낙시메네스의 스승이다.

259 아낙시메네스는 밀레토스 출신의 자연철학자이다. 아낙사고라스의 스승으로 기록된 전거들이 있으나, 연대기적으로는 신뢰성이 부족하다.

260 아낙사고라스(Anaxagoras, c.500/499~428/7)는 클라조메나이 출신의 자연철학자이고, 페리클레스와 에우리피데스를 가르쳤던 것으로

보인다. '동등한 부분들을 가진 것들(*homoiomere*)'을 만물의 원리로 제시한 것과 세계가 신적 지성에 의해 질서 지워졌다는 교설로 유명하다. 남아 있는 단편들 중에서는 회의주의의 흔적을 보이는 것은 찾기 힘들다.

261 크세노파네스는 콜로폰 출신 시인이자 철학자이다. 파르메니데스의 스승이라는 전승은 아마도 거짓일 것이다.(파르메니데스가 크세노파네스의 합리주의적 신학에 영향을 받은 것은 사실일 것이다.) 신아카데미아에 의해 그에게 귀속된 교설주의적 회의주의는 (아마도 자연학적이고 신학적인) 앎의 가능성을 부정하는 몇몇 단편들에 의해 지지된다.

262 파르메니데스는 엘레아 출신의 자연철학자. 엘레아 학파의 일원론의 태두로서 찬양되었다. 키케로의 보고는 파르메니데스를 질료인을 제시한 자연철학자로 묘사한다는 점에서 특이하다.

263 레우킵포스(Leucippos)는 밀레토스 출신 자연철학자이다. 엘레아 학파의 일원론에 대한 밀레토스 학파적 대응으로서 원자론을 고안했다. 그의 견해는 데모크리토스의 원자론에 의해서 빠르게 대체되었다.

264 압데라 출신의 자연철학자인 데모크리토스(Democritus, c.470/69~380/79)는 소크라테스와 동시대인이다. 윤리학, 수학, 음악, 기술 등에 관한 많은 저술을 남겼으며 원자론을 주장했다. 그와 원자론의 창시자인 레우킵포스와의 관계는 분명하지 않다.

265 엠페도클레스(Empedocles, c.495~435)는 아크라가스 출신의 자연철학자이고, 후에 대부분의 고대 자연학에서 표준으로 받아들여진 4원소설을 주장했다. 영혼의 윤회라는 퓌타고라스적인 견해도 제시했다. 그의 철학시는 키케로뿐만 아니라 루크레티우스도 존경했다.

266 헤라클레이토스(Heracleitos, c.540~480)는 에페소스 출신의 자연철학자이다. 수수께끼 같은 문체로 유명하다. 이 구절에 등장하는 불이 자연학에서 어떤 역할을 하는지 논쟁의 여지가 있다. 그는 아마도 불이 만물의 질료인이기보다는 변화 과정의 상징인 것으로 보인다.

267 멜리소스(Melissus)는 사모스 출신의 희랍 철학자이고, 엘레아 학파

의 일원론을 지지했다. 키케로가 보고하는 멜리소스의 입장은 일원론 일반에 대한 견해에 가깝다. 그의 연대에 관해서는 441년 아테네인들과의 해전에서 승리했다는 기록만 남아 있다.

268 이 구절에서 플라톤의 『티마이오스』에서 제시된 세가지 원리들 중 '형상'은 빠져 있다. 안티오코스도 1.24에서 구아카데미아의 자연학을 마찬가지로 설명한다.

269 퓌타고라스주의자들(Pythagoreioi)은 사모스 출신의 퓌타고라스 (Pythagoras, c.570~500)의 추종자들이다. 남부 이탈리아에서 종교적 단체를 조직했다. 퓌타고라스 자신의 가르침은 윤리학과 윤회에 관련된 것인 듯하다. 그의 원래 추종자들은 대부분 살해당했지만 살아남은 몇몇 사람들은 희랍 본토로 이주했다. 이 이주자들이 5세기 철학자인 필롤라오스를 통해 희랍 본토에 수에 대한 형이상학적 관심을 불러일으켰고, 이 이론이 후대에 퓌타고라스 자신에게 귀속되었다.

270 스토아 자연학에 관해서는 디오게네스 『생애』 7.147과 키케로 『신들의 본성에 관하여』 2.57~78 참조.

271 스토아 학파의 우주적 지성과 별들의 신성에 관해서는 『신들의 본성에 관하여』 2.39~44 참조. 주기적인 우주적 대화재에서 만물의 파괴에 관해서는 오리게네스의 『켈수스에 반대하여』 4.68 참조.

272 이 견해는 아리스토텔레스의 『천체에 관하여』와 『자연학』 8권의 논의와도 일치한다.

273 동물들이 인간을 위해 창조되었고 지성적인 제작자의 작품이라는 스토아 학파의 견해에 관해서는 『신들의 본성에 관하여』 2.157~62과 2.120~33 참조.

274 뮈르메키데스(Myrmēcidēs)는 기원전 6세기 희랍 예술가이고, 작은 조각품들의 제작으로 유명했다. 키케로는 우스갯소리로 그의 이름을 '개미(myrmēx)'와 관련시킨다.

275 데모크리토스 단편 DKA80 참조. 원자의 모양에 관해서는 『신들의 본성에 관하여』 1.66과 아리스토텔레스의 『형이상학』 1.4 985b4~22 참조.

276 스트라톤 단편 32 참조. 데모크리토스에 대한 스트라톤의 비판을 보면, 스트라톤의 자연학은 환원적 원자론에 대한 자연주의적인 대안으로 보인다. 그의 자연학적 원리는 물체적인 성질들(가령, 열)이고, 이 성질들이 우주의 중심으로 향하거나 멀어지는 운동을 통해 복합적인 사물들을 만들어낸다. 반면, 데모크리토스의 원자는 이차적인 성질을 갖고 있지 않으며 임의적인 충돌에 의해 사물들을 만들어낸다.

277 사변적 자연학과 합리주의적 이론을 거부한 대신 경험에 대한 세련된 개념을 발전시킨 일군의 의사들을 일컫는다. 이런 움직임은 기원전 3세기에 시작하여 1세기에는 매우 영향력 있는 철학적 입장이 되었다. 경험주의적 의사들은 인식론적 이유와 윤리적인 이유 때문에 해부와 절개를 거부했다.(켈수스 『의술에 관하여』 40~44 참조)

278 크세노파네스 단편 A47.

279 스토아 학파는 지구가 구형이며 우주 회전의 중심이라고 여겼다.(디오게네스 『생애』 7.156)

280 테오프라스토스 단편 240. 쉬라쿠사이 출신 히케타스(Hicetas)는 기원전 5세기의 퓌타고라스주의 철학자이다. 디오게네스 라에르티오스도 이 구절에 드러나는 바가 히케타스의 견해라고 보고한다.(디오게네스 『생애』 8.85) 하지만 다른 전거에서는 '반대편 쌍-지구' 모델을 제시하는데(아에티오스, 『학설지』 3.9.1) 이는 지구와 행성들이 '중심화(中心火)' 주위를 돈다는 퓌타고라스 학파의 표준 견해를 받아들였음을 함축한다.

281 『티마이오스』 40c8에서 플라톤은 지구를 *illomēnē*라는 분사로 묘사하는데, 이는 '회전하는' 혹은 '둥글려진'이라는 의미이다.

282 2.82 참조.

283 스토아주의자인 아리스톤(Ariston, c.320~240)은 제논과 클레안테스의 제자이다. 그의 덕 이론과 영혼론은 스토아 학파의 교설에서 벗어난 것으로 간주되었고, 후대의 스토아주의자들에 의해 이단으로 간주되었다.

284 디카이아르코스 단편 8f. 『투스쿨룸 대화』 1.24와 1.41 참조. 디카이

아르코스(Dicaearchos)는 메세네 출신의 소요 학파 철학자이고, 아리스토텔레스의 제자이다. 지리학, 윤리학, 정치학 등 넓은 주제에 걸친 저술을 후세에 남겼으며, 이 가운데 퓌타고라스의 영향을 받은 영혼에 관한 저작으로 유명해졌다. 키케로가 '영혼이 전혀 존재하지 않는다'는 견해를 디카이아르코스의 견해로 간주한 것은 아마도 그의 대화편의 대화자들 중 하나의 견해를 오해한 것이라 보인다.

285 플라톤 『국가』 4.436a~41c.

286 크세노크라테스 단편 204.(1.39와 『투스쿨룸 대화』 1.20 참조) 크세노크라테스는 영혼이 '스스로 움직이는 수'라고 생각했다. 아리스토텔레스 『영혼론』 1.2. 404b27~8 참조.

287 데모크리토스에 대한 비판은 허공, 무신론적 환원주의, 여러 세계들, 모상 이론 등 원자론에 대한 익숙한 비판을 요약하고 있다.

288 2.119 참조. 점술에 관한 스토아의 수용은 2.47과 2.107에서 드러난다. 스토아의 점술, 운명, 섭리적 우주론에 대한 키케로의 고찰은 『점술에 관하여』, 『운명론』, 『신들의 본성에 관하여』 2~3권 참조.

289 스토아 학파 내부에서 신의 질료적 본성에 대해 대립하는 두 견해들 중 전자는 『신들의 본성에 관하여』 1.36에서 제논에게, 후자는 디오게네스 『생애』 7.139에서는 클레안테스에게 각각 귀속된다.

290 2.82와 2.128 참조.

291 2.116, 2.141, 2.147 참조. 스토아 학파가 인식의 확실성의 정도를 구분하지 못하는 까닭은 파악의 정도를 구분하지 않는 그들의 이론적 난점 때문이다.(섹스투스 『반박』 7.421~22 참조) 현재 구절의 비판의 핵심은 신아카데미아의 '승인'은 인식적 확실성의 정도를 구분할 수 있지만, 스토아 학파의 '동의'는 이를 구분하지 못한다는 점이다.

292 2.83 참조.

293 에릴로스 단편 1.413 참조. 에릴로스(Erillus, c.330~270)는 카르타고 출신의 스토아 철학자이고, 헤릴로스로도 알려져 있다. 제논의 제자였지만, 이후에 그의 윤리학에 대해 크뤼십포스가 비판한 뒤 이단으로 간주되었다. 이성적 인식에 대한 일방적인 강조라는 측면에서

그의 입장은 플라톤적이다. 행위를 위한 부수적인 판단기준을 제시 했지만 여기에 어떤 가치도 두지 않았다는 점이 이론적 결함으로 지 적된다. 에릴로스의 견해에 관해서는 디오게네스『생애』 7.165 참조. 키케로는『최고선악론』 2.43, 3.31, 4.40, 5.23, 5.73에서 이를 비판 한다.

294 에우클레이데스 단편 26a 참조. 메가라 학파는 기원전 390년대 초 메가라에서 소크라테스의 제자인 에우클레이데스(Euclides, c.450~ 405)에 의해 창시된 학파이다. 에우클레이데스는 좋음을 지혜, 신, 지성과 동일시했고,(디오게네스『생애』 2.106) 플라톤의 영향을 받아 서 극단적인 주지주의를 주장했다.(에우세비우스,『복음준비』 14.17. 1) 메가라 학파는 변증술에 관심이 있었는데, 원래는 플라톤의 경우 와 마찬가지로 형이상학적인 탐구를 위한 도구였지만 후에 그 자체 로 관심을 갖게 되었다. 이 학파는 분화되어 나간 것으로 보인다. 에 우클레이데스와 스틸폰은 이 학파의 대표자였지만, 에우불리데스와 알렉시노스는 이후 '쟁론가(eristikos)'로 불렸다. 클레이노마코스와 디 오도로스 크로노스는 독자적인 변증가들이었다. 키케로는 크세노파 네스를 메가라 학파의 창시자로 삼으면서 에우클리데스의 견해를 엘 레아 학파적으로 해석했다. 엘레아(Elea) 학파는 크세노파네스, 파르 메니데스, 제논, 멜리소스 등의 철학자들을 통칭해서 일컫는다.

295 메네데모스 단편 17 참조. 엘리스(Elis) 학파는 엘리스의 파이돈(c. 430~350)이 창안한 학파다. 파이돈은 동명의 플라톤 대화편으로 알 려져 있고, 소크라테스적 대화편의 저자이자 소크라테스의 제자이 다. 에레트리아 학파는 기원전 300년경 에레트리아(Eretria)에서 엘 리아 학파를 계승하여 메네데모스(Menedemus, 345/4~261/0)가 창 설한 학파이다.(디오게네스『생애』 2.105) 메네데모스에 관해서만 알 려져 있는데, 그는 에레트리아 학파를 창설하기 전 스틸폰에게서 배 웠다. 그는 아르케실라오스가 활동하던 당시에 철학적으로 중요하고 논쟁적인 인물이었다. 그의 철학적 입장은 대체적으로 알려지지 않 았지만 초기 메가라 학파(즉, 극단적인 합리주의)와 많은 유사성이

있었던 것으로 보인다. 다른 전거들은 그가 좋은 것들과 덕들의 다수성을 부인했다고 강조한다.(디오게네스 『생애』 2.129와 플루타르코스 『윤리적 덕』 ch.2.440e 참조)

296 이 구절은 원본이 손상되었다. 리드(Reid)는 '엘리아 학파'를 제안하는 반면, 플라스베르크(Plasberg)는 '에릴루스'를 제시한다. 에릴루스와 에레트리아 학파의 연관성에 대한 증거가 없으므로 여기에서는 리드의 제안을 따른다.

297 두 번째 집단에 속하는 견해들은 스토아 윤리학에서의 '무관한 것들(adiaphoria)'을 비판하는 철학자들이다. 『최고선악론』 3.31; 4.40~43과 『의무론』 1.6 참조.

298 아리스톤 단편 1.362 참조. 아리스톤의 견해는 디오게네스 『생애』 7.160에 제시된다. 제논은 무관한 것들 중에서 '선호되는 것'과 '거부되는 것'을 구분하지만,(1.35~37) 아리스톤은 이를 거부한다.(섹스투스 『반박』 11.63) 아리스톤에 대한 비판은 키케로의 『최고선악론』 2.43과 3.50 참조. 제논의 입장이 비일관적이라는 비판은 키케로의 『최고선악론』 4.68~73 참조.

299 퓌론 단편 69a 참조. 퓌론(Pyrrhon, c.365~270)은 엘리스 출신의 철학자이자 금욕주의자이다. 그는 퓌론적 회의주의의 창시자로 간주된다. 키케로는 퓌론을 순전히 윤리적인 맥락에서만 전해주고 있는데,(『최고선악론』 2.43과 4.43) 이는 아마도 키케로가 그의 시대에 아이네시데모스에 의해 부활한 퓌론주의를 알지 못했기 때문일 것이다. 퓌론의 윤리학에 관해, 그 윤리적 목적은 평정심(ataraxia)이라고 일반적으로 전하지만, 이 구절에서 키케로가 말하듯, 무정념(apatheia)를 보고하는 전거들도 있다.(에우세비오스, 『복음준비』 14.18.1~4; 14.18.26) 하지만 퓌론의 윤리적 목적을 전해주는 전거는 만물의 파악 불가능성에 대한 교설주의적인 회의주의에서 왔음이 분명하다.

300 설득력 있는 윤리적 견해들을 제시한 마지막 집단에 속하는 철학자들은 키케로가 카르네아데스의 '윤리적 목적들의 분류'로부터 가져왔

다.『최고선악론』5.16~21과 알그라(1997) 107~39 참조.

301 아리스팁포스 단편 178 참조. 퀴레네 출신의 아리스팁포스(Aristippus, c.420~350)는 쾌락주의를 제창했으며 퀴레네 학파를 창시했다고 여겨진다. 아리스팁포스와 에피쿠로스의 차이점에 관해서는『최고선악론』2.11~18과 2.39~41 참조. 그의 쾌락주의는 에피쿠로스의 쾌락주의와 차이가 나는데, 그는 덕의 역할을 부정했으며 순간의 쾌락에 집중했다. 아마 그는 후기 퀴레네 학파의 제한적인 인식론적 회의주의와는 무관하다. 에피쿠로스의 견해는 2.138과 2.140 참조.

302 칼리폰(Calliphon)은 3세기로 추정되는 희랍 철학자이다. 그의 견해 중 윤리적 목적에 관한 견해만 알려져 있다. 그는 마찬가지로 알려져 있지 않은 데이노마코스라는 인물과 종종 함께 언급된다.

303 히에로뉘모스(Hieronymos)는 뮈틸레네 출신의 소요 학파 철학자로서 테오프라스토스의 제자이다. 그의 철학적 저술에 대해서 알려진 것은 많지 않다. 비-아리스토텔레스적 윤리적 목적을 받아들였으며, 아르케실라오스에 대한 윤리적 비판,『절제에 관하여』라는 저술이 있다. 디오도로스(Diodoros of Tyre)는 소요 학파 철학자로서 크리톨라오스의 제자이자 그의 후임으로서 소요 학파 수장이 되었다.

304 1.19~23 참조. 키케로는 구아카데미아와 소요 학파가 동일한 철학 체계를 공유한다는 안티오코스의 견해에 동의하지 않더라도 그들이 유사한 윤리적 목적을 갖는다는 점에는 동의한다.

305 『최고선악론』5.20. 카르네아데스는 다른 입장을 취하기도 한다.(2.139)

306 1.35~39 참조.

307 스토아의 이 견해는 디오게네스『생애』7.102와『최고선악론』3.32; 3.48과『스토아 학파의 역설』3.20~26에서 설명된다. 안티오코스가 이를 거부하는 근거에 관해서는『최고선악론』4.74~77과『무레나 변론』60~66 참조.

308 2.27 참조.

309 『최고선악론』5.71과 5.81 참조. 안티오코스는 같은 견해를 구아카데

미아와 소요 학파에게 돌린다.(1.22) 이 구분의 일관성은 『최고선악론』 3.42~48과 5.77~86에서 논의된다. 제논의 견해는 1.35~37 참조.

310 테오프라스토스 단편 492 참조. 1.33과 1.35 참조. 그는 덕이 행복의 충분조건이라는 점을 의심한다. 이에 대해서는 『투스쿨룸 대화』 5.24~25와 『최고선악론』 5.77; 5.85~86 참조.

311 격정은 제거되어야 한다는 스토아 학파의 주장은 1.38~39. 『최고선악론』 3.35와 『투스쿨룸 대화』 3권과 4권에서 변호된다. 안티오코스가 이 주장을 받아들였다는 증거는 없다.

312 투베로(Quintus Aelius Tubero, 2세기)는 로마 법학자이자 스토아 철학자이다. 그는 파나이티오스와 스키피오 아프리카누스의 친구였고, 스토아주의자인 헤카톤이 윤리학 저술을 그에게 헌정했다.

313 구아카데미아의 견해는 『투스쿨룸 대화』 4.43~46에서 제시된다. 크란토르의 저작인 『고통에 관하여』는 격정의 제거에 대한 스토아의 견해를 논박한다. 『투스쿨룸 대화』 3.71과 플루타르코스 『철학의 위안』 3장 102c~d(크란토르 단편 3a~b).

314 솔론(Solon, c.640~560)은 7현인 중 한 명으로 꼽히며, 아테네의 시인이자 정치가이고 아테네 법률과 정치 제도를 개혁했다. 뤼쿠르고스(Lycurgos)는 스파르타의 전설적인 입법자이다.

315 여기에 제시된 스토아의 '역설들'은 그들의 윤리적 원리에서 비롯하는 반직관적인 결과이다.

316 알비누스(Aulus Postumius Albinus)는 법무관직(155년)과 집정관직(151년)을 역임했고, 로마의 역사를 희랍어로 저술했다. 마르켈루스(Marcus Claudius Marcellus)는 로마 장군으로서 166, 155, 152년에 집정관으로 취임했다. 키케로는 155년에 스키피오 나시카(Publius Cornelius Scipio Nasica Corculum)와 더불어 집정관에 취임한 것을 언급한다.

317 알비누스의 언급은 신아카데미아에 대한 비판을 의도했다. 사본에 들어 있는 "제가 현자가 아니기 때문에"라는 구절은 문맥에 맞지 않으므로 생략했다. 이 경우에 그의 농담은 스토아주의자들에 대한 비

판으로 단순하게 이해될 소지가 있다.

318 크뤼십포스 단편 3.21. 이 구절에서 크뤼십포스의 분류는 2.131에서의 카르네아데스의 분류를 위한 바탕이 된다. 여기에 언급된 견해들 중에서 6개(제논, 아리스팁포스나 에피쿠로스, 칼리폰, 히에로뉘모스, 디오도로스, 폴레몬)는 2.131에서의 견해들과 동일하다.

319 2.131 참조. 아리스팁포스에 대한 매우 유사한 비판은 『최고선악론』 2.39~41 참조.

320 2.131 참조. 여기에서 카르네아데스는 크뤼십포스가 남겨둔 견해를 변호한다.(칼리폰의 경우는 쾌락과 훌륭함의 결합이다.)

321 크뤼십포스 단편 3.21.

322 에피쿠로스 단편 400. '훌륭함'이라는 용어를 철학적으로 사용하는 데 대한 에피쿠로스의 거부는 1.7과 『최고선악론』 2.38에서 인용된다. 육체적 쾌락이 윤리적 판단기준이라는 에피쿠로스의 견해는 『최고선악론』 1.30 참조.

323 2.127~28 참조.

324 논리학에서의 다양한 견해에 관한 부분은 섹스투스의 전거와 비교할 때 이상하게도 짧게 요약된다. 키케로는 이에 대해 2.147에서 답변하는 듯하다.

325 프로타고라스(Protagoras, c.490~420)는 압데라 출신의 소피스트이다. 신에 대한 불가지론과 인간척도설로 유명하다. 플라톤은 『테아이테토스』에서 인간척도설이 인상은 언제나 참임을 함축한다고 생각하고 이를 비판했다.

326 키케로는 프로타고라스의 '인간척도설'에 대한 표준적인 해석을 제시한다.(단편B1DK) 섹스투스 『반박』 7.60과 『테아이테토스』 152a. 퀴레네 학파의 견해는 약간 다른 용어로 2.20과 2.76에서 제시된다. 에피쿠로스의 견해에 대한 요약은 디오게네스 『생애』 10.31 참조.(에피쿠로스 『중요한 가르침』 24와 키케로 『최고선악론』 1.22~23과 비교)

327 안티오코스의 유사한 보고는 1.30~32. 플라톤 인식론에 대한 키케로의 보고는 2.74와 1.46에 제시된 회의주의적 해석과는 다르다.

328 섹스투스 『개요』 2.110~12와 『반박』 8.111~17 참조. 여기에 등장하는 필론(Philon, c.340~260)은 메가라 출신의 변증가이자 철학자이다. 디오도로스 크로노스와 관련이 있고, 아마도 그의 제자였으리라 추측된다.

329 디오게네스 『생애』 7.179. 디오도로스의 '주요 논변'에 대한 두 인물의 상이한 반응이 하나의 예이다.

330 아르키데모스(Archidemos)는 바빌론의 디오게네스의 제자이자 이후에 안티파트로스의 제자가 되었다. 그는 아마도 바빌론에 스토아 학파를 건설했을 것으로 추측된다(대략 145년). 단지 그의 논리학 저술들만 알려져 있는데, 키케로의 주장을 지지하기에는 논리학에 관한 아르키데모스의 작품에 대한 전거는 너무 빈약하다.

331 이 구절은 2.22에서 루쿨루스의 논박에 대한 답변이다. 이는 정치적인 비유를 사용하지 않고 2.146에서 반복된다. 상점들은 정치집회나 법정휴일에는 문을 닫는다. 선동적인 호민관은 선동당하기 쉬운 군중들이 논쟁적인 법안을 통과시키도록 일상적인 절차들에 개입할 권한을 지닌다.

332 2.136~7 참조.

333 섹스투스 『반박』 7.432~34 참조.

334 이 구절은 제논이 앎의 단계를 설명하기 위해서 손의 비유를 사용한 유일한 구절이다. 다른 곳에서는 손의 비유를 수사학과 변증술을 설명하기 위해 사용한다.(『최고선악론』 2.17) 만일 이 비유를 인식의 시간적인 순서를 기술하는 것으로 본다면 스토아 인식론에 잘 맞지 않는다. 만일 파악의 주체가 현자라면, 하나의 인상에 대한 파악은 동시에 앎을 구성할 수 있기 때문이다. 따라서 이 비유를 시간적인 순서가 아니라 인식의 단계들을 설명하기 위해서 채용한 것으로 보는 것이 타당하다.

335 사본에 따라서는 '덮다(contexerat)', '묶다(constrinxerat)'로 읽을 수 있다.

336 제논 단편 1.66. 『아카데미아 학파』 1.40~42와 섹스투스 『반박』

7.151 참조.

337 제욱시스(Zeuxis, c.450~380)는 이탈리아 남부 헤라클레이아 출신의
희랍 화가이고, 그의 그림이 현실과 흡사했다는 사실로 유명하다. 페
이디아스(Pheidias, c.465~425)는 희랍 조각가로서 아테네의 파르테
논 신전에 있는 황금과 상아로 만든 아테네 여신의 조상으로 유명하
다. 폴뤼클레이토스(Polyclitus, c.480~410)는 아르고스 출신의 조각
가이고, '창을 든 사람'이라는 조각품으로 유명했고, 『측정』이라는 소
논문으로도 유명하다.

338 키케로는 로마 사법 제도의 전문용어들을 사용하고 있다. 맹세의 형
식은 리비우스 『로마사』 22.53.10~11에서 예시된다. 증언과 선고에
관한 형식은 『카이키나 변론』 73과 『피소에 반대하여』 97에서 묘사
된다.

339 2.112 참조. 키케로는 스토아의 파악에 대한 반박(2.64~111)이 순수
하게 변증술적이라고 말한다. 반면에 회의주의에 대한 근본적인 변
호는 교설주의자들의 불일치에 기인하는데(2.112~46), 이는 신아카
데미아와 퓌론적 회의주의에 공통적 논변이다.

340 카톨루스의 아버지는 필론의 『로마서』에 비판적이었다고 말해졌
다.(2.11~12와 2.18) '의견'을 지니는 것을 용인하는 그의 완화된 회
의주의는 2.59에서 언급된 카르네아데스의 해석과 일치하고 2.78에
서 제시된 필론과 메트로도로스의 견해와 유사하다.

341 이 구절은 사본의 파손 때문에 카톨루스가 동의 중지를 받아들
이는지 거부하는지가 분명하지 않다. 어떤 학자들은 카톨루스가
2.104~5에서 언급된 동의의 두 가지 의미를 구분한다고 본다. 이 견
해에 따르면 카톨루스는 동의 중지를 받아들이게 된다. 하지만 앞 문
장은 그가 키케로나 클레이토마코스와는 달리 두 가지 의미 모두에
서 동의 중지를 거부한다는 것을 보여주고 있다.

342 호르텐시우스의 답변은 일종의 농담이다. "동의를 거두다" 혹은 "닻
을 거두다"의 양쪽으로 해석될 수 있다.(항해의 비유에 관해서는 키
케로 『친구에게 보내는 편지』 13.21.3 참조) 키케로는 동의 중지가 파

악 불가능에 대한 적절한 답변이라는 호르텐시우스와 루쿨루스의 견해에 찬동하기 때문에 이 농담을 환영하고 있다.

작품 안내

1. 키케로의 생애와 철학 활동

1. 1. 생애 및 주요 활동

마르쿠스 툴리우스 키케로(Marcus Tullius Cicero)는 기원전 106년 1월 3일 아르피눔에서 태어났다. 그는 부유했지만 원로 원 의원이나 집정관을 배출하지 못한 기사 계급으로 태어난 '신 인(homo novus)'이었다. 그의 아버지는 두 아들을 정치에 입문시 키고자 했으며, 저명한 인사들과 교류함과 동시에 수사학과 철 학을 공부하도록 일찍이 로마로 유학 보냈다. 키케로가 로마에 서 교류한 당대의 유명 인사들 중에는 집정관이었던 연설가 마 르쿠스 안토니우스와 리키니우스 크라수스, 법률자문가였던 퀸투스 무키우스 스카이볼라와 그의 아들 푸블리우스 스카이볼라가 있다. 한편 그는 어린 시절부터 희랍의 주요 철학 학파에 속한 철학자들에게서 가르침을 받았다. 그는 에피쿠로스주의자인 파이드로스와 시돈의 제논과 교류했으며, 자신의 집에 기거했던 스토아주의자 디오도토스에게서도 가르침을 받았다. 그의 철학적 입장에 가장 큰 영향을 준 인물은 미트리다테스 전쟁의 전란을 피해 기원전 88년에 로마로 이주한 라리사의 필론이다. 신아카데미아의 수장이었던 필론을 통해 키케로는 신아카데미아 철학을 배웠고 이 가르침을 일평생 유지했다. 필론의 수업에는 수사학도 포함되어 있었으며, 키케로가 이 시기에 필론의 가르침을 기록한 저술인 『발견론(*De Inventione*)』이 남아 있다.

키케로는 기원전 81년 사업가 큉크티우스를 변호한 것을 계기로 변호사 활동을 시작했다. 기원전 80년 독재자 술라의 측근에 의해 부친살해 혐의로 고발당한 로스키우스를 성공적으로 변호함으로써 명성을 얻었고, 이후 몇몇 재판의 변호를 맡았다. 하지만 건강 문제와 술라의 핍박에 대한 두려움 때문에 기원전 79~77년까지 희랍에서 유학하는 시간을 보냈다. 이 시기에 그는 아테네에서 안티오코스의 수업을, 로도스에서 포세이도니오스의 수업을 들으면서 수사학과 철학을 공부했다. 술라 사후에 다시 로마로 돌아온 그는 기원전 75년 시킬리아에서 재무관직을 시작으로 본격적으로 공직의 길에 올랐다. 그는 기원전 70년에 베레스 사건의 소송에 시킬리아 속주민을 대신해 참여하여 유죄 판결을 이끌어냈는데, 베레스는 73년에서 71년 사이에 시킬리아 총독 재임시 학정으로 속주민의 원성을 샀던 인물이다. 이 소송에서 베레스를 변호한 사람이 당시 로마에서 가장 뛰어난 변호사로 칭송을 받던 호르텐시우스였고, 이 소송에서 승리함으로써 키케로는 당대 로마 최고의 변호사로 인정받게 되었다. 그는 이러한 명성을 바탕으로 69년에 안찰관에 당선되었고, 66년에 법무관을 거쳐, 마침내 63년에 집정관으로 선출되면서 관직의 정점에 오른다. 그러나 집정관 재임시 자신과 직을 놓고 경쟁했던 혈통귀족 카틸리나가 국가 반역 사건을 일으킨다. 이 반역 음모를 사전에 적발한 키케로는 카틸리나의 탄핵에 앞장섰고, 원로원 최후권고를 통과시켜 카틸리나를 국가의 적으로 규정했다. 이에 카틸리나는 친구들과 함께 에트루리아로 도망쳤지만, 반역 사건에 연루된 나머지 인물들은 체포되어 63년 12월 5일에 재판 없이 처형되었고, 카틸리나 자신도 로마군에 의해 살해당한다. 국가 반역 사건을 진압한 공로로 키케로는 원로원에 의해 '국부(pater patriae)'의 칭호를 얻게 된다.

하지만 키케로가 말년에 이르기까지 국가를 구한 최고의 업적으로 자부했던 카틸리나 반역 사건은 아이러니하게도 키케로의 정치적 몰락을 가져오는 계기가 되었다. 기원전 60년에 시작된 카이사르와 폼페이우스와 크라수스의 삼두정치로 인해 키케로의 정치적 입지는 약화되었고, 반역 사건을 처리하는 과정에서 연루자들을 재판 없이 처형했던 일을 문제 삼아 기원전 58년 호민관 클로디우스 풀케르의 공격을 받게 되었다. 결국 키케로는 추방에 앞서 자진해서 로마를 떠나 마케도니아로 도망쳤고, 그의 저택들은 불태워졌다. 이듬해인 57년 8월 4일에 통과된 키케로의 귀환을 촉구한 법률에 힘입어 9월 4일 그는 로마로 돌아올 수 있었지만, 그 뒤로 정계에 복귀하지 못했다. 이시기에 그는 공적인 활동을 접고 저술 활동에 전념하게 되는데, 그의 일생에서 철학적 저술 활동에 매진했던 두 시기 중 첫 번째가 바로 55~51년에 걸친 시기이다. 이때 그는 연설가와 수사학자로서 웅변술의 역사 및 이론을 다룬『연설가에 대하여(*De Oratore*)』(55년)를 출판했으며, 플라톤의 저작들을 모델로 삼아『법률론(*De Legibus*)』(52년)과『국가론(*De Republica*)』(51년)을 저술했다.

이후 다시 정치적 활동을 재기한 키케로는 기원전 51년 여름에서 기원전 50년 여름까지 킬리키아 총독으로, 기원전 49년에는 카푸아 총독으로 파견되었다. 같은 해 카이사르와 폼페이우스 간의 갈등으로 내전이 발발하자 카이사르는 키케로를 회유하고자 했으나, 키케로는 이 제안을 거절하고 폼페이우스 편에 가담했다. 48년 8월 9일 카이사르가 테살리아의 파르살루스에서 폼페이우스의 군대를 격퇴하자 키케로는 카이사르에게 귀국을 허락해 줄 것을 요구했고, 카이사르의 동의하에 이탈리아로 돌아올 수 있었다. 귀국 이후 키케로는 로마의 중앙정치에서 완전히 밀려났고, 47/46년 겨울 아내 테렌티아와의 결혼 생활을 청산했으며, 이후 푸브릴리아와 재혼했으나 곧 다시 이혼했다. 이듬해인 45년에는 설상가상으로 사랑하는 딸 툴리아까지 잃게 되었다. 이처럼 그에게 한꺼번에 닥쳐온 여러 고통과 슬픔은 그를 저술 활동에 더욱 전념하도록 만들었다. 그는 『아카데미아 학파』를 필두로 당대 헬레니즘 철학을 로마인들에게 소개하는 일련의 철학적 작품들을 저술했는데, 이 저술 활동의 계기가 된 작품이 『호르텐시우스』이다. 아리스토텔레스의 유실된 작품인 『철학의 권유(Protreptikos)』를 모델로 삼았다고 전해지는 이 작품은 카툴루스가 철학을 배척하던 호르텐시우스에게 철학의 탐구를 권유하는 내용을 담고 있었다. 이 저작은 주변 동료들로부터 예상 밖의 큰 호평을 받았고, 이에 고무된 키케로는 일련의 철학적인 주제들에 대해 저술하게 된다. 이 시기의 저작들은 다음과 같다.

기원전 46년: 『브루투스(Brutus)』, 『연설가(Orator)』, 『최고의 연설가에 관하여(De Optimo Genere Oratorum)』, 『스토아 철학의 역설(Paradoxa Stoicorum)』

기원전 45년: 『철학의 위안(*Consolatio*)』(작품 유실), 『호르텐시우스(*Hortensius*)』(작품 유실), 『아카데미아 학파(*Academica*)』(작품 일부 유실), 『최고선악론(*De Finibus Bonorum et Malorum*)』, 『투스쿨룸 대화(*Tusculanae Disputationes*)』, 『신들의 본성에 관하여(*De Natura Deorum*)』

기원전 44년: 『토피카(*Topica*)』, 『점술에 관하여(*De Divinatione*)』, 『운명론(*De Fato*)』, 『노년론(*Cato Maior de Senectute*)』, 『우정론(*Laelius de Amicitia*)』, 『영예에 관하여(*De Gloria*)』(작품 유실), 『의무론(*De Officiis*)』

연도 미상: 『연설술의 부분들(*Partitiones Oratoriae*)』, 『덕에 관하여(*De Virtutibus*)』(작품 유실), 『티마이오스(*Timaeus*)』(일부 번역), 『프로타고라스(*Protagoras*)』(번역, 작품 유실)

기원전 44년 3월 15일 카이사르가 암살되자 키케로는 재차 정치무대로 복귀할 기회를 얻었다. 이때 그는 카이사르의 양자 옥타비아누스의 편에 서서 안토니우스와 대립했고, 44년 9월 2일부터 43년 4월 21일까지 일련의 안토니우스 비판연설(『필립포스 연설(*Philippicae*)』)을 감행했다. 이 연설에서 키케로는 안토니우스를 국가의 적으로 규정하는 원로원 의결을 촉구했고, 즉시 군대를 파견하여 안토니우스를 공격할 것을 호소했다. 하지만 기원전 43년 11월 26일 옥타비아누스는 키케로를 배신하고 안토니우스, 레피두스와 더불어 2차 삼두정치에 합의했다. 이 합의 이후 안토니우스 일파는 반대파에 대한 숙청을 단행했고, 살생부에 오른 키케로는 기원전 43년 12월 7일 살해당했다.

1. 2. 키케로 철학의 시대적 배경

키케로의 생애에서 특히 철학에 관련된 몇 가지 사항들은 주목할 만하다. 우선 그는 유년시절부터 철학과 수사학을 배우고 익혔는데, 그 계기는 학문적 탐구에 국한되지 않고 정치적 성공이라는 실질적 목표와 관련된 것이었다. 다음으로 그가 철학적 저술 활동을 활발히 한 시기는 정치 활동이 극도로 제한되었던 두 시기에 집중되었다는 점이다. 마지막으로 그는 일생 동안 자신의 철학적 입장으로서 신아카데미아의 회의주의를 유지했고, 로마인으로서는 최초로 회의주의적 입장의 저술들을 남겼다. 이러한 사실들 각각의 의미는 그가 살았던 로마의 시대적 상황을 통해서 보다 깊이 이해될 수 있으며, 또한 이를 통해 그가 로마에서 철학의 발전을 위해 어떤 기여를 했는지도 살펴볼 수 있다.

당시의 (희랍) 철학에 대한 로마인들의 태도를 잘 보여주는 『아카데미아 학파』의 서문(특히 2.5~8와 1.1~14)에 따르면, 로마인들 중에는 철학 자체를 완전히 배척하는 사람들이 있고, 철학을 경시하지 않더라도 로마인의 의무인 정치 활동을 저버릴 정도로 그것에 몰두하는 것은 품위 없는 짓이라고 여기는 사람들도 있으며, 나아가 철학에 대해 포용적인 태도를 갖고 있던 로마인들조차 그것을 라틴어로 저술할 필요성까지 절감하지는 않았고, 국가의 주요 인물인 키케로가 회의주의적 입장을 견지하는 데 대해 우려하는 친구들도 있었다. 키케로의 철학적 저술들은 이러한 로마인들의 질문에 대한 그의 답변이고, 희랍을 능가하는 새로운 교육적, 문화적 자산을 형성한다는 자부심을 로마인들에게 표명하는 작업이었다.

철학 자체를 완전히 배척하는 움직임은 로마가 희랍 지역의 정복 과정에서 희랍 문화와 본격적으로 접촉하기 시작한 기원전 155년까지 거슬러 올라간다. 물론 그 이전에도 로마인들이 철학 자체에 대해서 완전히 무지했던 것은 아니지만, '철학자(philosophus)'나 '철학하다(philosophari)'라는 단어는 알아듣지 못할 말을 해대는 자들과 관련된 다소 풍자적인 의미로 플라우투스 같은 극작가들이 사용하곤 했을 따름이었다. 반면, 155년에 로마가 아테네에 부과한 벌금을 협상하기 위해 아테네 사절단이 로마를 방문했을 때, 로마인들은 당대 희랍의 대표적인 철학 학파의 수장들인 스토아 학파의 디오게네스, 소요 학파의 크리톨라오스, 신아카데미아의 카르네아데스의 대중 연설을 직접 듣고 큰 충격에 빠졌다. 특히 로마에 도착한 첫째 날에 카르네아데스는 국가 간의 자연적 정의가 존재한다는 연설을 하여 로마인들에게서 갈채를 받았지만, 바로 다음 날에 그러한 정의는 존재하지 않는다는 연설을 행함으로써 로마인들을 경악시켰다. 아테네인들의 출중한 연설술에 의해 로마 시민들과 젊은이들이 타락할 것을 두려워한 감찰관 카토(Cato Censorius)는 원로원을 설득해 벌금을 삭감해주고 서둘러 그들을 로마에서 추방했다. 그들이 자신들의 학파로 돌아가 희랍의 자식들에게 강연하게 하고, 로마의 젊은이들은 과거에 그랬듯이 자신들의 법률과 행정관들에게 귀기울이도록 만들기 위한 조치였다. 희랍 문화에 상당한 식견을 지녔던 카토였지만, 로마인들의 삶의 규범을 이상화한 '선조들의 삶의 방식(mos maiorum)'이 희랍 철학에 의해 무너질 것을 두려워했던 것이다. 하지만 희랍 철학에 대한 경계의 눈초리와 더불어 희랍의 앞선 문화에 대한 존중심도 서서히 커 갔으며, 교양 있는 로마인들이 희랍 철학자들을 후원하는 일도 늘어났다. 가령, 스토아 철학자인 파나이티오스(Panaitios)는 스키피오(Publius Cornelius Scipio Aemilianus Africanus)의 후원을 받아 수많은 로마의 젊은이들에게 강연을 베풀었고, 이로 인해 로마에서 그의 명성은 매우 높아졌다. 또한 철학적 가치를 지녔다고 평가받는 최초의 라틴어 저작인 에피쿠로스 철학자 루크레티우스(Titus Lucretius Carus, 98~55)의 『사물의 본성에 관하여(De rerum natura)』가 저술되었다. 호라티우스가 노래한 "포로가 된 희랍이 야만적 승자를 포로로 만든" 시기가 온 것이다. 이런 친희랍적 경향이 더욱 가속화된 결정적 계기는 기원전 88년경 미트리다테스 전쟁 이후 술라의 박해를 피해 아테네의 철학 학파들이 대거 로마로 이주한 일이었다. 이를 계기로 헬레니즘 세계에서 활발히 전개되었던 철학 학파들이 로마로 급속히 유입되었고, 에피쿠로스 학파, 소요 학파, 스토아 학파 및 견유 학파 등이 로마의 주류 사회에 편입됨으로써 희랍 철학의 중심지가 로마로 이동한 결정적 계기가 된다.

희랍 철학자들을 후원하는 로마의 귀족들이 증가하고 희랍 철학을 들으려는 로마인들이 점차 늘어났다고 해도, 철학이 희랍에서처럼 다른 학문들을 뛰어넘는 특별한 지위를 로마에서 확보한 것은 아니었다. 로마인들은 자연학이나 역사학 같은 희랍의 다른 문화들과 마찬가지로 희랍 철학을 지적인 유희나 문화적 교양의 일부로 간주했고, 따라서 철학 때문에 공무를 등한시해서는 안 된다고 보았다. 물론 키케로도 철학을 공무(officium)가 아닌 여가(otium)에 적합한 것으로 여겼지만 그렇다고 이론적이고 관조적인 활동으로 여긴 것도 아니었다. 그는 철학적 삶의 방식(ars vitae)을 부단히 추구함으로써 철학이 베풀 수 있는 모든 이로움을 충분히 향유한 보기 드문 로마인이었다. 그는 "철학은 일단 입문하게 되면 그 한계를 두거나 자제할 수 없으며, 차라리 입문 안 하는 것보다 더 힘들고, 지혜에 대한 탐구 및 저술의 욕구는 자제할 수 없다"고 말하면서 철학에 전념하는 것을 거부하는 사람들에게 답변한다. 진지하게 철학을 받아들였던 로마인들도 자연학, 윤리학, (언어, 문법, 수사학을 포함한) 논리학의 세 분과로 구분되어 발전했던 헬레니즘 철학에서 로마 사회의 실용적인 필요성이 대두되었던 수사학에 주로 관심을 집중했다. 반면에 키케로는 플라톤에서 구분되는 철학과 수사학의 대립을 지양하고, '지혜(prudentia)'를 '말잘함(eloquentia)'과 결합시켰고, 『연설가에 대하여』에서 철학과 수사학, 형식과 내용, 재능과 기술을 하나로 통합한 이상적인 연설가의 모습을 그려냄과 동시에 로마적인 철인 통치자의 모델과 그에 상응하는 인문주의 교육 모델을 제시한다. 그가 말하는 철학적 사명은 결과적으로 '완전한 철학(perfecta philosophia)'을 로마 민중에게 가르치는 일이고, 이는 앎(*scientia*)에 국한되지 않고 이를 풍부하고(copiose) 아름답게(ornate) 말할 줄 아는 연설술 공부(dicendi studium)를 포함한다.

하지만 철학에 대해 포용적인 태도를 갖고 있던 로마인들조차 그것을 라틴어로 저술할 필요성까지 느끼지는 않았다. 기원전 1세기에 이르렀을 때 이미 로마의 지식인 계층은 라틴어와 희랍어를 동시에 사용할 줄 알았다. 이는 선생들 대부분이 희랍 출신이었으므로 그들의 수업을 듣기 위해서는 희랍어를 알아야 했으며, 따라서 희랍어를 사용하고 희랍의 작품들을 인용하는 능력은 일종의 교양인의 풍모를 보여주는 중요한 지표의 하나였다. 155년 희랍 사절단의 로마 광장 연설에는 희랍어 통역관들이 필요했다는 것을 보면, 로마의 엘리트들은 불과 한두 세대도 지나지 않은 시점에 희랍어를 자신의 언어로 받아들인 셈이다. 바로에 따르면(1.1~14), 희랍어 철학 작품들이 로마에 많이 보급되던 상황에서 로마인들이 철학적 주제를 라틴어로 다루도록 만드는 일은 실효성이 없었다. 다시 말해, 희랍어를 아는 자라면 희랍 원전을 읽을 것이고, 희랍어를 알지 못하는 자는 라틴어로 저술된 철학도 이해할 수 없을 것이다. 반면 키케로는 라틴어 저술의 중요성을 강조했다. 그가 보기에 여러 로마 시인들이 희랍 시인들을 모방해서 라틴어로 상연한 연극들은 당대에 인기를 누리고 있었고, 당대의 석학인 바로는 로마의 여러 제도와 문화에 관해서 라틴어 저작을 집필하고 있었으며, 자신도 뛰어난 웅변술을 통해 이미 희랍인들을 능가했다고 자부하던 터라 이보다 훨씬 더 중요한 주제인 철학에 관해서 라틴어 작품들을 저술하는 것은 사적으로는 조국 로마에 대한 봉사와 영예이고, 공적으로는 로마의 권위와 영광을 위한 길이라 믿었다. 또한 이는 로마인의 교육을 위해서도 매우 중요한 과제라고 여겼는데, 키케로에게 참된 교육이란 단지 수동적 암기를 넘어서 자기 사유와 판단력을 기르는 것이기 때문이다. 그의 철학적 대화편은 희랍 철학을 로마화하는 데 결정적인 기여를 했고, 이후 여러 철학자들은 이에 영향을 받아 라틴어를 철학에 적합한 언어로 발전시켜 나갔다.

이런 상황에서 키케로가 신아카데미아 철학을 받아들인 이유는 단지 연설에 도움을 준다는 실용적인 목적 때문만이 아니라 당대의 시대 정신에 대한 진지한 철학적 고려의 결과로 받아들여졌다. 로마가 지중해를 제패하던 헬레니즘 후기는 학설 자체의 독창성보다는 기존의 철학들의 창조적인 이종교배가 요구되던 시기였다. 이미 수백 년을 이어온 여러 학파들 내부에서도 이론적 분화 과정이 서서히 진행되고 있었다. 가령, 크뤼십포스가 스토아 철학의 이론 대부분을 완성했다고 하더라도 디오게네스, 안티파트로스, 므네사르코스, 파나이티오스, 포세이도니오스 등이 뒤이어 이론을 확장하고 보완하는 데 기여한다. 이는 소요 학파와 에피쿠로스주의에서도 마찬가지였다. 더 나아가 소요 학파와 스토아 학파를 아우르는 아카데미아 전통의 단일성을 주장한 안티오코스는 로마의 귀족층과 활발히 교류하면서 독자적인 학파를 세우고 로마의 지식인들과 활발히 교류했다. 이 시기에 신아카데미아의 수장이었던 라리사의 필론의 강의를 들은 키케로가 신아카데미아의 입장을 바탕으로 스토아 윤리학을 비판적으로 수용하고자 했다. 이러한 목적에 따라 그는 자신의 판단과 저술의 구성을 작품에 충분히 반영하기를 원했다.

1. 3. 키케로의 철학적 대화편의 성격

키케로의 저작들은 개별 철학적 사안에 대해 그가 취하는 주장, 혹은 현재 불완전한 형태로만 전하는 희랍 철학에 대한 역사적인 전거로 간주되는 경향이 있다. 물론 키케로 자신도 희랍 철학을 로마의 민중에게 소개하는 것이 저술의 목적임을 감추지 않았다. 또한 섹스투스나 클레이토마코스와 같은 회의주의자들이 수집한 학설지들은 회의주의적 결론을 입증하기 위해 기존의 논의들을 수집하는 경향이 있다. 하지만 그의 철학적 저작들 대부분이 대화편의 형식으로 저술되었다는 점은 쉽게 간과된다. 그는 철학적 내용을 문학적 틀과 유기적으로 통일시켜 대화로 엮으려 했고, 로마적인 요소들을 반영해 공들여 극화한 배경과 등장인물, 자연스러운 일상의 대화, 간간이 드러나는 재미와 재치, 로마적 예시들이 주는 문학적 효과가 충분히 음미될 수 있도록 노력했다. 따라서 저작들의 이러한 형식적 요소들은 키케로의 철학 저술을 평가하는 데 적극적으로 고려될 필요가 있다.

반면, 키케로의 대화편들은 플라톤의 초기 대화편과 대비되는 몇 가지 특징을 지닌다. 우선 그가 주로 활용하는 대화 방식은 짧은 문답식 대화가 아니라, 하나의 논점에 대해 찬반 양측의 대화자가 각자의 입장 및 이를 뒷받침하는 학설들을 체계적이고 일방적으로 연설하는 방식(perpetua oratio)이다. 사실 키케로는 이상적인 논의는 소크라테스적 방식을 전제한다고 믿었다.(『최고선악론』 2.1~4) 논박술은 상대방이 어디까지 논증을 파악하고 있는지를 쉽게 확인할 수 있게 하고, 상대방이 동의하는 전제들로부터 모순을 추론해 낸다는 점에서 논박에 유리하며, 논박에 따르는 교육적 효과도 탁월하다. 그렇다면 키케로는 왜 소크라테스적 논박술을 극히 제한적인 경우에만 사용하고, 대부분은 일방적 연설의 방식을 사용했을까? 우선 소크라테스적 대화 방식은 당대의 로마 귀족들 사이에서는 익숙하지 않았을 뿐만 아니라 심지어는 공격적으로 느껴지기도 했을 것이다. 따라서 로마의 귀족 사회에서 받아들여지기 힘들다는 점이 고려되었을 수 있다.(앞의 책, 2.17) 또한 변증술적 대화 방식은 복잡하고 체계적인 철학을 다루기에 적합하지 않은 난점이 있다. 이러한 난점 때문에 이미 아르케실라오스는 소크라테스적인 대화의 방법을 적절히 변형했고, 대화의 상대방이 논제에 대한 하나의 입장을 말하면 논박을 하는 자(즉, 아르케실라오스)는 장문의 연설을 통해 반대 입장의 논거들을 제시하는 방식을 사용했다. 키케로는 이 방법을 더욱 발전시켜 대화의 상대방이 논제에 대한 입장뿐만 아니라 그 입장을 취한 이유까지 제시할 기회를 부여하는데, 이것이 그가 철학적 대화편에 일관적으로 적용하는 방법인 철학자들의 수사학(rhetorica philosophorum), 즉 대립하는 대화자가 각자 장문의 연설을 제시하는 형식이다.(앞의 책, 2.3)

소크라테스적 방식이 대화 상대방을 논박하려는 직접적 의도를 노출할 위험성이 있는 데 반해, 키케로의 방식은 대립하는 입장들을 동등하게 제시하고 그 타당성을 전적으로 독자의 판단에 맡긴다는 점에서 오히려 더 중립적으로 받아들여질 수 있다.

두 번째 특징은 여러 저작에서 저자인 키케로가 직접 논의에 개입한다는 점이다. 그는 대화 당사자로 등장해서 자신이 옳다고 생각하는 견해를 직접 진술하기도 하며, 대화편의 저자로서 독자들에게 이야기를 전달하는 서문을 덧붙이기도 한다. 이러한 저자의 직접적 개입은 논의의 공정성을 훼손하는 행위로 간주될 여지가 없지 않다. 하지만 소크라테스가 일방적으로 대화를 주도하는 플라톤의 대화편보다 어떤 의미에서는 오히려 공정하다고 평가될 수도 있다. 찬반양론으로(in utramque partem) 논변이 제시되었을 때, 저자 자신이 승인하는 견해조차도 동등한 비중으로 전달되며, 작중 화자인 키케로의 견해가 반드시 더 설득력 있는 견해라고 단정하기 어렵기 때문이다. 또한 『아카데미아 학파』 서문은 '논의들을 양편에서 발언하고 들으면서 참이거나 혹은 그것에 가장 근접한 것을 도출하는 것'을 그의 탐구 목적으로 밝히고 있으므로, 대화편에서 화자로서의 키케로가 제시하는 논변들이 실제 키케로 자신의 견해라고 하더라도, 그는 이것을 승인할 만한 견해 정도로 생각하는 것이지 불변의 진리로 주장하는 것은 아니다.(2.7)

결국 키케로 대화편의 특징은 결국 당시의 로마 귀족 사회의 담론 방식에 더욱 적합할 뿐만 아니라, 키케로 자신이 개진하는 다양한 의견들에 독자들이 가급적 편견을 갖지 않게 하면서도 낯설고 복잡한 철학적 입장들을 진지하게 고찰하도록 배려하는 측면이 있다. 이는 또한 그가 신아카데미아의 입장을 자신의 저작에 구현해 낸 것으로 평가할 수 있다.

2. 『아카데미아 학파』에 관하여

이 저작은 키케로의 저술 중에서 현대의 독자들이 접근하기에 용이하지 않다고 평가받는다. 이 저작에 대한 접근이 쉽지 않은 데에는 크게 두 가지 요인이 있다. 첫째로 이 저작은 개작을 거쳐서 초판과 재판의 두 형태로 출간되었다. 게다가 현재 남아 있는 저작은 초판과 재판의 일부이다. 따라서 우리에게는 현재 남아 있는 부분들을 통해 원래의 저작을 재구성해서 읽어야만 하는 과제가 주어진다. 둘째로 이 저작의 핵심 논쟁인 스토아와 신아카데미아 간의 인식론적 대립을 이해하기 위해서는 이와 관련된 여러 층위의 역사적 논쟁들을 이해해야 한다. 따라서 이 저작을 읽을 때, 단순히 스토아와 신아카데미아 간의 인식론 논쟁뿐 아니라 플라톤이 설립한 아카데미아가 여러 세기

동안 거쳐온 변화도 함께 염두에 두어야 한다.

2. 1. 저작의 상태

이 저작 전체를 가리키는 『아카데미아 학파』는 두 번의 출간 과정을 거쳤다. 최초의 출판본은 『아카데미아 학파 전서(*Academica Priora*)』(이하 『전서』)로 불리고, 이후 재출판본은 『아카데미아 학파 후서(*Academica Posteriora*)』(이하 『후서』)로 불린다. 두 판본은, 비록 등장 인물과 대화의 배경 등은 다르지만, 대화의 철학적 내용에 큰 차이가 없다. 『전서』는 『카툴루스(*Catulus*)』와 『루쿨루스(*Lucullus*)』로 명명된 두 권의 책으로 구성되었고, 두 번째 권에 해당하는 『루쿨루스』만 온전하게 남아 있다. 『후서』는 『전서』의 각 권을 대략 둘로 분할해 네 권으로 재출판되었고, 이 중에서 첫 번째 권의 앞부분만 『바로(*Varro*)』라는 이름으로 전해진다. 이처럼 두 종류의 판본의 존재와 전승 과정에서의 누락 때문에, 각 판본에서 현재 남아있는 부분을 약어로 표기할 때 종종 오해가 발생한다. 관례적으로 『루쿨루스』는 '*Ac. 2*'로, 『바로』는 '*Ac. 1*'로 표기했는데, 이는 『아카데미아 학파』 전체에서 각 부분이 차지하는 위치를 염두에 둔 것이다. 반면 『전서』의 일부인 『루쿨루스』를 '*Ac. Pr.*'라고 표기하기도 하고, 『후서』의 일부인 『바로』를 '*Ac. Post.*'로 표기하는 경우도 있다. 이런 연유로 『전서』가 '*Ac. 2.*'라는 약어로 표기되고, 『후서』가 '*Ac. 1.*'

로 표기되는 결과를 낳았다. 이런 약어 표기가 불러오는 오해를 피하기 위해 때로 『루쿨루스』(혹 '*Luc.*')와 『바로』(혹 '*Var.*')라는 명칭을 사용하는 경우도 있다.

2. 2. 저작의 대화적 상황

『전서』는 대략 기원전 62/61년 투스쿨룸에 있는 호르텐시우스의 별장을 배경으로 벌어지는 이틀 동안의 토론을 그리고 있다. 이 토론에는 카툴루스(Quintus Latatius Catulus, c.115~61), 루쿨루스(Lucius Licinius Lucullus, c.115~57/6), 호르텐시우스(Quintus Hortensius Hortalus, 114~49), 그리고 키케로 자신이 등장한다. 『전서』의 첫 번째와 두 번째 권은 각각 카툴루스와 루쿨루스에게 헌정되었다. 첫날의 논의를 기술한 『카툴루스』에는 호르텐시우스와 카툴루스(혹은 키케로)가 주된 대화자로 등장한다. 『루쿨루스』에 묘사된 둘째 날의 대화는 루쿨루스가 안티오코스에게서 전해 들은 내용을 세세히 옮기고, 이에 대해 키케로가 답변하는 방식으로 논의가 진행된다. 신아카데미아의 변호인 역할은 키케로와 카툴루스에게 주어진다. 같은 신아카데미아의 입장에 서 있지만 둘 사이에는 미묘한 차이점이 존재한다. 키케로는 보다 급진적인 회의주의를 주장하는 반면, 카툴루스는 다소 온건한 필론적 회의주의를 주장하는 것으로 보인다. 반면 안티오코스의 대변자 역할은 루쿨루스에게 주어진다. 호르텐시우스는 특정 철학 학파에 대한 전문적인 지식이 없는 것으로 보이지만, 전날의 논의에 대한 언급을 통해서 보면 통상적인 반-회의주의적 논변들을 제시한 듯하다.

『전서』의 등장인물들은 모두 로마의 귀족으로서, 카툴루스와 루쿨루스는 당대의 유명한 정치가이자 장군이었지만, 그들이 이룩한 정치적 업적에는 별다른 것이 없다. 또한 젊은 시절의 키케로와 베레스 소송에서 대립했던 호르텐시우스는 그 당시 로마 최고의 변호사로 활약했던 인물이다. 이들이 상당한 철학적 지식과 관심을 갖춘 인물들이라는 키케로의 묘사에도 불구하고(2.4; 64), 키케로 이외의 인물들은 문화적 소양 말고는 철학적 깊이를 갖추고 있지 못했다. 따라서 이들과 행한 철학적 대화가 그럴싸하게 보이도록 몇 가지 대화적 장치가 추가된다. 가령, 『루쿨루스』의 도입부(2.1~4)에서 루쿨루스가 아시아 원정길에 동행했던 안티오코스의 강의를 반복적으로 청취하는 학문적 관심과 그것을 세세히 기억하는 암기력이 강조된다. 이런 극적 장치는 루쿨루스가 안티오코스의 논변을 전달할 만한 인물이라는 것을 보여주기 위한 것이다. 마찬가지 이유로 『카툴루스』에서 호르텐시우스의 뛰어난 암기력이 강조되었을 것이라 추측된다. 한편 카툴루스의 경우, 그의 아버지가 필론의 추종자였다는 점이 부각되면서, 그가 신아카데미아의 입장을 대변하게 된 연유가 어느 정도 제시된다. 이처럼 키케로가 배경 설정에 최대한 현실성을 부여하고자 노력했음에도 불구하고, 초판 출판 이후 주변으로부터의 반응은 그다지 좋지 않다. 이 저작이 요구하는 수준의 철학적 대화를 초판의 등장인물들과 나눌 수 있다는 설정이 다소 비현실적이라는 평가였다. 따라서 키케로는 보다 설득력 있는 인물을 등장시켜 작품을 새로이 개작한다. 이처럼 개작된 『후서』에서는 호르텐시우스와 루쿨루스를 대신해서 로마 공화정 시기 최고의 학자인 바로(Marcus Terentius Varro, 116~23)가 안티오코스의 대변인 역할을 맡고, 카툴루스와 나누어 맡았던 신아카데미아의 변호인 역할은 키케로 본인이 혼자 담당하게 된다.

『후서』의 대화적 배경은 루크리누스(Lucrinus) 호수 근처에 있는 바로의 별장이다. 작중 연대는 분명히 드러나지 않지만, 폼페이우스파의 몰락(1.2), 키케로의 딸 툴리아의 죽음 및 『호르텐시우스』의 출간(1.11) 등을 염두에 두면, 출판 시기인 기원전 45년에서 멀지 않은 과거를 염두에 둔 것으로 보인다. 작중 대화는 키케로와 그의 친구 아티쿠스(Titus Pomponius Atticus)가 바로의 별장 근처 쿠마이(Cumae)에 있는 키케로의 별장에서 머물던 중, 그들의 친구인 바로가 찾아오는 장면에서 시작한다. 키케로는 『라틴어에 관하여(De lingua Latina)』를 저술하는 중이며 로마의 역사와 제도에 관한 여러 저술을 출판한 바로에게 철학적 주제도 다루어 줄 것을 요청한다. 이에 안티오코스를 추종하는 바로는 구아카데미아 철학의 형성 과정과 그 핵심 이론들을 소개한다. 그에 대해 키케로는 신아카데미아의 입장에서 평하는데, 이 부분은 일부만 전해진다.

2. 3. 저작의 재구성

대화적 상황을 제외하면 두 출판본에서 실질적인 논의 내용이 크게 변하지 않았으므로, 남아 있는 부분을 통해 전해지지 않는 부분의 내용을 추측해 볼 수 있다. 『전서』에서 온전히 전해진 후반부 『루쿨루스』의 논의 주제는 크게 두 가지로 구분할수 있다. 첫 번째 주제는 인식론 논쟁으로서(A), 파악될 수 있는 무언가가 있는지, 그리고 그러한 것이 없다면 현자는 어떻게해야 하는지에 관해 스토아 학파와 신아카데미아 간의 논의를다룬다. 두 번째 주제는 아카데미아의 전통을 바라보는 관점의차이에서 기인한 철학사 논쟁이다(B). 이에 대해서는 이하 3.3에서 보다 자세히 다루겠지만, 그 핵심은 아카데미아의 정통성을 두고 안티오코스와 필론이 벌인 다툼이다. 즉, 안티오코스는 이 전통을 교설주의적이라 해석하고, 필론은 회의주의적이라 해석한다. 이 두 주제는 『루쿨루스』에서 다음과 같은 순서로논의된다.

B-1. 신아카데미아의 철학사 해석에 대한 안티오코스의 비판

(2.13~18)

A-1. 신아카데미아의 인식론에 대한 안티오코스의 비판(2.19~60)

B-2. 안티오코스의 철학사 해석에 대한 키케로의 비판(2.69~78)

A-2. 안티오코스의 인식론에 대한 키케로의 비판(2.79~146)

이제『루쿨루스』의 내용을 염두에 두고, 소실된『카툴루스』의 내용을 추측해 보자. 재구성을 위해 가장 중요한 자료는 물론『카툴루스』의 전반부에 상응하는『바로』이다. 대화의 도입부(1.1~14) 이후, 먼저 바로는 안티오코스가 주장하는 구아카데미아의 철학 체계와 그 변화를 설명한다.(1.15~42) 이어서 키케로는 안티오코스의 견해에 반대하여 신아카데미아의 해석을 지지하며, 신아카데미아의 철학이 아카데미아의 전통을 단절시킨 것이 아니라 오히려 올바로 계승한다고 주장한다.(1.43~46) 이후의 논의는 추측만 가능하다. 이 논의를 추측하는 데 중요한 단서는『루쿨루스』에서 종종 지시되는 전날의 논의에 대한 언급이다. 주요한 언급은 다음과 같다. (i) 아르케실라오스 이후의 신아카데미아(특히 카르네아데스)의 학설, (ii) 필론의『로마서』에 대한 비판적 고찰, (iii) 신아카데미아에 대한 호르텐시우스의 단편적인 비판, (iv) 호르텐시우스의 비판에 대한 키케로의 반론. 이를 바탕으로『카툴루스』전체의 내용을 구성해 본다면, 순서는 정확하지 않을지라도 대략 다음과 같을 것이라 짐작된다.

B-1. 구아카데미아 철학 체계와 그 변형에 대한 안티오코스의 견해
(1.15~42와 유사)

B-2. 카툴루스(혹 키케로)에 의한 신아카데미아(특히 아르케실라오스)의 *해석(1.43~46와 유사); 카르네아데스 및 그의 계승자들(필론의 『로마서』에 대한 설명과 비판을 포함)의 견해*

A-1. *신아카데미아에 대한 호르텐시우스의 단편적인 비판*

A-2. *호르텐시우스에 대한 키케로의 답변*

위의 구성에서 이탤릭체로 표시된 부분이 『루쿨루스』의 언급을 통해 짐작할 수 있는 내용이다. 우선 호르텐시우스의 비판(A-1)은 신아카데미아에 대해 일반적으로 제기되는 몇 가지의 반론을 즉석에서 제시한 것으로 보이고, 이에 대한 키케로가 답변(A-2)이 이어진 것으로 짐작된다. 호르텐시우스가 파편적으로 제기한 문제들은 『루쿨루스』에서 안티오코스의 이론을 따라 다시 체계적이고 심도 있게 전달되고, 이에 대한 키케로의 논박도 체계적으로 진행된다. 따라서 『카툴루스』의 A-1과 A-2에는 당시 널리 알려진 것 이외에 새롭거나 심오한 논변 또는 정보가 많지는 않을 것으로 추측된다. 하지만 『카툴루스』의 B-2에서 이탤릭으로 표기된 부분은 신아카데미아의 역사에 관한 내용일 텐데, 『루쿨루스』의 B-1과 B-2에서 일정 부분 반복되고 있으므로 대략적인 내용은 짐작이 가능하지만, 세세한 역사적 정보

들이 누락된 사실은 아쉽다. 특히, 카르네아데스 이후 신아카데미아의 분열 과정, 그리고 그 종말을 가져왔던 필론의『로마서』에 관한 상세 정보가 거의 전해지지 않는 점은 큰 손실이다. 하지만 키케로가 필론의 인식론적 혁신을 별로 높이 평가하지 않으므로, 필론에 대한 정보의 부재가 이 저작을 전체적으로 이해하는 데는 큰 영향을 미치지 않는다. 결국『아카데미아 학파』가 비록 온전한 형태로 남아 있지는 않더라도, 원래 저작의 핵심적인 논쟁들을 살펴보는 데 어렵지 않을 정도로 충분한 내용은 전해졌다고 볼 수 있다.

3. 저작의 주요 쟁점들

『아카데미아 학파』가 다루는 앎의 문제는 이미 소크라테스 이전 철학자들의 관심사였고, 한갓 의견과 구분되는 불변하는 앎은 플라톤의 탐구 대상이었으며, 아리스토텔레스는 앎을 획득하기 위한 도구(organon)를 제공하고 앎의 여러 분야를 탐구했다. 그럼에도 불구하고 자연학이나 윤리학과 구분되는 본격적인 의미의 인식론(혹 이를 포함하는 논리학)이 철학의 분과로서 확립된 것은 헬레니즘 시기이다. 이 시기에 앎의 문제와 관련해서 중대한 인식의 전환이 일어났고, 이로 인해 이전 시기와는 다른 양상의 탐구가 이루어졌다. 이러한 전환을 불러온 가장 중요한 사건은 회의주의의 등장이었다. 앎의 문제는 퓌론과 아르케실라오스를 거치면서 '앎이란 무엇인가?'에서 '앎이란 과연 가능한가?'로 강조점이 이동했으며, 이는 근대 인식론의 질문과 근본적으로 유사했다. 물론 두 질문은 밀접한 관련이 있었으므로, 앎의 가능성을 논하기 위해서는 그것의 본성을 다루어야 했고, 반대로 앎이 무엇인지에 답하기 위해서는 적어도 그것의 획득 가능성도 함께 고려할 필요가 있었다. 또한 이 시기의 학파들은 자신들의 권위를 선학들에서 찾는 경우가 많았으므로, 자신들이 이전과는 다른 차원의 인식론을 전개한다는 의식을 갖지 않았을 수도 있다. 그럼에도 불구하고 앎의 획득 가능성을 진지하게 의심하지 않았던 이전 시기의 철학자들에 비한다면, 헬레니즘 시기에 활동한 여러 학파들은 앎에 다가갈 수 있는 방법, 즉 '진리의 기준(*kritērion tēs alētheias*)'을 제시할 때, 그것의 존재 유무를 염두에 두어야 했다. 헬레니즘 시기의 대표적 학파인 스토아 학파는 진리를 파악할 수 있다고 보았으며, 진리를 판별하는 기준으로 '파악 인상'을 제시했다. 반면, 신아카데미아는 비록 진리의 인식이 불가능하다고 주장하지는 않았지만, 적어도 파악의 가능성을 심각하게 의심했다. 이 두 학파의 논쟁은 헬레니즘 시기 인식론의 주요 논점들을 형성하는 데 결정적인 역할을 했고, 근대에 이르기까지 큰 영향을 끼쳤다.

3. 1. 제논의 인식론

스토아 학파의 창시자인 제논(Zēnōn ho Kitieus, 334/3~262/1)은 견유 학파의 크라테스, 아카데미아의 크세노크라테스와 폴레몬, 메가라 학파의 스틸폰, 변증가인 디오도로스 크로노스에게서 가르침을 받았다. 그가 가르침을 받은 여러 학파의 스승들은 모두 직간접적으로 소크라테스에게 영향을 받았는데, 이 사실로부터 그가 소크라테스의 문제의식을 계승한 이유가 설명된다. 소크라테스는 좋음과 나쁨에 대한 앎을 획득함으로써 좋은 삶을 영위할 수 있다고 여겼지만, 그러한 앎이 획득될 수 있는지에 대한 명확한 답변은 유보했다. 그는 앎에 이르지 못한 의견만을 가진 이들이 언제든 반대되는 의견에 흔들릴 수 있음을 논박술을 통해 보여주었고, 비록 어렵더라도 한갓 의견에 만족하지 말고 확실한 앎을 찾기 위한 끊임없는 탐구를 촉구했다. 제논은 소크라테스의 논박술이 던진 질문에 대한 답변으로서 덕은 앎이고, 유일하게 좋은 것임을 보이고자 했으며, 한갓 의견과 구분되는 앎이 존재한다는 확신과 더불어 어떻게 그런 앎이 획득될 수 있는지에 대한 방법을 제시하고자 했다.

『아카데미아 학파』 1.40~42는 제논의 답변이 지닌 혁신적 요소들을 설명한다. 우선 플라톤과는 달리, 그는 감각을 앎의 획득을 위한 신뢰할 만한 통로로 인정했고, 이에 따라 '인상(*phantasia*)'에 기초한 경험주의적 성격을 지닌 인식론을 정초했다. 감각을 앎의 근원으로서 신뢰했다는 점에서, 감각의 '자명함(*enargeia*)'을 진리 판별의 기준으로 삼은 에피쿠로스와 제논의 출발점은 유사하다. 하지만 에피쿠로스가 모든 인상을 참이라고 여긴 반면, 제논은 거짓 인상도 있다고 말한 점에서 둘 사이에는 차이점이 있다. 가령, 물에 잠긴 노가 꺾여 보이거나, 빛의 변화에 따라 비둘기 목이 다른 색채를 발산하는 것처럼, 감각이 대상을 그 자체로 드러내지 않는 경우가 있다. 에피쿠로스에 따르면, 감각 자체는 우리에게 올바른 인상을 전해주지만 우리의 잘못된 의견이 그것을 잘못 받아들인다. 반면 제논은 감각은 대부분의 경우에 참된 인상을 우리에게 전해주지만, 감각 자체가 우리에게 거짓 인상을 전해주는 경우도 있음을 인정한다.

다음으로 제논의 인식론의 중요한 특징은 인상 자체가 정신의 능동적 역할을 포함하고 있다는 점이다. 우선 제논은 인상이 생겨나는 것은 외부의 대상이 감각을 통해 '영혼에 각인'될 때라고 말하는데, 이는 인상이 지닌 수동적인 측면, 즉 그것이 영혼이 '겪는 일(*pathos*)'임을 표현한다. 동물이든 인간이든 감각을 지닌 존재는 외부의 대상으로부터 인상을 받고, 그에 반응함으로써 행위한다. 하지만 제논은 이성적 동물의 인상은 외부의 원인에 의해서 촉발되는 것 이상이 필요하다고 여긴다. 우리가 겪는 인상은 정신의 판단, 즉 인상에 대한 '동의(*synkatathēsis*)'를 포함하고 있기 때문이다. 가령, 앉아 있는 소크라테스를 볼 때, 소크라테스의 상(像)이 시각에 맺힌 경우를 생각해 보자. 이때 우리는 이 시각상을 '소크라테스가 앉아 있다'라고 판단하고 '소크라테스가 앉아 있다'는 인상을 갖는다. 그렇지 않다면, 우리가 겪는 소크라테스의 시각상은 그저 망막에 맺힌 무의미한 자극에 불과할 것이다. 이처럼 이성적 인상의 발생에는 판단이 필수적이고, 판단은 명제로 표상된 인상의 내용에 동의하거나 거부하는 방식으로 이루어진다. 따라서 이성적인 동물의 인상은 언어적 구조로 표상된다. 사물에 대한 언어적 분절의 기본 요소인 개념(notitia)은 어린 시절에 형성되는데, 이는 경험을 통해 기억에 의해 저장된 인상들로부터 자연적으로 발생한다.(2.21~22) 개념이 갖추어진 성인이 되면, 주어지는 인상은 정신에 의해 언어적으로 분절된 것으로 경험된다. 우리는 이 인상에 동의하거나 거부하는 판단을 내림으로써 믿음을 갖게 되고, 이는 곧 의견(opinio)을 갖는 것으로 정의된다. 즉 제논에 따르면, 우리가 인상을 갖는 것은 단순한 수동적 상태가 아니라, 의견을 형성하는 능동적인 행위이다. 한편, 정신이 겪는 인상은 감각 대상에서 직접적으로 촉발된 감각 인상뿐 아니라 즉각적인 감각 대상에 직접 상응하지 않는 인상도 포함될 수 있다. 가령, 우리는 '소크라테스가 앉아 있다'는 감각 인상뿐 아니라 '삼각형의 두 변의 합은 나머지 한 변보다 크다'와 같이 특정한 감각 대상에 한정되지 않는 인상도 갖는다. 이 두 종류의 인상이 어떤 관계인지는 분명히 설명되지 않지만, 분명 스토아 학파는 어떤 인상이든 궁극적으로 감각 대상에서 유래했을 것이라 여기는 것 같다. 아무튼 외부의 자극을 이성적으로 받아들이거나 거부하는 것은 우리에게 달린 동의에 의한 것인데, 이를 통해 인상의 형성에서 정신은 능동적인 원인이 된다.

마지막으로 인상에 기초한 제논의 인식론은 소크라테스가 제기한 문제에 대해 새로운 방향의 답변을 제공한다. 소크라테스는 한갓 의견과 구분되는 확실한 앎을 찾고자 했다. 그렇다면 우리가 가진 의견들 중에서 앎에 해당하는 것은 무엇인가? 앎과 의견의 대상 자체를 구분하려는 듯한 소크라테스와 달리, 제논에게 앎과 의견의 대상은 같은 종류의 것이다. 따라서 우리가 참된 인상을 가질 때, 그것이 한갓 의견에 지나지 않는다고 할 수는 없지만, 그렇다고 앎이라고 단정지을 수도 없다. 앎은 어떤 경우에도 흔들리지 않고 확고한 것이어야 하는데, 인상은 우연히 참일 수도 있으므로 필연적이고 확실한 동의를 보증하지 않을 수도 있기 때문이다. 따라서 그는 한갓 의견과 앎 사이에 '파악(katalēpsis)'을 위치시킨다. 파악은 대상에서 기인하고 대상을 있는 그대로 드러내는 인상에 대해 동의하는 것을 의미한다. 파악 자체는 어리석은 자에게나 현자에게나 똑같이 가능하며, 심지어 감각 인상의 대부분이 신뢰할 만하므로, 많은 경우에 우리는 사물을 파악하고 있다. 파악은 대상을 있는 그대로 인식한다는 점에서 단순한 의견이 아니다. 하지만 그것이 앎이라고 할 수도 없는데, 우리가 확신이 없는 한, 언제든 그것을 부인할 가능성이 열려 있기 때문이다. 현자의 앎은 파악을 확고하고 항상적으로 유지하는 데 달려 있다. 이러한 확고함(firmitas)과 항심(constantia)이 어떻게 가능한지는 제논의 이론이 해명하는 과제이다. 그 설명에 따르면(2.22~27), 분절되어 경험된 파악들은 기억(memoria)에 저장되고, 이로부터 기술(ars)이 생기며, 나아가 축적된 경험과 기술은 흔들리지도 변하지도 않는 앎(scientia), 그리고 실천적인 측면의 앎인 덕(virtus)을 산출하고, 철학의 각 분야에 상응하는 덕들이 갖추어짐에 따라 삶의 기술인 지혜(sapientia)가 완성된다. 이 과정에서 중요한 점은 파악만으로 앎이 획득된 것은 아니더라도, 적어도 파악이 앎을 획득하기 위한 출발점이라는 것이다.

이처럼 제논의 인식론의 토대는 참된 인상에 대한 동의인 파악이다. 그런데 그는 파악과 관련하여 참된 인상을 좀더 엄밀하게 규정한다. 다시 말해, 인상들 중에는 파악을 가능하게 하는 인상이 존재하는데, 이를 '파악 인상(katalēptikē phantasia)'이라고 부르고, (a) '있는 것(quod est)으로부터' (b) '있는 그대로 찍히고 각인되고 주조된' (c) '있지 않은 것으로부터는 생길 수 없는 종류의' 인상으로 정의한다.(2.18; 77; 112) 제논을 공격하는 학파들뿐 아니라 스토아 학파 내부에서도 파악 인상의 정의를 두고 많은 논란이 있었다. 이 정의에 등장하는 '있는 것(quod est)'이 무엇인지는 스토아 이론과 관련해서 여러 가지로 해석될 수 있지만, 여기서는 일단 감각기관을 통해 정신에 드러나는 실제로 존재하는 감각 대상으로 이해할 수 있다. 따라서 (a)의 규정에 의해 허상(*phantastikon*)은 인상과 구분된다. 하지만 인상이 대상에 의해 생기더라도 올바르지 않게 생기는 경우도 있다. 가령, 오레스테스가 엘렉트라를 보고 "저 여자가 에리뉘스이다"라는 인상을 갖는 경우를 보자. 이 경우 비록 인상은 실제하는 엘렉트라에 의해 발생했지만, 엘렉트라를 올바른 방식으로 표상한 것은 아니다. 그러므로 파악 인상은 (b)의 규정에 따라, 다른 요인들에 영향받지 않고 정확한 인과관계에 의해, '있는 것 그대로 찍히고 새겨지고 만들어진' 것이어야 한다.

『아카데미아 학파』의 논쟁을 이해하는 데 가장 중요한 규정은 '있지 않은 것으로부터 생길 수 없는 종류의' 것이라는 셋째 규정(c)이다. 키케로는 2.77에서 이 규정의 의미를 제논과 아르케실라오스를 등장시킨 가상적 대화를 통해 설명한다. 이에 따르면, 제논은 처음에 파악 인상을 정의할 때, (a)와 (b)로 충분하다고 여겼으므로, (c)를 포함시키지 않았다. 반면, 아르케실라오스는 (a)와 (b)를 만족시키는 인상을 다른 대상에서 유래한 것으로 판단할 가능성에 대해서 문제제기한다. 가령, 헤라클레스가 자신의 아이들을 에우뤼스테우스의 아이들로 착각해서 죽인 상황을 보자. 이 경우 헤라클레스가 가진 인상은 자신의 아이들로부터 유래했고 자신의 아이들을 있는 그대로 드러내 주었으나, 그에게는 그 인상이 에우뤼스테우스의 아이들로부터 그들을 있는 그대로 드러낸 것으로 보인 것이다. 이처럼 대상 자체에 접근하는 유일한 통로가 인상인 한, 인상을 겪는 자가 그것을 야기한 대상이 무엇인지를 확인할 방법이 없다는 것이 아르케실라오스가 던진 질문의 요지이다. 흥미롭게도 제논은 아르케실라오스의 반론을 받아들여 파악 인상의 정의에 (c)를 포함시킨다. 이때 포함된 (c)가 (a)와 (b)의 귀결인지, 아니면 추가적인 조건인지는 해석의 여지가 있지만, 아마도 제논은 (a)와 (b)를 만족시키는 인상은 명료하고 판명한 성격을 지닐 것이므로, 자연스럽게 (c)의 규정도 만족시킬 것으로 여겼던 것 같다. 이와 같이 제논과 아르케실라오스 간 논쟁의 핵심은 파악 인상의 세 번째 규정인 (c)를 만족시키는 인상이 존재하는지 여부이다. 아르케실라오스는 (c)를 만족시키는 인상은 존재하지 않고, 따라서 파악 인상도 존재하지 않는다고 주장한다. 반면 제논과 그의 계승자들은 이 논박에 답변해야만 했다.

『아카데미아 학파』에서 루쿨루스의 연설은 스토아가 취한 답변 방식을 보여준다. 한편으로 스토아는 신아카데미아가 인정하지 않는 파악 인상이 존재한다는 것을 적극적으로 입증하고자 했다.(2.19~39) 다른 한편으로 그들은 파악 인상이 존재하지 않음을 입증하려는 신아카데미아의 중심 논변을 공격했다.
(2.40~60)

3. 2. 스토아에 대한 신아카데미아의 논박

일반적으로 '신아카데미아(Academia nova)'는 플라톤이 설립한 아카데미아가 회의주의로 경도되기 시작한 이후의 아카데미아를 가리키며, 이전의 아카데미아는 '구아카데미아'로 불린다. 디오게네스는 『생애』 4. 28에서 아르케실라오스 시기를 '중기 아카데미아'로, 카르네아데스 이후를 '신아카데미아'로 구분하기도 한다. 또한 섹스투스는 『개요』 1. 220에서 필론의 '네 번째 아카데미아'와 안티오코스의 '다섯 번째 아카데미아'를 덧붙이기도 한다. 아카데미아는 마지막 수장인 필론이 1세기 초반 로마로 망명한 이후 물적 토대를 지닌 학파로서는 사실상 소멸했다. 하지만 이후 키케로를 비롯해 신아카데미아의 명맥을 잇는 몇몇 추종자들의 이름이 전해진다.

신아카데미아의 회의주의적 경향을 주도한 인물은 피타네 출신의 아르케실라오스(Arkesilaos, 316/5~241/0)이다. 그는 폴레몬, 크라테스, 크란토르의 제자이고, 268/7년에 크라테스의 뒤를 이어 아카데미아의 수장이 되었다. 그의 스승들이 플라톤의 가르침을 체계화하는 데 몰두한 것과는 달리, 아르케실라오스는 자신의 견해를 명시적으로 내세우지 않으면서 다른 이들의 견해를 논박하는 데 집중함으로써 아카데미아의 철학 방식을 근본적으로 전환시켰다. 그가 아카데미아의 학풍을 교설주의에서 회의주의로 전환시킨 동기에 관해서는 다양한 해석들이 제시된다. 그의 철학적 입장이 퓌론적 회의주의와 유사한 측면이 있으므로 퓌론의 영향을 받았으리라 짐작되기도 하고, 그가 아카데미아에 입문하기 전 테오프라스토스에게서 철학을 배웠으므로 소요 학파의 수사술을 철학에 적용했을 것이라 여겨지기도 한다. 또한 그의 논박적 태도는 그가 디오도로스 크로노스의 변증술을 배웠을 것이라는 추측을 낳기도 했다. 한편 그가 크라테스를 이어 아카데미아의 수장이 되었을 때 특별한 반대가 없었던 것으로 미루어 그의 논박술은 플라톤의 비의를 전수받을 자격이 있는 자를 선별하기 위한 일종의 통과의례였다는 주장도 제기된다. 이처럼 이미 당대에도 그의 회의주의적 태도의 동기나 의도에 대해서 여러 추측들이 있었다.

신아카데미아가 사용한 논의 방식은 크게 두 가지로 볼 수 있다. 첫째, 아르케실라오스가 사용한 변증적 논박이다. 이 방법의 기원은 플라톤의 대화편들에 묘사된 소크라테스에서 찾을 수 있다. 소크라테스는 상대방의 견해를 잠정적으로 받아들인 뒤, 이 견해로부터 귀결되는 모순점을 지적함으로써 상대의 신뢰성을 무너뜨리고, 결국 상대방이 견해를 포기하도록 만들었다. 마찬가지로 아르케실라오스도 청중들에게 강연할 때

청중이 듣고 싶은 어떤 논제든 먼저 제시해 주길 요구했으며, 특유의 유창한 언변을 통해 '모든 논제에 대하여(contra omne propositum)' 논박했고, 결국 청중들은 어떤 견해에 대해서도 동의를 중지할 수밖에 없었다.(1.45; 『최고선악론』 2.2)

둘째, 카르네아데스는 이 방법을 활용하여 주어진 논제에 대해 논박할 뿐 아니라 그것을 변론하기도 하면서, 하나의 논제에 대해서 '찬반양론으로(pro et contra)' 논의하는 방식을 사용했다. 다시 말해, 어떤 논제에 대해 대립하는 견해들의 설득력이 동등함(isostheneia)을 보임으로써 어느 쪽의 견해에도 동의할 수 없게 만드는 것이다. 가령, 2.112~115에서 키케로는 안티오코스와 소요 학파의 대립되는 견해를 보여주고, 양편의 입장 중 어느 것이 더 설득력 있다고 말할 수 없으므로 양편 모두에 대해 동의를 유보하길 요구하는 것이다. 이 방식은 하나의 사안에 대한 찬반의견뿐 아니라 다수의 견해가 제시된 경우에도 활용되었다. 가령, 자연학에서는 원리(2.116~128), 윤리학에서는 최고선(2.129~141), 논리학에서 진리의 기준(2.142~146)과 같이 단일 주제에 대해 여러 견해들이 가능한 경우에도, 이들 모두가 동등한 설득력을 지니기 때문에 하나가 다른 것보다 더 설득력 있지 않음을 보여주는 것이다.

물론 아르케실라오스와 카르네아데스는 두 가지 논의 방식을 모두 활용했지만, 적어도 후자의 방식은 카르네아데스가 더 적극적으로 활용했다. 그는 제시된 논제를 논박하는 것만큼 적극적으로 변호하기도 했다. 때로는 그가 변론을 지나치게 훌륭히 해냈으므로 청중들은 오히려 그의 변론에 설득당할 정도였으며, 그의 제자들조차 그의 변론이 단지 논박을 위한 것인지, 아니면 그가 실제로 그렇게 믿는 것인지를 혼란스러워 했다. 이러한 카르네아데스의 논의 방식은 결국 신아카데미아의 분열을 야기했는데, 이에 대해서는 3.2.3에서 살펴볼 것이다.

3.2.1. 파악 불가능 논변

스토아 학파와 신아카데미아의 논쟁은 제논의 파악 인상에 대해 아르케실라오스가 제기한 근본적인 의문에서 시작된다. 제논이 정의한 대로 파악 인상이 존재하지 않는다면 어떤 앎도 가능하지 않을 것이므로, 제논의 인식론에 반대하는 가장 중요한 논박은 파악 인상의 존재를 부인하는 것이었다. 이를 위해 아르케실라오스는 '파악 불가능(*akatalēpsia*)'이라 불리는 다음의 논변을 제시한다.(2.40; 83)

[1] 어떤 인상은 참이고 다른 인상은 거짓이다. (스토아의 인상 분류)

[2] 거짓 인상은 파악될 수 없다. (파악 인상에 대한 제논의 규정 (a)와 (b))

[3] 모든 참된 인상은 그와 똑같은 거짓 인상도 있을 수 있는 그러한

것이다. (아르케실라오스의 논변)

[4] 차이가 없을 정도로 똑같은 인상들 중 어떤 것은 파악될 수 있고 다른 것은 파악될 수 없는 경우는 불가능하다. (파악 인상에 대한 제논의 규정 (c))

[5] 따라서 어떤 인상도 파악될 수 없다.

제논은 에피쿠로스와는 달리 거짓 인상의 존재를 인정하므로 [1]을 받아들일 것이다. 또한 그는 파악 인상에 대한 자신의 정의와 직결되는 [2]와 [4]도 받아들일 것이다. 거짓 인상은 참이 아니므로 파악 인상일 수 없으며, 파악 인상은 그 자체로 명증함을 지니므로 그렇지 않은 인상과 같은 성격의 것일 수 없기 때문이다. 따라서 제논에게서 [1], [2], [4]는 인정되므로, [3]이 받아들여진다면, 파악 인상은 존재하지 않는다는 결론이 도출될 것이다. 결국 아르케실라오스의 과제는 제논이 [3]을 인정하게 만드는 것이다. 따라서 아르케실라오스는 파악 인상과 그렇지 않은 인상이 인식 주체에게는 내적으로 차이가 없고, 그 차이가 인식적으로 '구별 불가능(*aparallaxia*)'함을 보이고자 한다.

우선 구별 불가능한 사례를 살펴보기 전에, 제논은 감각이 파악 인상의 자명함을 판별할 만한 인식적 능력을 갖는다고 주장하므로, 감각의 신뢰성 자체에 대해서 검토할 필요가 있다. (2.79~82) 감각이 신뢰할 만한 것이라는 제논의 주장과는 달리,

감각이 거짓을 보여줄 가능성이 항존한다. 노가 물에 잠기면 늘 꺾여 보이고, 지구보다 훨씬 큰 태양은 언제나 우리의 발크기로 보인다. 앞서 언급했듯, 제논은 거짓 인상의 존재를 인정했으므로, 이러한 예외적인 경우가 그에게 큰 문젯거리가 아닐 수도 있다. 하지만 문제는 감각이 거짓을 보여주는 경우가 언제인지를 우리가 알 수 없다는 점이다. 감각이 거짓을 보여줄 가능성을 인지하고 있더라도 언제 그러할지 알지 못한다면, 감각을 전적으로 신뢰할 수 없다. 게다가 우리의 감각이 본래 진리의 인식에 제한적이라면 어떨까? 마치 우리가 볼 수 있는 물 위의 사물을 물고기는 보지 못하는 것처럼, 우리의 감각도 그것이 다다르지 못하는 것에 대해서는 무력할 수밖에 없다.

이제 파악 인상과 그렇지 않은 인상을 구별하기 힘들다는 것을 보이기 위해 아르케실라오스는 두 종류의 사례를 제시한다. 첫 번째 사례는 차이를 알아볼 수 없을 정도로 유사한 인상들이다. (2.47~58) 가령, 두 개의 달걀이 어떤 차이도 없이 완전히 똑같을 수도 있고, 미세한 차이가 있더라도 우리의 감각으로는 그 차이를 인식할 수 없는 경우가 있다. 이때 A라는 달걀이 촉발하는 인상과 차이가 없는 인상을 B라는 달걀도 촉발할 수 있다면, 지금 우리가 갖고 있는 달걀의 인상이 A에 대한 것인지, 아니면 B에 대한 것인지 확인할 방법이 없다는 것이다. 이에 대해 스토아 학파는 쌍둥이나 머리카락들처럼 구분하기 힘들 정도로 유사한 인상들이 존재한다는 것을 인정하더라도, 그것들이 완전히 똑같은 것은 아니라고 주장한다.(2.54~58) 스토아는 이를 '개별자의 비동일성'이라고 부르는데, 어떤 개별적인 것도 완전히 동일하지 않다는 형이상학적 원리이다. 이 원리에 근거하면 어떤 개별자들도 원리적으로 구분 가능하며, 가령, 어머니가 쌍둥이 자식들을 구별하거나 양계업자가 달걀들을 구분할 수 있듯, 경험과 훈련을 통해서 식별 능력은 높아질 수 있다. 하지만 아르케실라오스가 말하고자 하는 것은 형이상학적으로 완전히 동일한 개별자가 아니라, 감각을 통해 차이를 전혀 식별할 수 없는 경우를 말한다. 이 경우에 아무리 고도로 훈련된 감각이라 하더라도 개별자를 식별하지 못할 가능성은 여전히 남게 된다.

다음으로 참된 인상과 구분될 수 없지만 실재 대상에서 유래하지 않은 인상의 사례이다.(2.88~90) 가령, 죽은 아내를 꿈에서 보는 사람이 실제로 살아있는 아내를 지금 만나고 있다고 착각하는 경우이다. 스토아는 이에 대해 답변하면서 파악 인상과 그렇지 않은 인상 간에 식별 가능한 차이가 있음을 보여준다. 비정상적인 사람의 인상은 정상적인 사람의 인상이 갖는 자명함을 지니지 않기 때문에 훨씬 약한 인상이며, 이에 동의하는 경우에도 그것이 실제의 대상에 촉발된 것인지에 대한 확신이 없기 마련이다. 이는 술에 취했거나 광분한 상태에서도 마찬가지이며, 이런 상황이라면 심지어 현자도 동의를 유보한다. 이처럼 비정상적인 사람에게 생긴 인상은 자명함이 없으므로, 각성하자마자 그것이 공허한 인상이었다는 것을 깨닫는다는 것이다. 하지만 아르케실라오스가 제기하는 문제는 술취한 사람이나 꿈을 꾸고 있는 사람이 깨어나서 그것이 꿈이었음을 알 수 있는지의 여부가 아니라, 그들이 술취한 상태에서나 꿈을 꾸는 동안에 자신에게 생긴 인상을 어떻게 판단하는지의 문제이다. 분명 제정신이 아니었던 순간에 갖는 인상을 참으로 여기는 경우가 있고, 이런 오류가 가능하다면 그때가 언제인지를 알 수 없는 것은 마찬가지이다. 인상의 특성은 주관적이므로, 인상을 갖는 사람은 자신이 자고 있는지 깨어 있는지를 확신할 수 없다는 것이다.

위의 예들에서 볼 수 있듯, 아르케실라오스는 감각의 분별력은 제한적이고, 인상은 주관적이므로 인상을 통해서는 대상과의 인과 관계를 확인할 방법이 없다고 주장한다. 반면 제논은 감각이 온전한 한에서 신뢰할 만하고 기술적인 훈련에 의해 그 식별력이 더 날카로워질 수 있으며, 파악 인상의 자명함을 식별할 능력을 갖추고 있다고 답변한다.(2.19~20) 물론 제논은 감각이 언제나 파악 인상을 예외 없이 정확히 분별할 수 있다고 주장하는 것은 아니며, 다만 아르케실라오스가 제시한 몇몇 예외들이 보편적으로 적용된다고 생각하는 것을 경계해야 한다는 것이다. 가령, 모든 인상에는 그와 유사한 인상이 있다고 해서 그와 아주 닮은 인상도 있을 것이고, 나아가 구분되지 않을 정도로 똑같은 인상도 있을 것이라고 유추하는 것은 '더미 논증(sōreitēs)'의 오류에 해당한다는 것이다. 하지만 아르케실라오스의 주장에 따르면, 더미 논증의 오류를 피하려면 '유사한 인상은 있지만 구분되지 않을 정도로 똑같은 인상은 없다'는 식으로 어느 지점에서는 멈춰야 하는데, 어디에서 멈출 지를 알지 못한다면, 결과적으로 '모든 인상에는 그와 구분될 수 없는 인상이 있다'라는 결론을 피할 수 없다.

3.2.2. '동의 중지' 논변

파악 불가능 논변과 더불어 아르케실라오스는 파악 불가능이 함축하고 있는 실천적 귀결이 무엇인지를 보여주는 논변을 추가로 제시한다. 이 논변은 '동의 중지(epochē)'라 불리는데, 파악 인상이 존재하지 않는다면 어떤 것에 대해서도 동의를 유보하는 것이 현자가 택할 수 있는 가장 합리적인 태도임을 다음과 같이 논증한다. (2.67)

[5] 어떤 인상도 파악될 수 없다.

[6] 그러므로 현자가 어떤 인상에 동의한다면, 그는 의견을 갖는 셈이다.

[7] 그런데 현자는 결코 의견을 갖지 않을 것이다.

[8] 따라서 현자는 어떤 것에도 동의하지 않을 것이다.

아르케실라오스가 이 논변의 결론인 동의 중지에 대해 어떤 태도를 취했는지는 논변의 목적에 따라 달라진다. 우선 이 논변은 제논에 대한 변증적 논변, 즉 제논이 정의한 방식의 파악 인상이 불합리한 귀결들을 함축한다는 점을 드러내기 위한 추가적 논변일 수 있다. 이 해석이 가능한 이유는 이 논변에서 아르케실라오스 자신이 내세우는 견해가 드러나지 않기 때문이다. 일단 이 논변에 등장하는 인상, 동의, 의견, 현자 등의 개념은 스토아의 용법으로 사용되고 있으며, '파악 인상이 아닌 인상에 동의하는 것은 의견을 갖는 것이다'라는 [6]의 주장과 '현자는 오류를 범하지 않는다'는 [7]의 주장은 제논의 것이다. 물론 아르케실라오스도 [6]에 공감하고 있으나, 이는 소크라테스 이래로 많은 철학자들이 동의하는 전제이다. 따라서 이 논변은 제논을 겨냥하고 있으며, 그의 파악 인상은 불합리한 개념임을 드러내는 것을 목적으로 삼았을 가능성이 있다.

하지만 이 논변이 제논에 대한 효과적인 대인 논증인지는 매우 의심스럽다. 앞서 보았듯, 제논의 입장에서는 [5]를 받아들일 이유가 없고, 따라서 [8]의 결론도 도출되지 않을 것이기 때문이다. 그러므로 동의 중지 논변이 제논을 공격하기 위한 것이었다면, 제논은 이를 그다지 심각하게 받아들일 필요가 없었을 것이다. 실제로 스토아는 동의 중지를 아르케실라오스의 주장으로 간주하면서 '행위불능'이라 불리는 일련의 논변을 제시했고, 아르케실라오스도 마찬가지로 동의 중지가 마치 자신의 주장인 양 답변하곤 했다. 또한 키케로를 위시한 후대의 여러 전거들도 파악 불가능과 동의 중지를 아르케실라오스 자신의 입장이라고 전해준다.(2.67)

하지만 동의 중지가 아르케실라오스 자신의 주장이라면, 그가 어떻게 그것을 주장할 수 있는가? 파악 불가능이나 동의 중지를 자신의 주장으로 삼는 일은 동의 중지의 원칙에 모순될 것이기 때문이다. 사실 이러한 모순은 아르케실라오스뿐 아니라 회의주의적 태도를 권유하는 모든 회의주의자들에게 발생하는 난점이고, 이는 스토아주의자들도 종종 지적했던 문제이다.(2.28) 회의주의적 태도의 비일관성을 해소하려는 여러 해석들이 공통적으로 주목하는 것은 회의주의자의 권유가 교설주의자의 교리와 다르다는 점이다. 회의주의자는 자신의 원칙을 파악된 명제나 따라야 할 교리로서 주장하는 것이 아니다.(2.110) 아르케실라오스의 경우, 다른 논변을 통해서도 동의 중지라는 결론을 도출한다. 그는 그때그때 주어지는 의견에 대해 논박에 성공함으로써 어떤 의견도 불변하는 확실성을 지니지 않는다는 경험을 축적한다. 따라서 모든 의견에 대해 동의를 중지하는 것이, 비록 최종적인 결론은 아니더라도, 그가 합당하게 취해야 할 태도라는 것을 깨닫는다. 이런 깨달음을 통해 얻어진 실천적 태도가 동의 중지이다. 열린 태도를 지닌 사람이라면 모든 의견들에 반대해서 논의함으로써 자연스럽게 동의 중지를 받아들일 수밖에 없다. 따라서 스토아에 대한 변증적 논변을 통해서도 동의 중지라는 태도는 강화될 수 있다. 결국 아르케실라오스가 제기한 동의 중지는 스토아에 대한 변증적 논변임과 동시에 자신의 실천적 태도를 기술하는 원칙이라는 성격을 함께 갖는다고 평가하는 것이 합당해 보인다.

3.2.3. 스토아의 행위 불능 논변에 대한 신아카데미아의 답변

동의 중지에 대해 스토아가 내놓은 반박 중에서 가장 대표적인 것이 '행위 불능(*apraxia*)' 논변이다. 이는 동의 중지가 함축하는 불합리한 귀결들을 드러냄으로써, 동의가 삶을 영위하는데 필수불가결하다는 것을 입증하고자 한다. '동의를 중지하면, 행위 일반이 불가능하다'는 것이 일반적으로 알려진 행위불가능 논변의 형태이다. 이 논변은 '행위(*praxis*)'가 '충동(*hormē*)'과 더불어 발생하고, 충동은 인상에 대한 '동의(*synkatathēsis*)'가 일으킨다는 스토아의 행위 이론을 전제한다. 아르케실라오스의 주장처럼 현자가 일체의 동의를 중지한다면, 현자는 어떤 행위도 할 수 없으며, 심지어 동물적인 삶조차 유지할 수 없다는 것이다.

(2.37~39) 그런데 이와는 다른 형태의 행위 불능 논변도 발견된다. 행위불능 논변은 종종 파악 인상이 존재함을 증명하는 목적으로도 사용되는데, 현자가 동의를 하려면 동의의 대상인 파악 인상이 존재해야 하기 때문이다. 특히 『아카데미아 학파』에서 등장하는 이런 형태의 논변들은 동의하지 않는 경우인지 활동이 불가능함을 보인다. 가령, 스토아는 개념, 기억, 기술, 앎, 지혜에 이르는 일련의 인지 행위가 파악에 근거한다는 것을 보여주고, 만일 파악 인상이 없다면 어떤 인지 행위도 불가능함을 논증한다.(2.22~27)

아르케실라오스는 행위 불능 논변에 대해 답변을 시도하는데, 『아카데미아 학파』에서는 이 답변이 전해지지 않는다. 그가 내놓은 두 가지 답변은 동의 중지가 행위 불능이라는 불합리한 귀결에 이르지 않음을 보인다. 첫째, 그는 동의가 행위의 필요조건이라는 스토아 이론에 반대해서, 동의 없이도 행위가 가능하다고 주장한다. 이를 위해 동물의 행위가 모델로 활용된다. 스토아에 따르면, 동물은 이성적 동의가 불가능하지만, 이성적 동의 없이도 동물에게는 비이성적 충동이 발생한다. 마찬가지로 인간도 비이성인 충동에 따라 행위할 수 있다.(플루타르코스, 『콜로테스에 반대하여』 1122A-F) 하지만 인간의 행위는 이성적인 판단의 결과로 수행되므로, 단지 생명을 유지할 목적을 넘어서는 행위에는 여전히 동의가 필요하다는 반론이 제기될 수 있다.

따라서 아르케실라오스는 인간에게 의미 있는 행위도 가능하다는 점을 보여주기 위해 두 번째 행위 모델을 제시한다. 여기에서 파악 인상을 대신할 수 있는 행위의 기준으로서 '합리적인 것(to eulogon)'이 제시된다. 이것 역시 스토아의 의무 이론에서 차용한 것이라는 점에 주목해야 한다. 스토아에 따르면, 우리의 행위가 합당하려면 그 행위에 대해 합리적인 근거가 제시될 수 있어야 한다. 그러므로 우리는 파악 인상의 자명함을 요구하지 않고도 행위의 합리적인 근거가 주어질 수 있는 행위에 동의함으로써 이성적 행위를 할 수 있다는 것이다.(섹스투스, 『반박』 7.158) 그가 이러한 답변을 시도한다는 사실은 그가 적극적으로 동의 중지를 변호하는 것으로 여겨질 수 있다. 하지만 아르케실라오스의 답변이 스토아적 개념에 근거하고 있으므로 여전히 변증적 의도를 지닌 것일 수도 있다.

하지만 아르케실라오스와는 달리 카르네아데스의 경우에는 [7]을 부인하는 논변을 제시한 경우가 있었다고 한다.

[5] 어떤 인상도 파악될 수 없다.

[6] 그러므로 현자가 어떤 인상에 동의한다면, 그는 의견을 갖는 셈이다.

[7]′ 그런데 현자는 때로는 의견을 갖는다.

[8]′ 따라서 현자는 무언가에 동의할 것이다.

카르네아데스가 받아들인 [7]'는 제논의 현자 개념과도 다르고, 심지어 제논에 동의했던 아르케실라오스의 논변과도 다르다. 카르네아데스가 이것을 받아들인 의도를 두고 이미 당시에도 의견이 분분했던 것으로 보인다. 우선 그가 특정한 견해를 적극적으로 옹호한 것이 '논의를 위해서'였다는 보고가 사실이라면(2.78), 이 논변의 취지는 다음과 같이 이해될 수 있다. '만일 파악 불가능의 상황에서도 여전히 현자가 인상에 동의한다고 스토아가 주장한다면, 현자는 결국 의견을 지니는 셈이며, 이는 현자가 오류를 범하지 않는다는 그들의 주장과 모순될 것이다.' 이것이 카르네아데스의 논변의 의미였다면, 논변의 목적은 여전히 스토아 이론의 모순을 폭로하기 위한 변증적인 것이다. 하지만 만일 그가 '현자도 의견을 가지며 따라서 오류를 범할 수도 있다'는 결론을 진지하게 받아들였다면 어떠한가?

실제로 카르네아데스는 '현자가 무언가에 동의한다'고 받아들인 이유를 설명하려 한 듯하다. 그가 파악 불가능을 말하긴 하지만, 그렇다고 만물이 불분명하다고 주장하는 것은 아니고, 오히려 행위를 위한 기준으로서 '승인할 만한 인상(probabile)'이 있다고 말하기 때문이다.(2.32~36) 그에 따르면, 인상은 두 가지로 방식으로 분류되는데(2.99), 대상과 관련해서는 파악 인상과 그렇지 않은 인상으로 구분될 수 있지만, 인식 주관과 관련해서는 승인할 만한 인상과 그렇지 않은 인상으로 나뉜다. 전자의 방식으로 분류된 파악 인상은 존재하지 않는다. 하지만 후자의 방식으로 분류된 승인할 만한 인상은 존재하며, 이것은 우리가 동의할 만한 설득력을 갖는다. 따라서 승인할 만한 인상만으로도 행위는 충분히 이루어질 수 있다. 승인할 만한 인상을 인정하면 삶 전체의 붕괴를 가져오는 행위 불능의 문제를 피해갈 수 있으며, 나아가 감각, 기억, 기술 등의 인지 행위도 가능하다. 우리는 승인할 만한 인상들을 지속적으로 탐구하면서 더 설득력 있는 인상을 가질 수 있기 때문이다. 가령, 어두운 곳에서 땅에 떨어진 밧줄을 보았을 때, 그것이 뱀이라고 판단한 것은 충분히 설득력이 있다. 하지만 더 가까이에서 횃불을 켜고 밧줄임을 확인했을 때, 이제 판단을 방해하는 요소들이 사라졌으므로, 그것이 밧줄이라고 판단하는 것이 더 설득력 있다. 후자의 경우처럼, 인상 내적으로 분명하고 다른 인상과 더 정합적인 인상은 '방해받지 않은 승인할 만한 인상'으로 분류된다. 인상들을 지속적으로 면밀히 탐구해 가는 과정에서 우리는 점차 더 그럴듯한 인상을 발견하게 되고, 이를 근거로 행위할수록 더 나은 행위의 가능성이 높아진다. 물론 그 모든 경우에 대상과의 인과관계가 우리에게 드러나지 않으므로, 승인할 만한 인상에 따라 행위할 때, 우리는 여전히 객관적으로 참인 세계가 아니라 주관적으로 설득력 있는 세계에 머물 수밖에 없다. 하지만 회의주의자들에게는 이것이 가능한 최선의 삶이다. 그들은 단지 파악 인상을 승인할 만한 인상으로 대체하는 것일 뿐이고, 도달하지 못할 스토아의 현자가 사는 삶이 이러한 삶과 크게 다르지 않다고 여긴다.

카르네아데스가 제시한 논변이 스토아에 대한 변증적 논변인지, 아니면 자신이 생각하는 보다 현실적이고 성취 가능한 현자의 모델을 적극적으로 제시한 것인지를 두고 그의 계승자들 간에 입장이 갈리게 된다. 아카데미아의 다음 수장이 된 클레이토마코스는 카르네아데스의 의도를 변증적인 것으로 받아들였다. 클레이토마코스는 카르네아데스가 '현자도 동의할 수 있다'고 말한 것은 변증적 전략에 불과할 뿐, 그가 실제로 이를 자신의 견해로 수용하지는 않았다는 것이다. 하지만 클레이토마코스도 카르네아데스가 회의주의자를 위한 행위 이론을 제시했다고 볼 수 있는 측면이 있음을 인정한다. 이를 설명하기 위해, 클레이토마코스는 동의의 의미를 두 가지로 구분한다.(2.99) 동의란 한편으로 인상이 참인지 거짓인지를 '동의(adsentio)'하는 행위로도 해석되지만, 다른 편으로 인상을 따를 만한 것으로 '승인(approbatio)'하는 행위를 의미하기도 한다. 카르네아데스가 '동의'를 사용하는 경우는 스토아의 행위 이론이 함축하는 모순점을 지적하기 위한 변증적인 전략을 취한 것이다. 하지만 카르네아데스는 이 논변을 자신의 견해처럼 주장하기도 하는데, 이 경우에는 동의를 '승인'의 의미로 사용한 것이다. 다시 말해, 그는 인상의 참과 거짓을 판단하지 않으면서도 그 인상에 따르는 것만으로 인간의 행위를 충분히 설명할 수 있다고 주장하는 셈이 된다. 따라서 클레이토마코스의 해석에 따르면, 카르네아데스는 행위 불능 논변에 대해 신아카데미아의 입장해서 해결책을 제시하려는 의도가 있었지만, 이런 행위 이론을 교설주의적으로 주장하지 않았다.

카르네아데스에 대한 클레이토마코스의 변증적 해석과는 달리, 동시대의 메트로도로스(Metrodorus of Stratonicea, 대략 180~105)는 카르네아데스의 의도를 변증적인 것이 아니라 자신의 적극적인 행위 이론으로 일관되게 제시했다고 여겼다. 이 견해는 당대에는 소수파의 입장이었지만, 클레이토마코스를 계승해서 아카데미아의 마지막 수장이 된 필론(Philōn ho Larissaios, 159/8~84/3)이 완화된 회의주의를 받아들인 이후에 비로소 아카데미아에서 표준적인 입장으로 자리잡았다.(2.78; 148) 카르네아데스의 주장이 실제로 내세운 입장이라면, 그는 실제로 현자가 의견을 지닐 수 있다고 믿었으며, 그 의견은 단순한 믿음이 아니라 불확실한 조건에서 현자가 성취할 수 있는 최선의 합리적인 사유에 근거한 믿음일 것이다. 회의주의의 원리인 동의 중지를 거부한다는 점에서 이 해결책은 온건한 회의주의라 부를 수 있다. 온건한 회의주의는 스토아 이론이 참이라는 확실성을 보장하는 것은 아니지만, 그 자체로 합리적인 근거가 있음을 인정하며, 따라서 스토아의 행위 이론이 상당히 설득력 있는 주장임을 보여준 셈이다.

이처럼 카르네아데스에 대한 상이한 해석은 신아카데미아 내에서는 급진적 회의주의와 온건한 회의주의의 대립을 불러일으켰고, 필론의 온건한 회의주의는 신아카데미아 내부의 반발을 불러일으키게 된다. 아카데미아 회의주의의 온건화에 대항하는 반발은 크게 두 방향에서 진행된다. 한편으로 아이네시데모스는 퓌론적 회의주의를 모델로 한 급진적 회의주의로 회귀한다. 다른 편으로 안티오코스는 필론이 촉발한 온건한 회의주의조차 거부하며 교설주의적 방향으로 나아간다.

3. 3. 철학사 해석에 대한 논쟁

이제 2장에서 언급했듯, 『아카데미아 학파』의 또 다른 주요 논쟁으로 되돌아 가자. 이 논쟁은 철학사에 대한 해석을 둘러싸고 전개되었다. 철학사에 관한 첫 번째 혁신적 해석은 아르케실라오스에 의해 행해지는데, 키케로는 그가 아카데미아를 회의주의로 이끌었던 동기들 중 하나는 철학사에 대한 진지한 탐구였다고 전한다.(1.44~46; 2.72~76) 이에 따르면, 아르케실라오스는 소크라테스 이전에도 이미 아낙사고라스, 데모크리토스, 엠페도클레스, 파르메니데스, 크세노파네스, 소크라테스, 플라톤 같은 철학자들이 앎에 대한 회의주의적 태도를 견지했다고 여겼으며, 이는 각각의 철학자들을 교설주의적으로 해석하는 추종자들에 대한 일종의 반박으로 이해될 수 있다. 하지만 그는 자신의 회의주의적 태도를 뒷받침하는 권위로서 이들을 인용한 것이라기보다 오히려 자신의 회의주의가 발전된 과정을 서술한 것으로 이해될 수 있다. 가령, 자신의 무지에 대해서만큼은 알고 있다는 소크라테스에 대해, 아르케실라오스는 자신이 무지한지 여부조차 모른다는 급진적인 회의주의적 태도를 취한다. 또한 플라톤은 많은 대화편들을 한결같이 아포리아로 끝맺음하는데, 아르케실라오스도 마찬가지로 모든 의견들에 찬반양론으로 논의하면서 각 사안에 대해 반대 논변들을 동등하게 찾아내고 결국 어느 편에서도 동의를 중지하는 방법의 기원을 찾는다. 이처럼 아르케실라오스에게 철학사의 탐구는 그 자체로 회의주의를 입증하는 증거일 뿐 아니라 자신의 체계적이고 전면적인 회의적 태도의 기원과 발전 과정을 밝히는 역할을 한다.

철학사에 관련된 본격적인 논쟁은 아카데미아의 정통성을 둘러싼 철학사 해석을 중심으로 진행되었다. 이 논쟁의 핵심 인물은 필론과 안티오코스이다. 아카데미아의 정통성을 본격적으로 문제 삼은 인물은 아스칼론 출신의 안티오코스(Antiochos, c.130~68)이고, 특히 그의 독창적인 철학사 해석은 이 저작 곳곳에서 중요한 논의의 모티브를 제공한다. 그는 한때 필론의 추종자로서 신아카데미아에 입문했지만, 신아카데미아를 떠나 자신의 학파를 세운 인물이다. 안티오코스가 필론과 결별한 시기와 정확한 이유는 알 수 없지만, 그는 아마도 기원전 90년대에 이미 필론의 온건한 회의주의에 실망하고 자신의 독자적인 노선을 걸었으리라 추측된다. 안티오코스는 필론과 실질적으로 결별하고 교설주의로 어느 정도 전향한 채 알렉산드리아에 머무는 동안(87/6~84/3) 로마로부터 필론의 책(편의상『로마서』로 명명한다)을 전해받고 격분했다. 필론이 이 책에서 내세운 인식론적 입장 및 아카데미아의 단일성 주장 때문에, 안티오코스는『소소스(*Sosos*)』라는 논박서를 출판하면서 신아카데미아와 완전히 결별하고 구아카데미아의 교조적 전통으로 돌아간다.(2.11~12)

『로마서』에서 필론이 안티오코스에게 제시한 답변은 아마도 전해지지 않는『카툴루스』에서 자세히 논의했으리라 추측되지만, 현재는 단편적인 언급을 통해 개략적으로만 추측할 수 있다. 우선 그는 제논이 정의한 대로의 파악 인상은 존재하지 않으므로, 이에 따른 파악 불가능과 동의 유보도 유효하다고 주장하는 점에서 신아카데미아의 전통을 계승한다. 하지만 그는 파악 불가능과 동의 중지는 신아카데미아가 제논의 이론을 변증적으로 논박한 결과일 뿐, 신아카데미아가 내세우는 주장은 아니었다고 해석한다. 다시 말해, 신아카데미아가 파악 인상에 대한 제논의 정의 중 '잊지 않은 것에서는 올 수 없는 종류의 것'이라는 규정을 만족시키는 파악 인상이 없음을 보인 것뿐이라는 것이다. 따라서 필론은 파악 인상에 대한 제논의 정의를 받아들이지 않는 한에서(즉, 파악 인상이 거짓일 가능성을 인정하는 한에서) 파악이 가능하다고 주장한다. 이 경우에 동의 중지를 견지할 이유가 사라지므로 현자가 앎을 갖는 것이 가능하다. 이런 성격의 앎은 찬반양론으로 논의하는 과정에서 주의 깊게 검토될 필요가 있는데, 이는 제논이 요구하는 확실성이 담보되지 않는 한에서의 오류 가능한 경험주의적 앎이기 때문이다. 필론은 신아카데미아가 결국 이런 오류 가능적 인식론을 주장했으며, 이는 소크라테스에서 시작되는 아카데미아의 전통(구아카데미아를 포함해서)과 상충하지 않는다고 보았다. 필론은 오류가능적 인식론의 측면에서 아카데미아가 소크라테스와 플라톤 이래로 단일하게 이어져 왔으며, 아르케실라오스 이래의 아카데미아도 이 전통을 계승한다고 주장한다.

이 책을 계기로 필론은 전방위적인 비판을 받았는데, 안티오코스뿐만 아니라 같은 신아카데미아 철학자들조차 필론에 대한 비판의 대열에 섰다. 사실 신아카데미아의 입장에서는 아카데미아 전통이 단일하다는 필론의 주장 자체를 거부할 이유는 없었다. 신아카데미아가 필론에게 동의하기 힘든 부분은 비록 제한적인 의미에서라도 앎이 가능하다는 주장이었다. 따라서 당대 신아카데미아 철학자들이었던 헤라클레이토스, 카툴루스,

키케로 등은 필론이 사실을 왜곡했다고 비판하거나, 그의 견해를 그닥 대수롭지 않은 것으로 치부하면서 논의조차 하지 않으려는 태도를 보인다. 이처럼 필론의 주장은 신아카데미아의 분열을 극복한 것이 아니라 오히려 신아카데미아 철학자들과도 결별하는 계기가 되었다.

한편 안티오코스의 입장에서는 필론이 앎의 획득 가능성을 긍정한 점은 환영할 수도 있었겠지만, 『로마서』의 내용은 그를 오히려 이전보다 더 격분시켰다고 한다. 이토록 안티오코스를 격분시킨 지점이 정확히 무엇인지는 분명하지 않지만, 일단『소소스』에서 필론에 대한 비판은 두 측면에서 이루어진 듯하다. 우선 안티오코스는 필론의 오류 가능적 인식론 자체를 받아들일 수 없었다. 필론이 신아카데미아를 부인한 것도 아니고 그렇다고 스토아를 온전히 받아들인 것도 아니기 때문이다. 비록 필론이 파악의 가능성을 제한적으로 인정했다고 하더라도, 파악 인상이 '거짓일 수 없다'는 규정을 포기한 것은 결국 스토아의 진리 기준을 받아들이지 않는 셈이고, 따라서 우리가 어떤 것을 파악했음을 확신할 수 없고 앎을 획득할 수 없다는 것이다. 그러므로 안티오코스가 보기에 필론은 비현실적으로 보이는 신아카데미아의 입장을 최대한 현실적으로 보여주고자 했지만, 오히려 신아카데미아를 왜곡하고 스토아의 비판을 피하는 데 몰두한 것이었다.

안티오코스가 분노한 두 번째 이유는 필론의 철학사적 견해와 관련된다. 필론은 소크라테스와 플라톤 및 그들의 계승자들은 오류 가능적 인식론을 주장했고 이는 아르케실라오스 이후의 아카데미아도 동일하게 유지한다고 주장하는데, 안티오코스는 이를 명백한 사실왜곡으로 보았다. 안티오코스의 비판은 자신의 독특한 철학사 해석에 근거하는데, 키케로는 그의 해석을 바로의 입을 통해 요약해 보여준다.(1.15~42) 안티오코스의 해석은 세 가지로 요약될 수 있다. 우선 아르케실라오스가 플라톤의 대화편들에 근거해서 소크라테스를 회의주의자로 해석한 반면, 안티오코스는 그들을 새로운 교설주의적 철학의 창시자로 간주했으며, 그들의 철학은 아카데미아의 초기 교설주의적 단계에 속하는 철학자들인 스페우십포스, 크세노크라테스, 폴레몬, 크라테스, 크란토르에 의해 체계화된다고 보았다. 다음으로 그는 구아카데미아뿐 아니라 소요 학파와 스토아 학파까지를 아우르는 단일한 철학 전통이 이어져 왔다고 주장한다. 아카데미아의 철학 체계는 아리스토텔레스의 소요 학파에 의해 계승되었고,(1.33~34) 또한 폴레몬의 가르침을 받은 제논은 스토아 학파를 설립했다.(1.35~42) 스토아 철학은 아카데미아 철학과 이름만 다를 뿐 실질적으로는 일치하므로, 비록 제논이 몇몇 부분을 수정했다고 하더라도 아카데미아의 철학 체계를 근본적으로 변화시키지 않았다. 결국 안티오코스는 아르케실라오스 이전의 아카데미아, 소요 학파, 스토아 학파는 근본적으로 동일한 철학 체계로 간주한다. 마지막으로 그는 아카데미아를 '구아카데미아(Academia vetus)'와 '신아카데미아(Academia nova)'로 구분한다. 그가 진정한 아카데미아 전통으로 보는 것은 플라톤에서 유래하는 교설적 철학 체계를 유지한 구아카데미아이고, 이를 전복시키고 회의주의로 이끈 아르케실라오스 이후의 아카데미아는 '신아카데미아'로 불리는 것이 마땅하다는 것이다.(2.15~18) 이때 '신아카데미아'라는 명칭은 아르케실라오스가 플라톤의 가르침을 훼손했다는 비난의 의미도 담겨 있다. 따라서 안티오코스는 아카데미아의 정통성을 회복하기 위해 구아카데미아로 되돌아갈 것을 주장했다.

이처럼 '아카데미아'는 신아카데미아 철학자들에게 플라톤에서부터 계승된 아카데미아 전체를 가리키며, 안티오코스에게는 구아카데미아를 의미했다. 앞서 보았듯, '아카데미아'라는 명칭의 해석을 둘러싼 논쟁은 역사적 사실 기술의 문제라기보다 상당 부분 안티오코스와 필론 간에 누가 진정한 아카데미아의 후계자인지를 가리기 위한 정통성 다툼에서 촉발된 측면이 있다.(2.69~71) 사실 아르케실라오스와 그의 후계자들은 자신들이 이전과 구분되는 별개의 아카데미아를 세웠다고 여긴 것이 아니라 소크라테스와 플라톤을 계승하고 있다는 확고한 의식을 갖고 있었으며, 따라서 키케로도 이들을 '신아카데미아'로 부르지 않고 다만 '아카데미아 학파 사람들'로 통칭하곤 한다.

하지만 안티오코스의 경우에는 철학사에 관한 한 가지 중요한 함축이 있다. 그의 철학사적 견해에 비추어볼 때, 그의 철학적 입장이 구아카데미아, 소요 학파, 스토아 학파가 공유하는 공통의 견해들에 초점을 맞출 것이라 기대할 수 있지만, 실제로는 각각의 주제에 대해 특정한 학파의 주장을 선별적으로 취합하는 절충주의적 경향이 두드러진다. 따라서 바로가 1.15~32에서 윤리학(1.19~23), 자연학(1.24~29), 논리학(1.30~32)으로 나누어 설명하는 구아카데미아의 철학이 실제 안티오코스의 입장인지, 아니면 소요 학파나 스토아 학파가 수정한 이론(1.33~42)이 그의 입장인지는 논란의 여지가 있다. 윤리학의 경우, 행복(*eudaimonia*)을 윤리적 목적인 최고선(summum bonum)으로 삼고, 이 최고선을 자연에서 추구한다는 점에서는 세 학파의 공통된 요소를 취하지만, 좋음의 대상을 정신, 몸, 삶의 세 가지로 나눈다는 점에서 소요 학파의 이론을 중심으로 윤리학을 구성한다.(『최고선악론』 5권 참조) 자연학의 경우, 능동인(힘)과 수동인(질료)을 두 가지 원리로 상정한다는 점에서는 공통된 이론을 취하고 있지만, 이 원리들이 수적으로 분리되지 않는 단일한 물체(성질)를 구성하고, 이 우주는 감각하는 자연이며, 완전한 이성이 내재하고, 영원하며, 신, 섭리, 필연, 운 등으로 불린다는 설명은 스토아의 이론과 거의 유사하다. 윤리학과 자연학에서 드러나는 절충주의적 이론을 고려하면, 인식론에 대해서도 일종의 절충 이론을 고안했을 가능성이 있다. 하지만 적어도 『루쿨루스』 2.11~62에서 제시된 안티오코스의 인식론은 일관적인 스토아 이론으로 보인다. 따라서 그가 인식론에서 스토아 논리학을 전적으로 받아들였는지, 아니면 공통된 이론을 스토아 논리학에 접목시키는지는 논쟁의 여지가 있다.

안티오코스가 보여준 절충주의적 태도와 철학 전통에 대한 강조는 헬레니즘 시기가 끝나가는 시점부터 신플라톤주의가 등장할 때까지 지중해 세계에 플라톤과 아리스토텔레스의 권위가 확대되는 과정에서 중요한 길잡이 역할을 했다. 따라서 당시의 철학사에 대한 관점들에 주목하는 것은, 비록 『아카데미아 학파』의 중심 논쟁은 아니더라도, 신아카데미아 후기에 발생했던 학파 내부의 분열상을 보여줌과 동시에 아카데미아 전통을 둘러싼 논쟁의 실상을 살펴볼 수 있는 좋은 기회를 제공한다.

참고문헌

1. 원문, 번역, 주석

Brittain, C. (2006), *Cicero on Academic Scepticism*, Indianapolis: Hackett.

Inwood, B. and Gerson, L. (trans.) (1997), *Hellenistic Philosophy: Introductory Readings* (2nd ed.), Indianapolis: Hackett Publishing Company.

Long, A. and Sedley, D. (1987), *The Hellenistic Philosophers: Translations of the Principal Sources with Philosophical Commentary*, 2 vols., Cambridge: Cambridge University Press.

Plasberg, O. (1922), *M. Tulli Ciceronis 42 Academicorum Reliquiae Cum Lucullo*, Stuttgart, Teubner.

Rackham, H. (1933), *Cicero, De Natura Deorum, Academica*, Cambridge: Harvard University Press.

Reid, J. (1880), *The Academics of Cicero*, London: Macmillan.

Reid, J. (1885), *M. Tulli Ciceronis Academica*, London: Macmillan.

2. 참고 자료

1) 키케로 및 희랍-로마 철학에 대한 안내서

장바티스트 구리나, 『스토아주의』, 김유석 역, 글항아리, 2016.

Algra, K., Barnes, J., Mansfeld, J. and Schofield, M. (eds.) (1999), *The Cambridge History of Hellenistic Philosophy*, Cambridge: Cambridge University Press.

Bett, R. (ed.) (2010), *The Cambridge Companion to Ancient Scepticism*, Cambridge.

Gill, M., Pellegrin, P., Griffin, M., and Barnes, J. (eds) (2006), *A Companion to Ancient Philosophy*, Oxford: Blackwell.

Griffin, M. and Barnes, J. (eds.) (1989), *Philosophia Togata I: Essays on Philosophy and Roman Society*, Oxford: Oxford University Press.

Griffin, M. and Barnes, J. (eds.) (1997), *Philosophia Togata II: Essays on Philosophy and Roman Society*, Oxford: Oxford University Press.

Inwood, B. (ed.) (2003), *The Cambridge Companion to the Stoics*, Cambridge.

Inwood, B. and Mansfeld, J. (eds.) (1997), *Assent and Argument: Studies in Cicero's Academic Books*, Leiden: Brill.

May, J. (2002), *Brill's Companion to Cicero: Oratory and Rhetoric*, Leiden, Brill.

Powell, J. (ed.) (1995), *Cicero the Philosopher*, Oxford: Oxford University Press.

Steel, C. (2013), *Cambridge Companion to Cicero*, Cambridge: Cambridge University Press.

2) 키케로의 생애와 시대

Atkins, M. (2000), "Cicero", in *The Cambridge History of Greek and Roman Political Thought*, Rowe and Schofield (eds.), Cambridge.

Bailey, S. (ed.) (1965), *Letters to Atticus*, Vol. 1~4, Cambridge: Cambridge University Press.

Baraz, Y. (2012), *A Written Republic*, Princeton: Princeton University Press.

Dorey, T. (ed.) (1965), *Cicero*, London: Routledge.

Douglas, A. (1968), *Cicero: Greece and Rome*, New Surveys in the Classics 2, Oxford: Oxford University Press.

Fuhrmann, M. (1992), *Cicero and the Roman Republic*, (translated by Yuill, W.), Oxford: Basil Blackwell.

Powell, J. (2007), "Cicero", in *Greek and Roman Philosophy 100 BC-200 AD* (Bulletin of the Institute of Classical Studies Supplement 94), Sharples, R. and Sorabji. R. (eds.) (2007), London.

Rawson, E. (1985), *Intellectual Life in the Late Roman Republic*, London.

Steel, C. (2005), *Reading Cicero*, London: Duckworth.

Tempest, K. (2011), *Cicero: Politics and Persuasion in Ancient Rome*, London: Continuum.

3) 키케로의 저술

Buckley, M. (1970), "Philosophic Method in Cicero", *Journal of History of Philosophy* 8.

Fox, M. (2007), *Cicero's Philosophy of History*, Oxford: Oxford University Press.

Görler, W. (1974), *Untersuchungen zu Ciceros Philosophie*, Heidelberg.

Gorman, R. (2005), *The Socratic Method in the Dialogues of Cicero*, Stuttgart: Steiner.

Griffin, M. (1997), "Composition of Academica", in *Inwood and Mansfeld*.

Levine, P. (1958), "Cicero and the Literary Dialogue", *Classical Journal* 53(4).

Murphy, T. (1998), "Cicero's First Readers — Epistolary Evidence for the Dissemination of His Works", *Classical Quarterly* 48(2).

Powell, J. (1995), "Cicero's Translation from Greek", in *Cicero the Philosopher*, Powell, J. (ed.), Oxford: Oxford University Press.

Schofield, M. (2008), "Ciceronian Dialogue", in *The End of Dialogue in*

Antiquity, Goldhill, S. (ed.), Cambridge University Press.

4) 헬레니즘 철학

디오게네스 라에르티오스, 『유명한 철학자들의 생애와 사상』, 김주일 외 역, 나남, 2021.

Annas, J. (1993), *The Morality of Happiness*, Oxford: Oxford University Press.

Annas, J. and Barnes, J. (1994), *Outlines of Scepticism*, New York: Cambridge University Press.

Allen, J. (1994), "Academic Probabilism and Stoic Epistemology", *Classical Quarterly* 44.

Allen, J. (1997), "Carneadean Argument in Cicero's Academic Books", in *Inwood and Mansfeld*.

Barnes, J. (1989), "Antiochus of Ascalon", in *Griffin and Barnes*.

Bett, R. (2005), *Against the Logicians*, New York: Cambridge University Press.

Brittain, C. (2001), *Philo of Larissa: The Last of the Academic Sceptics*, Oxford: Oxford University Press.

Brunschwig, J. (1994), *Papers in Hellenistic Philosophy*, New York: Cambridge University Press.

Burnyeat, M. and Frede, M. (eds.) (1997), *The Original Sceptics: A Controversy*, Indianapolis: Hackett Publishing Company.

Gill, C. (2006), *The Structured Self in Hellenistic and Roman Thought*, Oxford: Oxford University Press.

Glucker, J. (1978), *Antiochus and the Late Academy*, Göttingen: Vandenhoeck und Ruprecht.

Laks, A. and Schofield, M. (eds.) (1995), *Justice and Generosity: Studies in Hellenistic Social and Political Philosophy*, Cambridge.

Lévy, C. (1992), *Cicero Academicus: recherches sur les 'Academiques' et sur la philosophie ciceronienne*, Rome: École française de Rome.

Long, A. (1986), *Hellenistic Philosophy: Stoics, Epicureans, Sceptics* (2nd edn.),

Berkeley: University of California Press.

Schofield, M. and Striker, G. (eds.) (1986), *The Norms of Nature: Studies in Hellenistic Ethics*, Cambridge: Cambridge University Press.

Sedley, D. (2012), *The Philosophy of Antiochus*, Cambridge: Cambridge University Press.

Tsouni, G. (2019), *Antiochus and Peripatetic Ethics*, Cambridge: Cambridge University Press.

5) 키케로의 희랍 철학 수용

Fortenbaugh, W. and Steinmetz, P. (eds.) (1989), *Cicero's Knowledge of the Peripatos*, New Brunswick NJ: Rutgers University Press.

Glucker, J. (1988), "Cicero's Philosophical Affiliations", in *The Question of Eclecticism*, J. Dillon and A. A. Long (eds.), Berkeley: University of California Press.

Garnsey, P. (2000), "Introduction: the Hellenistic and Roman period", in *Rowe and Schofield*.

Görler, W. (1995), "Silencing the Troublemaker: De Legibus 1.39 and the Continuity of Cicero's Scepticism", in Powell.

Görler, W. (1997), "Cicero's Philosophical Stance in the Lucullus", in *Inwood and Mansfeld*.

Leonhardt, J. (1999), *Ciceros Kritik der Philosophenschulen*, Munich: C.H. Beck.

Long, A. (1995), "Cicero's Plato and Aristotle", in *Powell*.

Schmidt, P. (1978/9), "Cicero's Place in Roman Philosophy: A Study of his Prefaces", *The Classical Journal* 74.

Striker, G. (1995), "Cicero and Greek Philosophy", *Harvard Studies in Classical Philology* 97.

Thorsrud, H. (2002), "Cicero on his Academic Predecessors — the Fallibilism of Arcesilaus and Carneades", *Journal of History of Philosophy* 40(1).

Thorsrud, H. (2012), "Radical and Mitigated Skepticism in Cicero's Academica", in Nicgorski, W. (ed.), *Cicero's Practical Philosophy*, Notre Dame University Press.

Woolf, R. (2015), *Cicero — The Philosophy of a Roman Sceptic*, Routledge.

찾아보기

284

파악 comprehensio, perceptio, cognitio 1.45, 2.17

파악되는 comprehendibile 1.41, 2.17

파악되지 않은 incognitum 1.41; 45, 2.8; 16; 18; 29; 59; 68; 113; 114; 133; 138

파악된 cognitum 2.18

파악하다 comprehendere, percipere, cognoscere 2.17

판단기준 iudicium 2.18; 19

표지 signum 2.34; 36

학문(활동/열망) studium 1.3; 8; 16, 2.1; 7

학식 doctrina 1.4; 17, 2.1

행복한 삶 beata vita 2.134

허공 inane 2.118; 121; 125

현자 sapiens 2.27

형상(형태) species 1.27; 30; 33

형식논변 oratio accurata 2.44

확고 firmitas 2.39; 53; 66

확고한 firmus 1.42, 2.43; 45; 141

확실한 certus 1.46, 2.19; 24; 35; 43; 63; 71; 89; 94; 103; 107

훈련 exercitatio 1.20, 2.20; 110

훌륭한 honestum 2.71

흔들림 없는 stabilis 2.23; 27

힘 vis 1.24

라틴어(희랍어)–한국어

(ad)probare(*peithesthai*) 승인하다

accommodatum ad naturam(*oikeion*) 자연에 합치된

adsensio(*synkatathēsis*) 동의

aestimatio(*axia*) 가치

aestimatio minor(*apaxia*) 낮은 가치

animus(*psychē, hēgēmonikon*) 정신

appetitio(*hormē*) 충동

approbatio(*synkatathēsis*) 승인

argumenti conclusio(*apodeixis*) 논증

argumentum(*tekmērion*) 논거

ars(*technē*) 기술

artificium(*technē*) 기술, 기교

beata vita(*eudaimonia*) 행복한 삶

bonum(*agathon*) 좋은

certus(*tranēs*) 확실한

circumspectio(*diexodeuein*) 총체적 고찰

clarus, claritas(*dēlos, enargēs, tranēs*) 명료한(–함)

cogitatio(*phantastikon, phantasma*) 상상, 생각

cognitio(*katalēpsis*) 파악, 인식

cognitum(*katalēpton*) 파악된, 인식된

cognoscere(*katalambanein*) 파악하

다, 인식하다

communis(*koinos*) 공통적인

comprehendere(*katalambanein*) 파악하다

comprehendible(*katalēptikos, kata-lēpton*) 파악될 수 있는, 파악된

comprehensio(*katalēpsis*) 파악

coniectura(*stochasmos, epilogismos*) 경험적 추론

consuetudo(*synētheia*) 경험, 익숙함

cupiditas(*epithymia*) 욕구

decretum(*dogma*) 교설

dissimulatio(*eirōneia*) 은폐술

doctrina 학식

effatum(*axiōma*) 명제

effectio(*poiētikēs dynamis*) 작용인

efficere(*poiein*) 작용하다, 만들(어내)다

efficiens(*poiētikos*) 작용하는, 작용인

effictum(*enapotetypōmenon*) 주조된

elementum(*stoicheion*) 원소

enuntiare(*axiousthai*) 진술하다

error(*hamartia*) 오류

evidens, evidentia(*enargēs, enargeia*) 자명한, 자명함

exercitatio(*empeiria, askēsis*) 훈련

expetere(*oregein*) 추구하다

explicatio verborum(*etymologia*) 어원

extremum(*telos*) 목적

fallax conclusiuncula(*sophisma*) 궤변나부랭이

fatum(*heimarmenē*) 운명

finis bonorum(*telos*) 최고선

firmitas(*aneikaiotēs*) 확고함

firmus(*bebaios*) 확고한

honestum(*kalon*) 훌륭한

ignorantia(*agnoia, aphrosynē*) 무지

imbecillus(*asthenēs*) (허)약한, 무력한

impedire(*perispan*) 방해하다

impressum(*enapesphragismenon*) 찍힌

inane(*kenon*) 허공

inanis(*diakenos*) 공허한

incertus(*adēlos*) 불확실한

incognitum(*akatalēpton*) 파악되지 않은, 인식되지 않은

ingenium(*nous*) 지성, 재능

initium(*archē*) 원리, 시작점

in nostra potestate(*eph' hēmin*) 우리에게 달려 있는

inscientia(*agnoia, aphrosynē*) 무지

insignis 뚜렷한

integer(*adiastrophos*) 온전한

intellegentia(*noeros, kritikos*) 지성, 인식

ironia(*eirōneia*) 은폐술

iudicium(*kritērion, krisis*) 판단(기준)

materia(*hylē, ousia*) 질료

mens(*dianoia*) 정신

mirabilia(*paradoxa*) 요설

mores(*diathēsis*) 성품

mundus(*kosmos*) 우주

nihil, nullum(*anhyparkton*) 아무 ~
도 아닌 것, 존재하지 않는 것

norma(*kanōn*) 규준

nota(*idiōma*) 징표

notio 개념

notitia(*prolēpsis, ennoia*) (선)개념

officium(*kathēkon*) 의무

oratio accurata 형식논변

perceptio(*katalēpsis*) 파악, 지각

percipere(*katalambanein*) 파악하다,
지각하다

permotio(*pathos*) 감정

perspicuus, perspicuitas(*enargēs,
enargeia*) 명백한(-함)

perturbatio(*pathos*) 격정

praeposita(*proēgmena*) 선호되는 것
들

principium(*archē*) 원리

probabile(*pithanon, eulogon*) 승인할
만한

proprietas singulas(*idiotēs*) 고유 속성

proprium(*idion*) 고유한

qualitas(*poiotēs*) 성질

quiescere(*hēsychzein*) 쉬다

quod est(*hyparchon*) 있는 것

ratio(*logos*) 이성, 방법, 논의

recte factum(*katorthōma*) 올바른 행
위

regula(*kanōn, kritērion*) 척도

reiecta(*apoproēgmena*) 거부되는 것들

retentio adsensionis(*epochē*) 동의 유보

sapiens(*phronimos*) 현자

sapientia(*phronēsis*) 지혜

scientia(*epistēmē*) 앎

scire(*eidenai, katalambanein*) 알다

sensus(*aisthēsis*) 감각

signari(*typtesthai*) 각인되다

signatum(*enapomemagmenon*) 각인된

signum(*sēmeion*) 표지

species(*idea*) 형상, 외양

studium (학문) 활동/열정

sustinere adsensiones(*ephechein*) 동의
중지하다

temeritas(*propeteia*) 경솔

turpis(*aischros*) 수치스러운

usus(*empeiria*) 경험

veri simile(*eikos*) 참과 유사한

virtus(*aretê*) 덕

vis(*dynamis*) 힘

visum(*phantasia*) 인상

vitium(*kakia*) 악덕

voluntarium(*hekousion*) 자발적인

voluptas(*hêdonê*) 쾌락

고유명사

갈바(Servius Sulpicius Galba) 2.51

구아카데미아(Academia vetus) 1.13~
14; 18; 33; 43, 2.113; 131~
132

그락쿠스(Tiberius Sempronius
Gracchus) 2.13; 15

다르다노스(Dardanos) 2.69

데모스테네스(Dēmosthenēs) 1.10

데모크리토스(Dēmokritos) 1.6; 44,
2.14; 32; 55~56; 73; 118;
121; 125

디오게네스(Diogenēs) 2.98; 137

디오뉘시오스(Dionysios) 2.71

디오도로스(Diodōros Cronos) 2.75

디오도로스(Diodōros of Tyros) 2.131

디오도토스(Diodotos) 2.115

디온(Dion) 2.12

디카이아르코스(Dikaiarchos) 2.124

라비리우스(Rabirius) 1.5

라퀴데스(Lakydēs) 2.16

레우킵포스(Leukippos) 2.118

로구스(Tetrilius Rogus) 2.11

루쿨루스(Lucius Licinius Lucullus)
2.1

루킬리우스(Gaius Lucilius) 2.102

뤼십포스(Lysippos) 2.85

뤼쿠르고스(Lykurgos) 2.136

리보(Lucius Scribonius Libo) 1.3

마닐리우스(Manius Manilius) 2.102

마르켈루스(Marcus Claudius Marcellus)
2.138

마리우스(Gaius Marius) 2.13

메가라(Megara) 학파 2.129

메네데모스(Menedēmos) 2.129

메닙포스(Menippus) 1.8

메트로도로스(Mētrodōros ho Chios)
2.73

메트로도로스(Mētrodōros tēs Strato-
nikeias) 2.16; 78

옮긴이의 말

이 번역서는 2015년 상반기 정암학당의 지원을 받아 연구 강좌를 한 학기 진행한 것에서 비롯했다. 이후 정암학당 키케로 번역팀이 키케로 전집을 기획하면서 본격적인 번역에 착수했고, 2017년 8개월가량 진행된 원전 강독에서 원문을 심도 있게 토론하여 초역을 마쳤다. 2019년 한국연구재단의 연구소 지원 사업에 선정된 것을 계기로 출간 계획이 확정되었고, 집중적인 윤독 작업과 1년간 옮긴이의 원고 수정 및 보완을 거쳐 전집의 첫 작품으로 출판되기에 이르렀다.

『아카데미아 학파』는 키케로가 평생 학습하고 실천했던 철학적 성과들을 생애 말년에 로마 민중에게 전달하려는 포부로 저술했던 일련의 철학적 저술들의 실질적인 첫 결실이다. 이 작품은 오늘날 불완전한 형태로 전하고 있어 접근하기 쉽지 않은 키케로의 저술이기도 하다. 또 작품 속 대화들에 당시 로마의 정치적, 사회적, 학문적 상황이 곳곳에 녹아들어 있는 만큼, 심도 있는 이해를 위해서는 로마의 시대상에 관한 여러 인접 분야들의 지식이 요구된다. 이러한 번역의 수고로움을 이겨낼 수 있었던 것은 정암학당의 여러 선생님, 동료, 후배들 덕분이다. 정암학당의 여러 구성원들이 함께했던 연구 강좌와 강독은 철학적 이해를 심화하는 데 큰 도움을 주었다. 특히, 2019년 8월부터 2020년 5월까지 이어진 윤독 과정에서 철학, 문학, 역사, 정치, 법학 등 각 분야의 지식을 아낌없이 나누어 주시고, 라틴어 원문을 꼼꼼히 살펴 한글 표현을 다듬어 원고의 가독성을 한껏 높여 주신 김선희, 김진식, 성중모, 이선주, 임성진 선생님께 고마움을 전한다. 아울러 정암고전총서를 기획하고 물심양면으로 지원을 아끼지 않으신 정암학당의 학당장님들과 이정호 이사장님께 깊이 감사드린다. 마지막으로 여러 어려움 속에서도 출판을 맡아주신 아카넷 출판사의 임직원 여러분께도 감사드린다.

2021년 9월

양호영

사단법인 정암학당을 후원해 주시는 분들

정암학당의 연구와 역주서 발간 사업은 연구자들의 노력과 시민들의 귀한 뜻이 모여 이루어집니다. 학당의 모든 연구는 시민들의 자발적인 후원을 바탕으로 하기 때문입니다. 그 결실을 담은 '정암고전총서'는 연구자와 시민의 연대가 만들어 내는 고전 번역 운동의 산물이라고 할 수 있습니다. 이 같은 학술 운동의 역사적 의미를 기리고자 이 사업에 참여한 후원회원 한 분 한 분의 정성을 이 책에 기록합니다.

평생후원회원

후원위원

강성식	강승민	강용란	강진숙	강태형	고명선	곽삼근	곽성순	구미희
길양란	김경원	김나윤	김대권	김명희	김미란	김미선	김미향	김백현
김병연	김복희	김상봉	김성민	김성윤	김순희(1)	김승우	김양희(1)	김양희(2)
김애란	김영란	김용배	김윤선	김정현	김지수(62)	김진숙(72)	김현제	김형준
김형희	김희대	맹국재	문영희	박미라	박수영	박우진	백선옥	사공엽
서도식	성민주	손창인	손혜민	송민호	송봉근	송상호	송연화	송찬섭
신미경	신성은	신영옥	신재순	심명은	오현주	오현주(62)	우현정	원해자
유미소	유형수	유효경	이경진	이광영	이명옥	이봉규	이봉철	이선순
이선희	이수민	이수은	이승목	이승준	이신자	이은수	이재환	이정민
이주완	이지희	이진희	이평순	이한주	임경미	임우식	장세백	전일순
정삼아	정현석	조동제	조문숙	조민아	조백현	조범규	조성덕	조정희
조준호	조진희	조태현	주은영	천병희	최광호	최세실리아		최승렬
최승아	최정옥	최효임	한대규	허 민	홍순혁	홍은규	홍정수	황정숙
황훈성	정암학당1년후원							

문교경기〈처음처럼〉　　　　　문교수원3학년학생회　　　　　문교안양학생회
문교경기8대학생회　　　　　문교경기총동문회　　　　　문교대전충남학생회
문교베스트스터디　　　　　문교부산지역7기동문회　　　　　문교부산지역학우일동(2018)
문교안양학습관　　　　　문교인천동문회　　　　　문교인천지역학생회
방송대동아리〈아노도스〉　　　　　방송대동아리〈예사모〉　　　　　방송대동아리〈프로네시스〉
사가독서회

개인 118, 단체 16, 총 134

후원회원

강경훈	강경희	강규태	강보슬	강상훈	강선옥	강성만	강성심	강신은
강유선	강은미	강은정	강임향	강주완	강창조	강 항	강희석	고경효
고복미	고숙자	고승재	고창수	고효순	곽범환	곽수미	구본호	구익희
권 강	권동명	권미영	권성철	권순복	권순자	권오성	권오영	권용석
권원만	권장용	권정화	권해명	김경미	김경원	김경화	김광석	김광성
김광택	김광호	김귀녀	김귀종	김길화	김나경(69)	김나경(71)	김남구	김대겸
김대훈	김동근	김동찬	김두훈	김 들	김래영	김명주(1)	김명주(2)	김명하
김명화	김명희(63)	김문성	김미경(61)	김미경(63)	김미숙	김미정	김미형	김민경
김민웅	김민주	김범석	김병수	김병옥	김보라미	김봉습	김비단결	김선규
김선민	김선희(66)	김성곤	김성기	김성은(1)	김성은(2)	김세은	김세원	김세진
김수진	김수환	김순금	김순옥	김순호	김순희(2)	김시형	김신태	김신판
김승원	김아영	김양식	김영선	김영숙(1)	김영숙(2)	김영애	김영준	김옥경
김옥주	김용술	김용한	김용희	김유석	김은미	김은심	김은정	김은주
김은파	김인식	김인애	김인욱	김인자	김일학	김정식	김정현	김정현(96)
김정화	김정훈	김정희	김종태	김종호	김종희	김주미	김중우	김지수(2)

김지애 김지열 김지유 김지은 김진숙(71) 김진태 김철한 김태식 김태욱
김태헌 김태희 김평화 김하윤 김한기 김현규 김현숙(61) 김현숙(72) 김현우
김현정 김현정(2) 김현철 김형규 김형전 김혜숙(53) 김혜숙(60) 김혜원 김혜정
김홍명 김홍일 김희경 김희성 김희준 나의열 나춘화 남수빈 남영우
남원일 남지연 남진애 노마리아 노미경 노선이 노성숙 노혜경 도종관
도진경 도진해 류다현 류동춘 류미희 류시운 류연옥 류점용 류종덕
류진선 모영진 문경남 문상흠 문순혁 문영식 문정숙 문종선 문준혁
문찬혁 문행자 민 영 민용기 민중근 민해정 박경남 박경수 박경숙
박경애 박귀자 박규철 박다연 박대길 박동심 박명화 박문영 박문형
박미경 박미숙(67) 박미숙(71) 박미자 박미정 박배민 박보경 박상신 박상준
박선대 박선희 박성기 박소운 박순주 박순희 박승억 박연숙 박영찬
박영호 박옥선 박원대 박원자 박윤하 박재준 박정서 박정오 박정주
박정은 박정희 박종례 박주현 박준용 박지영(58) 박지영(73) 박지희 박진만
박진현 박진희 박찬수 박찬은 박춘례 박한종 박해윤 박헌민 박현숙
박현자 박현정 박현철 박형전 박혜숙 박홍기 박희열 반덕진 배기완
배수영 배영지 배제성 배효선 백기자 백선영 백수영 백승찬 백애숙
백현우 변은섭 봉성용 서강민 서경식 서동주 서두원 서민정 서범준
서승일 서영식 서옥희 서용심 서월순 서정원 서지희 서창립 서회자
서희승 석현주 설진철 성 염 성윤수 성지영 소도영 소병문 소선자
손금성 손금화 손동철 손민석 손상현 손정수 손지아 손태현 손혜정
송금숙 송기섭 송명화 송미희 송복순 송석현 송염만 송요중 송원욱
송원희 송유철 송인애 송태욱 송효정 신경원 신기동 신명우 신민주
신성호 신영미 신용균 신정애 신지영 신혜경 심경옥 심복섭 심은미
심은애 심정숙 심준보 심희정 안건형 안경화 안미희 안숙현 안영숙
안정숙 안정순 안진구 안진숙 안화숙 안혜정 안희경 안희돈 양경엽
양미선 양병만 양선경 양세규 양예진 양지연 엄순영 오명순 오승연
오신명 오영수 오영순 오유석 오은영 오진세 오창진 오혁진 옥명희
온정민 왕현주 우남권 우 람 우병권 우은주 우지호 원만희 유두신
유미애 유성경 유정원 유 철 유향숙 유희선 윤경숙 윤경자 윤선애
윤수홍 윤여훈 윤영미 윤영선 윤영이 윤 옥 윤은경 윤재은 윤정만
윤혜영 윤혜진 이건호 이경남(1) 이경남(72) 이경미 이경선 이경아 이경옥
이경원 이경자 이경희 이관호 이광로 이광석 이군무 이궁훈 이권주
이나영 이다영 이덕제 이동래 이동조 이동춘 이명란 이명순 이미옥
이병태 이복희 이상규 이상래 이상봉 이상선 이상훈 이선민 이선이
이성은 이성준 이성호 이성훈 이성희 이세준 이소영 이소정 이수경
이수련 이숙희 이순옥 이승훈 이시현 이아람 이양미 이연희 이영숙
이영신 이영실 이영애 이영애(2) 이영철 이영호(43) 이옥경 이용숙 이용웅
이용찬 이용태 이원용 이윤주 이윤철 이은규 이은심 이은정 이은주
이이숙 이인순 이재현 이정빈 이정석 이정선(68) 이정애 이정임 이종남

이종민	이종복	이중근	이지석	이지현	이진아	이진우	이창용	이철주
이춘성	이태곤	이평식	이표순	이한솔	이현주(1)	이현주(2)	이현호	이혜영
이혜원	이호석	이호섭	이화선	이희숙	이희정	임석희	임솔내	임정환
임창근	임현찬	장모범	장시은	장영애	장영재	장오현	장지나	장지원(65)
장지원(78)	장지은	장철형	장태순	장홍순	전경민	전다록	전미래	전병덕
전석빈	전영석	전우성	전우진	전종호	전진호	정가영	정경회	정계란
정금숙	정금연	정금이	정금자	정난진	정미경	정미숙	정미자	정상묵
정상준	정선빈	정세영	정아연	정양민	정양욱	정 연	정연화	정영목
정옥진	정용백	정우정	정유미	정은정	정일순	정재웅	정정녀	정지숙
정진화	정창화	정하갑	정은교	정해경	정현주	정현진	정호영	정환수
조권수	조길자	조덕근	조미선	조미숙	조병진	조성일	조성혁	조수연
조영래	조영수	조영신	조영연	조영호	조예빈	조용수	조용준	조윤정
조은진	조정란	조정미	조정옥	조증윤	조창호	조현희	조황호	주봉희
주연옥	주은빈	지정훈	진동성	차문송	차상민	차혜진	채수환	채장열
천동환	천명옥	최경식	최명자	최미경	최보근	최석묵	최선회	최성준
최수현	최숙현	최영란	최영순	최영식	최영아	최원옥	최유숙	최유진
최윤정(66)	최은경	최일우	최자련	최재식	최재원	최재혁	최정욱	최정호
최종희	최준원	최지연	최혁규	최현숙	최혜정	하승연	하혜용	한미영
한생곤	한선미	한연숙	한옥희	한윤주	한호경	함귀선	허미정	허성준
허 양	허 웅	허인자	허정우	홍경란	홍기표	홍병식	홍성경	홍성규
홍성은	홍영환	홍은영	홍의중	홍지흔	황경민	황광현	황미영	황미옥
황선영	황신해	황예림	황은주	황재규	황정희	황주영	황현숙	황혜성
황희수	kai1100	익명						

리테라 주식회사 　　　　　　문교강원동문회 　　　　　　문교강원학생회
문교경기〈문사모〉 　　　　　　문교경기동문〈문사모〉 　　　문교서울총동문회
문교원주학생회 　　　　　　　문교잠실송파스터디 　　　　문교인천졸업생
문교전국총동문회 　　　　　　문교졸업생 　　　　　　　　문교8대전국총학생회
문교11대서울학생회 　　　　　문교K2스터디 　　　　　　　서울대학교 철학과 학생회
(주)아트앤스터디 　　　　　　영일통운(주) 　　　　　　　　장승포중앙서점(김강후)
책바람

개인 687, 단체 19, 총 706

2021년 9월 17일 현재, 1,045분과 45개의 단체(총 1,090)가 정암학당을 후원해 주고 계십니다.

▌옮긴이

양호영

서울대학교 철학과 대학원 석사과정을 졸업하고, 영국 엑세터 대학교 서양고전학과에서 헬레니즘 철학과 키케로의 철학적 저술들에 관한 연구로 박사학위를 받았다. 서울대, 한신대, 서울과기대 등에서 철학과 고전라틴어를 강의했고, 현재 정암학당 키케로 연구번역팀 전임연구원으로 헬레니즘 철학 및 키케로와 로마 철학 관련 연구를 진행하고 있다. 옮긴 책으로는 『그리스인들과 비이성적인 것』(공역), 『소크라테스 이전 철학자들의 단편 선집』(공역)이 있다.

정암고전총서는 정암학당과 아카넷이 공동으로 펼치는 고전 번역 사업입니다.
고전의 지혜를 공유하여 현재를 비판하고 미래를 내다보는 안목을 키우는
문화적 기반을 마련하고자 합니다.

정암고전총서 키케로 전집

아카데미아 학파

1판 1쇄 펴냄 2021년 10월 25일
1판 2쇄 펴냄 2021년 11월 24일

지은이 키케로
옮긴이 양호영
펴낸이 김정호

책임편집 박수용
디자인 이대응

펴낸곳 아카넷
출판등록 2000년 1월 24일(제406-2000-000012호)
주소 10881 경기도 파주시 회동길 445-3 2층
전화 031-955-9510(편집) · 031-955-9514(주문)
팩시밀리 031-955-9519
www.acanet.co.kr

© 양호영, 2021

Printed in Paju, Korea.

ISBN 978-89-5733-747-9 94160
ISBN 978-89-5733-746-2 (세트)

이 저서는 2019년 대한민국 교육부와 한국연구재단의 지원을 받아 수행된 연구임
(NRF-2019S1A5C2A02082718)